渭河文化

刘蒙之 编著

陕西新华出版传媒集团
太 白 文 艺 出 版 社

图书在版编目（CIP）数据

渭河文化 / 刘蒙之编著. — 西安：太白文艺出版社，2018.1
ISBN 978-7-5513-1122-9

Ⅰ. ①渭… Ⅱ. ①刘… Ⅲ. ①渭河—文化史 Ⅳ. ①K928.42

中国版本图书馆CIP数据核字（2017）第016257号

渭河文化
WEIHE WENHUA

作　　者	刘蒙之
总 策 划	党　靖
责任编辑	申亚妮　蒋成龙
封面设计	可　峰
版式设计	钱克方
出版发行	陕西新华出版传媒集团 太白文艺出版社（西安北大街147号 710003） 太白文艺出版社发行：029-87277748
经　　销	新华书店
印　　刷	陕西金德佳印务有限公司
开　　本	787mm×1092mm　1/16
字　　数	288千字
印　　张	20.25
版　　次	2018年1月第1版 第1次印刷
书　　号	ISBN 978-7-5513-1122-9
定　　价	52.00元

总序

人与河的相知

水是生命的源泉，也是精神的源泉。作为水的一种存在形式，遍布地球大陆上的河流演绎了太多的故事，带给人类太多的创造活力。地球上的河流滋养了众多神奇的存在，创造了一个个丰富多彩的文明与文化奇迹。作为万物的灵长，人类生命与文化的成长无不与河流息息相关。河流与土地、空气和阳光一起构成了人类赖以发展的基础。放眼世界，从古代的农业文明到现代的工业文明，利用河流的活动始终是人类历史实践活动的重要组成部分。

作为人类生存的依托，河流从一开始便与人类乃至其文化的生产建立了一种不解情缘。以全球的眼光纵观人类的历史文化演变，我们更加坚定了这种认知。美索不达米亚文明的血液是底格里斯河和幼发拉底河的河水，这是人类历史上的第一个高度的文明。埃及是“尼罗河的赠礼”，古埃及文明由于跟尼罗河的共生关系又被称为尼罗河文明。在古代埃及，尼罗河每年的洪水带来的泥沙和腐殖质促进了埃及农业的发展，继而按照城市的各项所需把土地上的产品源源不断地送来，又促进了商业文明。尼罗河更像是一套稳定的神经系统促进了国家的整合。古印度河也促进了其沿岸农业生产的发展。农业文明是古印度的主要特征，这里生产的小麦、大麦、豌豆、甜瓜、芝麻和棉花等农作物，都依靠印度河的滋养。黄河流域是中华民族文明的发祥地。距今大约180万年前，人类就开始在黄河流域繁衍生息；大约6000年前，在黄土地上出现了以半坡文明为代表的母系氏族文化。在黄河流域的深处，流淌着一条更加厚重、博大、悠远的河流，她就是渭河。渭河流淌的历史满溢了中国历史这部皇皇巨著的前半部。在漫漫的历史长河中，渭河伴随着先民的成长以及对自然的认知，由物质的意义逐渐升华到一种精神的存在。渭河不仅决定了先民的物质生产生活，而且她在与先民的互动与交流中塑造了华夏民族的精神气象。

渭河的源头位于甘肃省渭源县的鸟鼠山。据传，大禹当年在鸟鼠山用铁锨挖出泉水造就了渭河，因此又被称为“禹河”。如果你去探访这条伟大河流的源头，就会发现她的源头是一个仅容一只大碗的“品”字泉。这里的渭河还是一个婴儿，她的生命在流经狭长而广袤的区域里得到成长、壮大。长流渭川水，源头只一盅，渭河也有着她的生命和存在价值。

渭河一路向东流淌，在历史的风雨中创造了华夏民族的奇迹。渭河流经甘肃、宁夏、陕西，最后在陕西潼关注入黄河。她全长818公里，总流域面积13万多平方公里。渭河流经的最大川地为陇西川，最长的峡为宝鸡峡，峡下的河道388公里，贯穿了整个八百里秦川。渭河一路兼容并包，敞开胸怀，纳川容溪，收河携峪，最终浩浩汤汤向东奔流，实现了其伟大的价值。

渭河最大的手笔是她缔造了关中平原。渭河穿越陇陕黄土塑造的连绵沟壑，汇聚了南麓北源的各脉支流，形成了富饶的关中平原。关中平原西起宝鸡，东至潼关，东西长约300公里，因其在函谷关和大散关之间，故被称为“关中”。关中平原四面是天然屏障，易守难攻，在战国时就有“四塞之国”的说法。关中平原自古灌溉充沛，是重要的商品粮产区。在这片土地上，渭河孕育了无数的神奇，在哺育沿岸人民的同时也为后世留下了引以为豪的灿烂文明。处于渭河之滨的西安，历史上曾经先后有13个王朝建都，在中华五千年的文明史中有一千多年的黄金时代，渭河流域一直是我国政治、经济、文化的中心。

《管子·水地篇》有这样的话：“集于草木，根得其华，华得其数，实得其量。鸟兽得之，形体肥大，羽毛丰茂，文理明著。万物莫不尽其机，反其常者，水之内度适也。”管子认为，万物之所以充满生机与活力而生生不息，就是因为水的滋养哺育。如果没有水，万物就失去了生存的根本。渭河就是华夏民族的母亲河和文化河，她打开了华夏民族的史书，开启了华夏民族的文明。我们需要以一种特殊的方式纪念她的功绩，正视她的现在，思考她的未来。

千年渭河，浩浩汤汤，哺育万物，造就文明，她的功绩需要总结和传播，需要发扬和继承。“渭河文化”丛书从策划、写作到出版，正是基于这样的一个宗旨。丛书以渭河为中心，探讨河流、生态、社会、经济与文化发展的关系，旨在提高读者对渭河作为母亲河的重要地位和价值的体认。丛书也致力于挖掘渭河深厚的文化底蕴，使之与当前渭河流域的发展相互支撑，把实现人与河流的和谐相处与发展作为追求。本丛书由《渭河传》《渭河文化》《渭河文明》《渭河安澜》辑成，各有侧重，从多个方面立体呈现了渭河的历史与现状，呼唤和引领读者思考渭河的未来发展。其中，《渭河传》从文化的角度探讨秦岭，以作家的眼光审视渭河，用散文的笔法将渭河精神史诗化地呈现，展示了博大精深的中国文化和自强不息的中华民族精神；《渭河文化》重在探索渭河孕育的文化形式，从水利文化、水运文化、关道文化、台原文化等物质文化到商贾文化、宗教文化、文艺风象、民间文化等精神文化都有涉及，是一部挖掘渭河文化底蕴的作品；《渭河文明》则以渭水为钥匙，通过对渭河文明的深度解读，呈现千年流淌的中华民族文明，总结渭河对于华夏民族的重要贡献；《渭河安澜》详述古往今来中华民族治理渭河的历史和理念，见证了炎黄子孙在渭河治理事业中不断开拓、走向胜利的足迹。可以说，这套丛书是对渭河颁发的一枚功勋章，是对渭河养育陕西人民的历史记载与客观评价。

我们在赞颂、讴歌母亲河——渭河的同时，也要看到渭河在当代面临的危机。近30年来，随着渭河流域人口的增加，经济社会的快速发展，渭河承载的压力日益增大，人水关系、水地关系日趋紧张。水资源短缺，水污染加剧，对渭河流域经济社会发展的制约也日趋突出。我们的母亲河——渭河老了，需要儿女的爱护。保护渭河，不仅是本地区国民经济发展和社会进步的需要，也是造福于子孙后代的利国利民之举。

著名水利科学家潘家铮把人类与河流相处的历史分为“无能无力”“征服战胜”“和谐相处”三个阶段。的确如此，在新的世纪，陕西儿女正在以平等、爱护的姿态来善待养育了我们的母亲河——渭河，而不是无尽地索取。渭河是陕西的母亲。只有珍惜和善待我们的母亲，我们才能与母亲长期地相依相存。正是基于这个意义，我们希望本丛书的出版，能够起到推动社会关注和保护渭河的作用，社会各界能够更多地关爱我们的母亲河——渭河。

“渭河文化”丛书编者

2017年7月

前言

如果说黄河是华夏民族的摇篮，那么摇篮中的宝贝就是渭河；如果说华夏民族的历史是一本大书，那么，渭河就是这本大书的前半部分。

渭河发源于甘肃省渭源县鸟鼠山。我国古代最早的地理名著《山海经》记载："又西二百二十里，曰鸟鼠同穴之山，其上多白虎、白玉。渭水出焉，东流注于河。其中多鳋鱼，其状如鳣鱼，动则其邑有大兵。""河"是古人对黄河的简称。晚些时候，大约产生于战国时期的名著《尚书》记曰："导渭自鸟鼠同穴。"鸟鼠同穴即鸟鼠山。渭河接纳众多支流后浩浩荡荡地注入黄河，从西向东，直至大海，在中国的中部形成一条轴线，这条轴便是中华的文化之轴。

渭河不仅为生活在这片流域的人们带来了珍贵的水资源，而且为华夏民族孕育了丰富的文化财富。远古的风从她身上吹过，远古的人们从她身边走过。渭河在哺育沿岸人民的同时，也孕育了丰富灿烂的华夏文化。从洪荒远古起，悠悠的渭河水就缓缓地流淌着。在渭河的岸边，巍峨的秦岭山脉连绵蜿蜒，华夏民族早期的历史画卷徐徐展开。渭河是华夏始祖炎帝的诞生地和周、秦、汉、唐的发祥地，孕育了中华文明的“花样年华”。渭河平原孕育了灿烂的先秦文化和辉煌的大唐盛世，先后有十三个王朝在此建都，在中华五千年的文明史中有一千多年一直是我国政治、经济、文化中心。

渭河历史悠远、内容丰富。渭河所孕育的历史文化永载史册，华夏民族的历史从这里开始，她是一条历史的河流，一条文化的河流，一条思想的河流！就是这条河流为华夏民族打开了一部史书，她像一张网把渭河流域古老而灿烂的文化串在了一起，构成了渭河文化的重要部分。

这本书是为普通读者编的通俗读物。我们只是在前人提供的大量材料的基础上进行选择、剪裁、编排，用流畅、通俗的文字和形式向读者介绍渭河的文化历史，同时也使用了许多现成的文字，因为它是一本通俗读物，所以无法一一标出原文，只能在这里向被引用作品的作者、译者致谢并道歉。

编者

2015 年 5 月 8 日

目录

第一章　舟楫之利
——渭河流域的水运文化

河流是人类文化的摇篮。水上运输一直是古代渭河流域运输的中流砥柱和经济的重要支撑，也是建都于渭河流域各个王朝政治的重要基础。始于秦汉时期的漕运制度，为建都于渭河流域的历代大小封建朝廷和军队提供了物质生活资料，是各个朝代经济制度中最重要的内容之一。几千年的渭河航运和漕运文化是周秦汉唐以及其他对中国历史进程发挥重要作用的封建王朝的重要政治基础。几千年来，渭河流域社会经济、政治和文化发展较快的地方，基本上都在渭河沿岸。航运主要保障王朝的物资调运，而漕运则保障了各地物资的储存，船舶是这二者之间的关键，没有船舶，漕运和航运就不可能存在。渭河航运和漕运形成了渭河流域独具特色的水运文化。

第一节　渭河流域的航运文化

渭河流域是中华民族最早的发祥地之一，远在史前期的新石器时代，渭河沿流便有舟楫这一水上运输工具。西安半坡文化遗址出土的船形器、宝鸡北首岭文化遗址出土的船形陶壶便是渭河流域航运历史的佐证。夏、商、周时期，渭河沿岸的人们便能“刳木为舟，剡木为楫。舟楫之利，以济不通”。夏朝时，渭河沿岸的舟船使用相当普遍，如夏禹治水，疏决梁山、开凿龙门时，曾“陆行乘车，水行乘船”。商朝末期，周文王娶有莘氏之女时，曾“亲迎于渭，造舟为梁”。即在渭河中游建造舟桥，供人过往。舟桥是以大型木船作桥脚，上铺木板而成的浮桥，说明商末周初在渭河境内居住的先民，已具有相当的造船能力和较高的技艺水平。

周武王伐纣的时候能将大量的兵卒车马运过黄河，充分说明周人造船技艺的高超和驾船技术的娴熟。春秋时期，居于陇山沿侧的秦人为攻戎救周，曾在汧水中利用“舫舟”转运军事物资。公元前647年—公元前646年，渭河流域东部的晋国发生饥荒，向建都于渭河之滨雍城（今陕西省凤翔县）的秦穆公求助。秦穆公慨然允诺输粟于晋，“以船漕车转，自雍相望至绛”。于是，我们可以想象一幅壮观的景象：在渭河、黄河、汾河这一千里漫长的水运线上，舟船相继不断，仿佛进行一次战役。《左传》把这场在渭河航运史上蔚为壮观的航运行动称为“泛舟之役”。这在渭河乃至中国水运史上是一次规模浩大的航运活动，充分显示了定居于渭河流域的秦人有规模化的远航能力。成书于战国时期的《禹贡》在记述天下水道时，曾说梁州贡赋可利用嘉陵江、汉江，转褒水，再经一段陆运，又利用斜水转入渭河、黄河达于夏朝的都城。荆州的贡赋，可利用汉江、丹江，再经过陆运转入洛河后入于黄河，亦至夏朝都城安邑。

秦、西汉、隋、唐等统一的封建王朝在渭河流域建都，大举航运粮食、贡赋，使渭河水运业断断续续鼎盛数百年。五代以后，国都东移，渭河平原虽然再没有成为全国的航运中心，但军事和救灾物资的水运陆转仍持续不断。特别是商运和民运，一直持续到20世纪中叶以后。

一、渭河的航运兴衰

西汉、隋、唐时期，渭河漕运曾起过支持都城长安政治稳定、军需供应充实、商业经济兴旺发展的柱梁作用。渭河、黄河、汾河航线，开辟运用甚早，对秦、晋两地起着经济互补作用。秦始皇统一全国后，建都于渭河之滨的咸阳，而经济中心却是在济水流域的陶，两地相隔遥远。咸阳所在地的渭河平原，古代虽被誉为“陆海”和“天府之国”，但这个平原毕竟狭小，能容纳的人口有限。咸阳立为全国的都城后，人口急剧增加，就容易发生粮食不足的恐慌。战国时秦国依赖巴、蜀的接济，但巴、蜀栈道艰险，运粮不易。秦始皇灭六国后，利用渭河、黄河、济水或鸿沟这条水路，在政治、军事上有了保障，便转由关东向渭河平原运送粮食。西汉对于渭河航运的利用，始于楚、汉战争时期，刘邦军事集团充分利用渭河、黄河水道航运的便利，在萧何的主持下，兵员和物资得到源源不断的补充，终于在垓下击败项羽。萧何以“常从渭河平原遣军补其处”，“转漕渭河平原，给食不乏”而功列第一，被刘邦“赐带剑履上殿，入朝不趋”。

隋文帝统一中国后建都渭河中游的长安，长期停滞的渭河航运又逐渐兴盛。隋朝初年，隋文帝即注意到东方航运的恢复。广通渠开成以后在航运上产生很大效能，解决了隋王朝京师一带缺粮的威胁。隋炀帝移都洛阳，不再向长安运送粮食，渭河的航运功能逐渐减弱。唐朝建都长安以后，没有从关东各地大量运送粮食，然而到了唐高宗时期，渭河平原发生大饥荒，粮食严重匮乏，皇帝才按照监察御史王师顺的建议，通过渭河、黄河漕运河东的粮食以救渭河平原饥馑。当时还在东渭桥头设置渭桥仓存储运来的粮食。但此次航运并未成为经常之制。这是因为唐高宗时期的渭河水运路途艰险，粮食损耗大。唐中宗时代，京师农业歉收，粮食不够吃，有人建议朝廷迁到洛阳“就食”。唐中宗说：“岂有逐粮天子耶!”于是他采取加强人力财力，疏浚河道、增选粮船、沿途设仓、派重要官员负责等办法，解决粮食危机。

此后，渭河平原粮食经常供应不足，唐朝政府为暂时解决缺粮困难，皇帝常率百官就食洛阳，据统计，高宗“巡幸”洛阳共达 7 次，玄宗时也有 5 次。当时的渭河航运有两大困难：一是三门峡险阻，从洛口到陕州须用陆运；二是渭河水量不足，水浅沙多，航船难进。对解决这一难题，第一次提出具体办法的是唐玄宗，他责令宰相裴耀卿具体负责。裴耀卿在开元十八年（730 年）就曾“条上漕事便宜”，建议“节级转运法”，不过，玄宗当时未予重视。裴耀卿因请罢陆运旧法，另建一套航运的办法。新办法把渭河航程分为三段：河口一段，三门峡附近一段，三门峡以西一段。洛口以东为水运，置仓河口，东南航舟至此输粟于仓，另由官家雇换舟船分入河、洛。三门峡东、西侧也分别置仓，中间采取陆运。自河口至此，先将谷粟输到东仓，然后凿山路 18 里，再陆运西仓，以避三门之险，三门以西采取船运。这个节级转运法切实可行，唐玄宗采纳这个建议后，“凡三岁漕七百万石，省陆运佣钱三十万缗”。于是，玄宗下诏自洛阳西返，以后就长期住在长安，不再为吃的问题而奔波于东、西两地间。

渭河中上游的秦岭、陇山一带，在唐、宋时期林木茂密，竹子遍布于山上山下，汉唐时期长安的建筑用材均采自秦岭和陇山。特别是陇山的松木高大端直，为宫殿建筑的上等用材。《宋史·地理志》记载："渭水路有……林木之饶。"《续资治通鉴长编》说，宋在渭河路"岁获大木万章以给京师"。金朝移都汴梁后，亦是如此。北宋初年，在渭河上游的"秦凤路"设置采造务，大量砍伐林木东运。宋太祖建隆二年（961 年），并州寿阳人高防出任秦州知州，"州西北夕阳镇连山谷多大木，夏人利之。防议建采造务，辟地数百里，筑堡要地，自渭而北，夏人有之；自渭而南，秦州有之。募卒三百，岁获大木万章"。高防主持采伐的木材，均联成木筏，浮渭入河，派专人押运至汴梁供官用。高防在秦州西北大量砍伐木材，损害了土著居民的利益，出现民族冲突，引起宋太祖关注，遂改派吴延祚为节度使取代高防，并下诏书抚慰夏族酋帅。采运木材活动也因而停止。

宋朝停止在渭河上游采运木材后，汴京木材供应立即感到短缺，遂于宋太宗雍熙四年（987 年）四月，"以客省使张平为盐铁使，平初以右班殿直，市木秦、陇。平悉究利弊，更立新制，建都木务。计水陆之费，以春秋二时，联巨筏，自渭达河，历砥柱，以集于京师。期岁之间，良材山集"，这是北宋初年渭河水道第二次出现的木材运输高潮。宋太宗淳化二年（991 年），温仲舒为秦州知州，在大洛门砦、小洛门砦一带砍伐林木，浮渭而下，供应京师，"二砦后为内地，岁获巨木之利"。宋真宗时候，秦州知州张佶在渭河沿边置采木场，砍伐运输材木至汴京。盛产竹木的渭河秦陇一带，利用渭黄运道，转运造船、修桥、治河的各种用材，供应黄河中下游一些州县使用最为便捷。宋仁宗时期的名臣包拯历任三司户部判官，京东、渭河、河北转运使，曾目睹了渭河为筹措造船木材对百姓课取甚重导致不少人户破家荡产的事实，包拯曾上书朝廷予以宽恤。包拯在奏折中说："凤翔府斜谷造船务，每年造六百料额船六百只，方木物料等自来分擘与秦、陇、凤翔诸处采买应付。"

煤炭在宋代已经广泛开采，渭河路为当时的煤炭产地之一。南宋人朱翌在《猗觉寮杂记》卷上说："石炭自本朝河北、山东、渭河方出，遂及京师。”宋朝人朱弁在谈煤炭时曾言：“今西北处处有之。”其中，濒临渭河支流泾水的邠州，出产煤炭的地方就有“永昌、韩村、秦店、左胜、洪河、龙安庄、曹公庄、房陵村、李村”等地。邠州出产的煤炭，除供应本州炼铁及铁器工场生产火箸、剪刀等上贡物品外，也运往外地销售。除邠州外，渭河北部的一些州县也多处发现煤炭。柴薪来自木材的下脚料，渭河沿流的南山、北山，处处有之，可说是取之不尽。宋代由渭河、黄河东运的薪炭，史书文献未对其数量一一记载，宋英宗时代记载：“繇京西、渭河、河东运薪炭至京师，薪以斤计一千七百一十三万；炭以秤计一百万。”由此一斑，可窥全豹。唯运输方式是排筏装载或船只装运，不能确知，根据当时渭河通行不畅的情况，当以前者为宜。

明清时期仍断续利用渭河水道转运粮食。明洪武元年，“西北边则浚开封漕河，饷渭河；自渭河转饷宁夏、河州”。明洪武六年（1373 年）冬，诏令浚治河南开封漕河。于次年春，“输漕粟于渭河”。在明太祖及以后的英宗时期都曾在河南、潼关、西安府、凤翔府、巩昌府等地仓庾间转运粮食，每次不下数十万石，以支援边饷。此后，过了二十余年，户部尚书杨鼎又因阿罗人入掠之事，建议仿古人经验，利用渭河支流北洛河将“所运粮草，各贮水次，溯流攒运”至渭河北部的延绥以备边防。清康熙雍正年间，由于渭河平原地区发生饥荒，而有过几次大规模运吴楚粮赈济渭河饥荒的活动。这几次运粮曾经经由大运河，经河南洛阳溯黄渭而运至渭河平原。

渭河下游韩城一带的煤炭主要是利用黄河北干流运至潼关三河口，再西溯渭河，运往西安、周至、户县及其以西各地售卖。明朝末年的时候，泾阳知县路振飞曾设法开辟泾河运道将煤船由渭入泾以降低泾阳的煤炭价格。泾河在明代初、中期以前，均未见有文字记载泾河通船运之事，只有渡船济运长期存在。到明末，泾阳知县路振飞鉴于渭河水上“商贾舳舻相望”，水运相当便利，而泾河水却任其流淌，不行舟楫，觉得“实可惜也”。于是倡导利用泾渭两水，开发泾河水上运输。

渭河平原地区的土特产品多来自秦岭山中，以木材、木炭、药材、木耳、土纸为多，当时的运销活动颇盛。康熙、乾隆时编撰的《户县风俗志》中记载："近山食山，如薪炭、木材……纸、竹，可以负鬻。"《物产志》云："南山有薇蕨、木耳、百合。"光绪《户县乡土志》举有数十种土特产品，其中除多数由陆路转销他地外，也有相当一部分是由渭河水路进行运输。乌药运往山西，每年约销五六十万石。藕粉运往山西、河南，每年约销20万石。松柏枋块由渭河运至咸阳分路。

二、渭河上的载人航行

渭河史书文献中很少有载人行舟的记述，但在特殊情况下，也有载人航行。《史记·周本纪》和《诗经·大雅·公刘》篇记述，在先周时期，周人先居于豳，后移至周原。他们为了去秦岭采取生产和生活用材经常渡过渭河。渭河水面宽阔，河水一般深过腰部，徒涉不易，必须用船济渡。《史记·周本纪》说的公刘时代"务耕种，行地宜，自漆沮渡渭，取材用，行者有资，民赖其庆"，就是载人航行的情况。

到汉代，汉武帝去河东郡后土祠进行祭祀活动时曾在船上作了一首歌，名曰《秋风辞》。歌中有"泛楼船兮济汾河，横中流兮扬素波"两句，这两句歌词描述的是横渡汾河、黄河的情景。作为一朝皇帝从长安去河东，一般不会冒险乘船泛渭入河，达于河东。但渡黄河和汾河所乘的楼船，在汾河就地制造的可能性很小，应由昆明池水军基地驶去。楼船不是货船，是装载军器和军卒用的，因知西汉初年渭河当有载人的舰船往还。《汉书·薛广德传》记载，薛广德等人侍从汉元帝去宗庙祭祀，从长安城西出行，"出便门，欲御楼船。广德当乘舆车，免冠顿首曰：'宜从桥。'……光禄大夫张猛进曰：'臣闻主圣臣直，乘船危，就桥安，圣主不乘危，御史大夫言可听。'上……乃从桥"。出汉长安城便门，首先遇泬水支渠，然后遇西渭桥，说明汉代昆明池的楼船亦活动于长安附近的河渠上，只是汉元帝在御史大夫的谏阻下没有乘船渡运。

《汉书·王莽传（下）》记载，王莽曾令孔仁、严尤、陈茂击下江、新市、平林义军，"各从吏士百余人，乘船从渭入河，至华阴乃出乘传，到部募士"。这是长安至华阴一段渭河载人航行的明确记载。西汉末年，更始帝为避赤眉军曾避乱于渭中船上。东汉时期，尽管渭河河道不佳，可是人们出于各种不同原因有时还是要乘船行于其中。这些乘船活动，不仅仅是在河中玩乐，有些还具有实际的航行意义。东汉时京兆人杜笃在《论都赋》中，对光武帝刘秀长安祭祀汉代先帝陵园之行记述甚详。《论都赋》中说："喟乎以思诸夏之隆，遂天旋云游，造舟于渭，北航泾流，千乘万毂，万骑骈罗。衍陈于岐梁，东横乎大河，赍后土，礼邠郊。"在东汉末及魏、晋、南北朝时期，渭河中出现了几次载人航行，均各有其独特的原因及采用独特的方式。曹操与马超在潼关相战，曹操军队绕过潼关，由黄河北干流西渡，占据渭北，"操潜以舟，载兵入渭"，分兵结营于渭南。此次曹兵所利用的渭河，仅限于潼关三河口附近一段。

晋末、南北朝时，渭河曾用于水军行驶。东晋义熙十三年（417 年），刘裕率军北上讨伐建都于长安的后秦政权一役，部将王镇恶献计率水军自河入渭，乘艨艟小舰直驶到长安城北，弃舟登陆大破后秦军，进占了长安城。这是渭河第一次水上军事行动。北周建德四年（575 年），北周与北齐河阳桥之战，令"总管隋国公杨坚、广宁侯薛迥"率"舟师三万，自渭入河"，于八月癸卯，破齐师于河阳桥。

渭河载人航行的另一种形式是帝王巡视。北魏太和二十一年（497 年）五月，孝文帝巡视长安，回归洛阳时"泛渭入河"。在此前三年，魏文帝"自泗入河，溯流还洛"后曾说过这样的话："我以平城无漕运之路，故京邑民贫，今移都洛阳，欲通四方之运，而民犹惮河流之险，故朕有此行。所以开百姓之心也。"北魏孝文帝太和十八年（494 年）迁都洛阳；十九年"自泗入河"；二十年"将通洛水入谷，帝临亲观"。二十一年从洛阳到平城又到长安，并幸昆明池，无疑是为考察漕渠首段情况。至于归路采取渭河水路，当在考察渭河水道，寓有鼓励水运之意。

第二节 渭河流域的漕运文化

渭河流域的漕运曾盛极一时，即所谓的“河渭漕挽天下”。渭河平原曾为十三朝古都，渭河漕运使用频率和交通地位均在渭河平原其他诸河之上。规模较大的港口、码头、津渡也首先出现在渭河沿侧。渭河是诸大河流中发展漕运最早的河流之一。

一、渭河流域的码头和渡口

渡口和船是孪生兄弟，有船的地方就有渡口。渭河流域最著名的渡口莫过于“咸阳古渡”了。明代马中锡有诗：“野色茫茫接渭川，百鸥飞进水接天。僧归红叶林间寺，人唤夕阳渡口船。”清人朱集义在《渭阳古渡》的画上题文曰：“轱舟泛泛，渔艇悠悠。黑鳗赤鲤，沉浮于绿水之中；白鹭青鸟，出没于碧波之上。樵士羊肠而往，牧童牛背而归。歌苎斗草，曲唱采莲，助诗家无限精神，是为一景。”漕运与仓库联系在一起。仓储是古代物流的重要载体。仓是存粮之所，贮粮以备不时之需。仓库的基本用途有：储存、储备两大功能。储存是将漕运来的粮食保管起来供日常消费。储备是为应付战争、灾荒及突发事件的。同时，仓储还有平抑物价之功能。粮丰时收进入仓，粮歉时出仓，粜粮赈灾，不至于价格飞涨，影响市场稳定。

（一）渭河流域的港口码头

1. 太仓码头。中国很早就有了仓廪制度。秦代有霸上仓、栎阳仓、咸阳仓。《汉书·高祖本纪》记七年造太仓。太仓之北有嘉仓。《三辅黄图》有太仓署之设。历代的太仓均为朝廷正仓。汉、隋、唐大兴漕运时，漕粮多储纳于太仓。漕船停泊卸粮之处必有港口码头。西汉在便桥西北濒渭处有细柳仓。曹魏在横门置邸阁囤粮，附近有渭运码头。唐于中渭桥南、禁苑西北处置仓。

2. 东渭桥仓码头。渭河在泾水、灞水汇入处以上河段，水量较小，不利于大型粮船直接驶进太仓。唐高宗时于泾水汇入渭河处附近置东渭桥仓。唐开元时期渭河流域遭雨涝灾害，曾一次出太仓米200万石赈饥。文宗时太仓有粟250万石。当长安城北一段渭河因水浅沙深行船困难时，漕粮则先存于东渭桥仓，然后西输太仓。沈亚之《东渭桥给纳使新厅记》中说：渭河三桥中“天廪居最东，内江、淮之粟，而群曹百卫于是仰给”。所谓“天廪”就是太仓。东渭桥仓实际是太仓的分仓。东渭桥仓储粮巨多，漕船往返非常频繁。为船舶装卸服务的港口、码头的规模也相当大，常常舟楫弥望，时人有“千樯渭曲头”之叹。

3. 广运潭码头。唐时的军政费用主要来自江淮。玄宗时期的陕郡太守、水陆转运使韦坚主持重开漕渠。“又于长乐坡濒苑墙凿潭于望春楼下，以聚漕舟……众艘以次辏楼下，天子望见大悦，赐其潭名曰广运潭。”其实广运潭码头不止一处，韦坚曾调集运船二三百艘于潭侧，各船署牌标明郡属，各载当地特产，共计数十郡，特产百余种。这虽是韦坚为讨好玄宗而精心设计的漕运实物展览，但却是当时的漕运实情。

4. 党家码头。西安府城北渭河岸边有党家码头，距西安府仓20里。西安府城有永丰仓和敬录仓，永丰仓在布政司西北，旧属西安府，今归粮道辖。敬录仓在布政司东南，旧属都司，雍正二年（1724年）改归粮道辖。康熙时期，为赈济渭河流域灾荒，漕运总督施世纶题准由黄河挽运豫粮入秦，就是由陕州太阳渡船运至西安府党家码头，然后车转入仓。太阳渡至西安府党家码头河水平稳，非常适合船只通行。由此可见党家码头为水运陆转码头。

5. 草滩港。草滩港位于长安城北侧渭河下游衔接处。草滩港是渭河下游的终点港口，当渭河处于丰水时期，其中游亦有小木船和排筏行驶，转运各类物资。草滩港是承上转下的货物集散地。秦汉至晚清，由长安城北去的驿路皆由经草滩附近的中渭桥或渭渡。草滩港曾经是一个交通繁盛的水旱码头。

6. 永丰仓港。隋文帝时在今华阴市东北35里的渭河口设广通仓，炀帝时改名为永丰仓。《隋书·食货志》记载："开皇三年（583年），朝廷以京师仓廪尚虚，议为水旱之备……又于卫州置黎阳仓，洛州置河阳仓，陕州置常平仓，华州置广通仓，转相灌注。漕关东及汾、晋之粟，以给京师。"唐永丰仓的功能在于接纳陕州太原仓、龙门仓两个方向来的漕船，由河入渭西给京师。永丰仓主要起中转作用，因而在漕船停泊处备有宽敞的供装船或卸船用的码头。

（二）风雨渡口

历史上的渭河所经之处广置津渡以解决人们往来的渡河问题。其中亦有不少重要津渡曾起着木船运输港口码头的作用，另有一些津渡在战争中曾起着济渡作用。渭河流域的渡口中最有名的非咸阳古渡莫属。据史料记载，"咸阳古渡"应该始于秦代。直到明洪武年间，咸阳城西迁到渭河驿，古渡也随之西迁。真正成为"秦中第一大渡"，并一直沿用至新中国成立初期。清人朱集义在《渭阳古渡》诗中写道："长天一色渡中流，如雪芦花载满舟。江上太公何处去，烟波依旧汉时秋。"再现了当时的情景。

潼关位于黄河、渭河、北洛河交汇处附近。春秋时称"渭汭"，是黄、渭河运的交通枢纽。汉初设置船司空，管理漕运船只，后来改设为船司空县。东汉撤销船司空县，辖地并入华阴县。东汉初年在这里设关，以护卫京都洛阳。潼河自南向北，在关内与黄河交汇，故名潼关。

蒲津渡，也叫蒲阪津，位于陕西省大荔县东境黄河右岸，对岸为山西省永济县，历史上曾置蒲州。蒲阪津所在地，秦汉时为临晋县，曾置临晋关；唐称蒲津，设蒲津关。远在西周初期，周文王平"虞芮之讼"后不久，周文王的军队经由蒲阪津渡过黄河灭了耆国。秦穆公时候，晋公子重耳归晋，秦派兵三千护送。秦景公时期，景公弟针逃往晋国，"享晋侯，造舟于河，十里舍车，自雍及绛，归取酬币，终事八反"。此时，蒲阪津建造了舟桥。战国时期，秦献公迁都栎阳，《史记·货殖列传》称“东通三晋，亦多大贾”。秦晋相通经由蒲阪津。

夏阳渡为历史名渡，其所在地历来说法不一，一说在今韩城市南的夏阳，即芝川渡；一说在合阳县夏阳。公元前205年楚汉争战不止，《史记·淮阴侯列传》记载：“魏王豹谒归视亲疾，至国，即绝河关反汉，与楚约和。……其八月，以信为左丞相，击魏。魏王盛兵蒲坂，塞临晋。信乃益为疑兵，陈船欲渡临晋，而伏兵从夏阳以木罂缻渡军，袭安邑。魏王豹惊，引兵迎信，信遂俘豹。”夏阳渡自此出名。

二、渭河流域的桥

有河必有桥，渭河之桥始于咸阳。汉唐时有渭河三桥：东渭桥、中渭桥和西渭桥。李频在《东渭桥晚眺》中写道：“秦地有吴舟，千樯渭曲头。人当及照立，水澈故乡流。”道出了渭河桥的历史。

（一）渭河三桥

秦、汉、隋、唐先后在咸阳、长安建都。为便于京师与各郡、国、州、县的联系，先后在渭河上不断建桥。《唐六典》称：“天下木柱之梁三，皆渭河：便桥、中渭桥、东渭桥。”东渭桥是我国古代桥梁建筑史上一个新的里程碑。它是连接渭河两岸的一条纽带，通往长安城的咽喉，在战略上具有重要的地位。东渭桥的得失，关系着唐长安城的安危，故向为兵家必争之地。1989年《长安古桥交流文物展》在日本展出，东渭桥出土文物也予以参展，引起了日本专家、学者的极大关注。近年来，日本友人前来参观者络绎不绝。东渭桥作为中日友好交往的象征已载入史册。

中渭桥初称渭桥，始建于秦。《三辅黄图》称：秦时渭河北有咸阳宫，南有兴乐宫，“欲通二宫之间，故建此桥”。西汉时，因中渭桥位于长安城横门外，故称横桥。东汉末年，董卓入关时，烧毁了中渭桥。之后，曹操又重建，宽度缩小为12米。东晋永和十二年（356年），前秦苻生，征调渭河流域百姓，加以修治。南朝刘裕入关，又焚毁。北周时再次修建。庾信《在司水看修渭桥》诗记述，砌柱基之石，来自富平；砌堤激之石，来自甘泉山。据东汉墓壁画《渭河桥图》显示，桥柱是四根木柱一排，为排架式；排柱上有两跳斗拱承托木梁、桥板、桥栏。桥顶随券顶略呈八字形。桥头有华表、神妖。

西渭桥在今咸阳市西南九公里的秦都区钓鱼台乡资村西南沙河河道上。西渭桥即汉代的便门桥，始建于西汉，因桥与汉长安城西南头第一门——章城门遥遥相对，而此门又称便门，故有此名称。至唐代又称为西渭桥，这是人们对汉、唐长安城附近渭河上的三座桥，因其地理位置的不同而冠之的名称。

渭河三桥地处交通要冲，唐朝派人严加守护。三桥各设守桥丁 30 人，分为 4 班轮值。每年五月一日至九月十五日，守桥丁不得离家 5 公里，以便遇到险情随时前往抢修。每遇水涨，守桥丁即赶赴桥头察看水情。三桥另各配木工 8 人，亦分 4 班轮值。水毁工程大时，三桥的守护桥丁集中，与桥所在县雇募夫役一起抢修。

（二）灞桥

灞桥位于西安城东约 10 公里的灞河上。《水经注·渭水》记，灞水源出蓝田，原名滋水，秦穆公霸世，改名霸水，以彰霸功。后人加“水”旁，称灞水。据传，秦穆公为便于雍城与东方列国的联系，在灞水上建灞桥。灞桥原为木柱木梁桥，王莽地皇三年（22 年）被火焚毁，重修时改木柱为石柱，改名“长存桥”。隋开皇三年（583 年）在汉灞桥之南又建一“霸陵桥”，即后世的灞桥。唐代屡加修葺，建成多跨石柱石梁桥。

北宋时，隋唐的南桥和秦汉的北桥均被水毁，宋哲宗元祐年间，经韩缜重修南桥。元代灞桥又被洪水冲毁。至元元年（1264 年）秋，山东堂邑梓匠刘斌乘车至此，正遇水涨，看到行人徒涉的危险及人车漂溺的惨状，遂下决心重建一座较牢固的灞桥。在当地官民的支持赞助下，新桥于至元十五年（1278 年）落成。新建成的灞桥“凡一十五虹，长六百余尺，阔二十四尺。中分三轨，旁翼两栏，华表柱标于东、西。海兽盘踞于砌石，狻猊蹲伏于栏杆。鲸头喷浪，鳌首吞云。筑堤五里，栽柳万株。游人肩摩毂击，为长安之壮观”。历经近 200 年灞桥又毁。明成化六年（1470 年），陕西布政使余子俊又主持修灞桥。此次是用黑色大理石修造。但由于桥梁设计仍不能适应灞河情况，经不起洪水冲击和沙石壅塞，不久，桥又倾毁。清康熙三十九年（1700 年），“巡抚贝和诺捐俸造桥，甫三年即圮”。乾隆二十九年（1764 年），又建石墩木梁桥，5 年后再次遭水毁。不得不冬春搭浮桥（舟桥），夏秋以舟渡。

三、渭河流域中的漕渠

渭河平原自古以来就有“天府”的称誉。从《禹贡》起就被列为上上田，认为是“膏腴所在”。然而，渭河平原面积狭小，需要从关东转运大批漕粮，以支撑庞大的官僚机构和禁军。“唐都长安，而渭河流域号沃野，然其土地狭，所出不足以给京师，备水旱，故常转漕东南之粟”正是这种情况的真实记录。汉、隋和唐王朝都建都渭河流域，就不能不开凿一条与渭河平行的漕渠，转运千百万石漕粮。这对稳定汉、唐盛世的政治统治和造成长安城的繁荣，起了极其重要的作用。漕粮是封建王朝赖以存在的物质基础。虽然汉、唐统治者为转运漕粮想了许多办法，但却只有开凿漕渠才是解决问题的根本途径。汉代开凿漕渠后，每年转运到渭河流域的漕粮一般保持在 400 万石，最多时还达到 600 万石。这对稳定西汉的政治统治和伸张国力起了极大的作用。西汉三次大规模征伐匈奴的战争，都在漕渠开凿之后，显然同漕粮的供应充分有密切的关系。

秦始皇统一全国后，政治中心虽在咸阳，而经济富庶之地却在黄河下游及其支流济水流域。渭河平原在古代虽被称为“陆海”和“天府之国”，但毕竟地面狭小，所能容纳的人口有限，一旦超过饱和点，就要发生粮食不足的恐慌。秦始皇的祖辈在渭河平原建都时，秦国的一部分粮食供应来自巴、蜀。但蜀道十分艰险，转运粮秣，劳民太甚。秦始皇统一全国后，把目标转向函谷关以东，利用渭河、黄河及黄河下游一些支流和人工运河所网罗的地域，向咸阳漕运粮食。为此，秦在荥阳附近建立了一个规模宏大的廒仓，存储由济水和鸿沟运来的粮食，再换船，沿黄河入渭河，达于咸阳。

西汉初年，虽然仍沿用秦代由关东向渭河平原漕运粮食的办法，但数量有限，每年只有几十万石。到汉武帝时，由于对内积极建设，对外不停征讨，国家支出较前增多，需要的漕粮由汉初的40余万石曾增加到百余万石至600余万石，一般在400余万石左右。大司农郑当时建议在渭河旁边另外开凿一条漕渠。汉武帝于元光六年（前129年）令“齐人水工徐伯”勘察线路，“发卒数十万穿漕渠，三岁而通”。这条漕渠从长安引渭河入渠，循着南山山麓脚下，一直通到黄、渭汇合处的近旁入黄河。漕舟由黄河转入漕渠，逆水而上，比原来溯渭河而上便利很多。另外，在罢漕时，还可引渠水灌田，一举两得。这是历史上第一次开凿漕渠。

隋初，西汉所修漕渠，因长期失修失养，已被渭河带来的泥沙所湮废，渭河水道曲折多沙，漕舟往来困难。开皇四年（584年）隋文帝命宇文恺开凿渭渠。并下诏书说：“渭川水力大小无常，流浅沙深，即成阻阂。计其途路，数百而已，动移气序，不能往复，操舟之役，人亦劳止。”宇文恺开渠，“引渭河，自大兴城东至潼关三百余里”。大兴城即后来唐朝的万年县，与长安县东、西并立。当时参加开渠的还有郭衍。《隋书·郭衍传》记载：“引渭水，经大兴城北，东至于潼关，漕运四百余里。”是年六月动工，当年九月竣工，文帝即幸灞水，观漕渠。

隋渠初名广通渠，此渠经过今陕西华县广通仓下而得名。广通仓为渭河平原漕运的主要仓库。到隋文帝仁寿四年（604年）改名永通渠。渠道开通后解决了国都长安粮食问题，渠旁人民也得到水利的实惠，又称富民渠。这是第二次开凿漕渠。隋炀帝继位后，常住洛阳、江都，定洛阳为东都，以避黄河三门峡砥柱之险。

唐代不断疏浚三门峡航道及渭河平原漕渠。工程较大的是唐玄宗天宝元年（742年）陕郡太守兼水陆转运使韦坚疏浚的一次。史称“坚治汉隋渭渠，起关门，抵长安，通山东租赋，乃绝灞、浐，并渭而东，至永丰仓与渭合。又于长乐坡濒苑墙凿潭于望春楼下，以聚漕舟”。此潭称“广运潭”。自隋开皇时开广通渠后，到天宝初年韦坚疏浚止，前后大约相隔150年。这是第三次疏凿。

由于渭河泥沙的不断淤积，漕渠至唐代宗大历年间（766—779年）之后“渐不通”。到唐文宗太和初年（约827年），“岁旱河涸，掊沙而进，米多耗，抵死甚众，不待覆奏。秦汉时故漕兴成堰，东达永丰仓，咸阳县令韩辽请疏之。自咸阳抵潼关三百里，可以罢车挽之劳。宰相李固言以为非时。文宗曰：苟利于人，阴阳拘忌，非朕所顾也。议遂决。堰成，罢挽车之牛以供农耕，渭河平原赖其利。”这次是在渭河下游水运十分困难的情况下，由咸阳县令韩辽建议重开的。此次疏凿得到唐文宗的大力支持，不但迅速将渠开通使用，而且在渠首修了“兴成堰”。兴成堰在当时咸阳县西18里处。这次疏浚漕渠后，使用约10年时间。唐文宗开成初年（836年），裴休在谈渭河平原漕运时，说是“由河入渭”，不是由河入漕渠。这是漕渠历次开凿利用时间最短，也是最后的一次。

第三节　渭河流域的船舶文化

渭河境内船舶出现甚早，舟船的发明、制造经历了由简单到复杂，由小到大的发展过程，由独木舟、排筏演进为木板船，再发展为舫。漕船和战舰的出现，显示造船技术已达到相当高的水平。

一、各式各样的船只

据《易经·系辞》记载：“黄帝刳木为舟，剡木为楫，舟楫之利，以济不通，致远以利天下，盖取诸涣。”“涣”就是木浮于水上，象征着筏与船。根据古文献记载和出土文物考察，独木舟和筏是原始社会最早出现的水上运输工具。《物原》记载：“伏羲始乘桴。”《国语·齐语》记载:“方舟设泭，乘桴济河。”桴和泭都是指筏。《尔雅·释水》所谓的“并木以渡”就是把几根木杆捆扎一起做水运工具。筏取材容易，制造简便，稳性好，装载面积大，能穿急流过险滩，一直被人们用作水上交通工具。对独木舟和筏变革的结果，创制出了新型的木板船。在木板船的发展过程中，舫也和单体船并行不悖地向前发展着。舫是由单体船结合而成，所以它的发展总要受到单体船发展水平的制约。舫的原义见东汉人许慎的《说文》：“舫，并舟也。”舟即原来的木板船，将两条木板船的船舷并连起来而行，就称为“舫”。连并的方式方法有多种多样，早期是采用皮条、藤蔓、绳索将两船船舷连结一起，后来则用木板横置于两船之间，木板使两船结为一体。晋人郭璞注《尔雅·释水》说，“比船于水，加板于上”，指的就是用木板、连接杆或梁木之类硬性的构件横跨两船，将它们牢牢地固定起来，成为一个整体。固定的方法起初用捆扎，有了钉子以后用钉接。

到了秦汉时期，由于都城所在地的渭河平原地域狭小，所产粮食不能满足军、政方面的需要，须将黄河下游一带的田赋大量输入渭河平原，从而兴起了漕运。特别是汉代，由于汉武帝对内兴功作土，对边域长期用兵，粮食消费量巨大，便制造大型漕船，在渭河、黄河中不停地进行漕运，史称每年漕运数百万石。刘熙在其所著《释名·释船》中说，船型较大者排水量为500斛，而西汉武帝时向京城长安漕运粮食，最多时年达600万石，需用漕船12000艘，确实可以形成“水行满河”，“大船万艘，转漕而过”的壮观场面。当时民间也拥有大量船只，《史记·货殖列传》说，富家之资，有“船长千丈”语，以推行算缗时“船五丈以上一算”计，则“船长千丈”之富家，可拥有运船200艘之多。

元狩三年（前120年），汉武帝下令在长安城西南挖建了方圆40里的昆明池，在池中建造楼船，训练水兵，建立了一支名为“楼船”的水军部队，作为远征南方平定封建割据势力的水上武装力量。楼船，顾名思义即建有楼层的大型战船。楼船船体大小不一，楼层也多少不等，一般为三层，高可达10余丈。每一层外面都建有高约3尺的“女墙”，作为士兵防御敌方弓箭矢石用的掩体。有的女墙上还开有箭孔，可向敌方射击。楼船的周围还用坚硬的木材制成“战格”，要害部分还蒙上皮革，作为船上的“保护装置”。楼船的四周还遍插战旗，显得雄伟壮观。楼船既可用于防御，又利于进攻，对敌方的威慑力很大。汉代著名的将军杨朴，就被封为“楼船将军”。所以，汉代的楼船船队是一支强大的舰队。

汉武帝时代，长安城西南侧的昆明池中曾出现过载运万人的豫章大船。《太平御览》记载汉武帝穿昆明池，“作豫章船，可载万人”。《三辅黄图》引《庙记》：“池中后作豫章大船，可载万人。”汉武帝时以“豫章”命名大船，其来由可能是使用豫章名木修造。如《淮南子·修务》说：“楩柟豫章之生也，七年而后知，故可以为棺舟。”《潜夫论·浮侈》批评厚葬之风，也说：“京师贵戚，必欲江南檽梓豫章楩柟，边远下土，亦竞相仿效。”

西汉长安城西侧的太液池中有小型的鸣鹤舟、容舆舟、清旷舟、采菱舟、越女船；昆明池中有龙首船、翔螭船；影娥池中有游月船、触月船、鸿毛船、远见船等各种游船。《三辅故事》记载：“昆明池中有龙首船，常令宫女泛舟池中，张凤盖，建华旗，作棹歌。”在琳池，皇帝则令“以文梓为船，木兰为柂，刻飞燕翔鹢，饰于船首”，使之“随风轻漾”。在唐代，长安城东南角的曲江池中，也是彩舟荡漾，供人们游乐。

二、渭河流域的造船历史

秦汉时期造船技术有很大进步，船体结构普遍采用铁钉连接和榫合方法以及油灰麻茹捻缝技术，这远比当时西方用皮索捆扎的连接方法先进。在船具方面，渭河流域的先民秦人发明了橹和桨，普遍装有桅杆、舵、长桨、短桨等。秦汉造船业往往优先提供军用，民用船的使用也存在身份等级的限定，先进造船技术的成就未必可以直接推进交通事业的发展。应用于航运事业的是大量中型或小型较为简陋的船舶，民间船工往往因地制宜，以简便方式制作水上航行工具。

唐代漕运极盛，都水监下设舟楫署专门管理航运及船只制造事务。刘宴主持漕政时，沿渭河、黄河、汴水的漕运路线，置场造船，聚集众多技艺高超的船匠，制造出适合各个河段行驶的“渭船”“河船”和“汴船”。唐代大型单体船的出现，在中国造船史上应为一大创举。

北宋时期造船技术有了进一步发展。宋代对船舶建造程序，包括建造船坞，聚集船材，计算造价，设计模型，一直到竣工下水，都有周密的规划，为当时的水上交通运输提供了多种形制与性能的船舶。

宋、元之际，随着宋军南退，元军进逼，汉江、嘉陵江一度为军事所用，于沿江造船，转运军实。明、清乃至民国时期，渭河境内各条河流的重要港口码头，几乎都有私人设置的修船、造船场地，如黄、渭交汇处的潼关。

第二章　决渠为雨

——渭河流域的水利文化

渭河文化是中华文化版图里最古老、最辉煌的水文化之一。纵观渭河的发展历史，不难发现水利与渭河及其支流之间有着极为密切的关系。一部渭河文化的发展史在一定意义上就是渭河流域的先民与洪涝、干旱做斗争而不断前进的历史。渭河作为联结东西经济的运输线、生命线，养育了沿岸百姓。千百年来，在渭河先民以农业为本的历史进程中，水利活动自始至终发挥着决定性的作用。从这个意义上说，渭河流域所创造的一切物质财富和精神财富都蕴含着渭河水利的成果。

渭河流域是所谓“沃野千里”之地，沿河两岸都是农业生产很丰富的地区，需要灌溉，自汉至唐皆为渭河流域漕运要道。《山海经·海内东经》：“渭水出鸟鼠同穴山，东注河，入华阴北。”北魏郦道元《水经注·渭水》：“渭水出首阳县首阳山渭首亭南谷山，在鸟鼠山西北，此县有高城岭，岭上有城号渭源城，渭水出焉。”唐朝诗人张籍《登咸阳北寺楼》诗：“渭水西来直，秦山南去深。”渭河接纳的支流有葫芦河、泾河、洛河，既是水运航道，又有灌溉之利。长安又是经久建都之地，巩固政权的最起码条件，首先就要使首都的粮食不致发生问题，而渭河平原地区的农业生产，密切关系着京城的粮食供应，这就驱使建都于此的统治阶级不得不为此积极关心，因此历史上渭河流域的水利开展相当早而且也最有成绩。清代渭河流域沟渠更是多得数不清，灌溉消耗渭河及其支流的水量占很大的一部分。

关于灌溉用水影响水量致河道淤浅，王莽时大司马张戎就已指出。《汉书·沟洫志》载戎上言：“今西方诸郡以至京师东行，民皆引河、渭山川水溉田，春夏干燥，少水时也，故使河流迟，贮淤而稍浅，雨多水暴至，则溢决。……可各顺其性，毋复灌溉，则百川流行，水道自利，无溢决之害矣。”张戎所指灌溉用水使河道淤塞变浅，结果就容易造成溢决，对河道既有影响，航运必然要受限制，可是要用废除灌溉的办法来解除水运及河道的问题，那自然是行不通的。所以张戎的建议后来也未见实行。

第一节　渭河沿岸的河流

渭河流域右岸南山支流较多，从西到东有清姜河、清水河、伐鱼河、石头河、西汤峪、黑河、涝峪河、新河、沣河、滈河、灞河、零河、酒河、赤水河、遇仙河、罗纹河、罗敷河等，大都水清、源短、流急。左岸为黄土阶地原区，支流稀少。从西向东有通关河、小水河、金陵河、千河、漆水河、泾河、石川河、北洛河等，大多水量相对较小而含沙量很大，流长在百公里以上。

一、千河

千河为渭河左岸支流，位于渭河流域西部，因流经千山脚下而得名。源出甘肃六盘山南坡石嘴梁南侧，东南流至唐家河入陕境，斜穿陇县中部，经千阳、凤翔，于宝鸡县冯家嘴注入渭河。河流全长152.6公里，平均比降5.9‰，流域面积3493平方公里，其中省内分别为129公里与3272平方公里，平均年径流量4.85亿立方米。陇县以上流经陇山山地，植被较好，为山货林产区；陇县、千阳间为黄土原梁浅山丘陵区，千阳以下流经黄土台原区，冯家山附近两公里长一段呈峡谷状，以下则河谷展宽，水流分散，主岔不明。主要支流有石罐沟、咸宜河、捕鱼河、峡口河、普洛河等。

二、漆水河

漆水河为渭河左岸支流，位于渭河流域西部宝鸡、咸阳两市之间，古时曾叫漆沮水、武亭水、杜阳水，源出麟游县招贤乡石嘴子村西南山沟中，名招贤河。东南流过良舍乡转向东流，名杜水河。到麟游城，纳永安河、澄水河后始名漆水河。城西镇头天台寺有九成宫故址，为隋唐时皇帝避暑之地，旁有《醴泉铭》碑，系唐魏徵撰文，欧阳询手书，被世人誉为“双绝”，为楷书典范之一。漆水再东南流与扶风、乾县和永寿飞地搭界，本段又名好畤河。更南偏西行入武功境漠西河，水至大庄乡南立节村注渭。

漆水河右岸支流水，古称雍水，上源枣子河，源出凤翔西北老爷岭沙泥沟，西南流至枣子河村折向东南过凤翔城，城南有秦都雍城遗址，河过城东称后西河，东入岐山县境名雍水，北纳横水河，过扶风城南，北汇开里河，再东纳美阳河，入武功境，至毛嘴子村入漆水河，流域面积和年径流量均占漆水河的60%左右，为周代早期活动的中心地带，农业、水利开发较早。

三、黑河

黑河为渭河右岸支流，流域全在周至县境内。古称芒水，以其出秦岭芒谷而得名，又因其水色黑，故称黑河。源头在太白山东南坡二爷海，南偏东流经厚畛子，过骆驼脖子直至峪口，长 91 公里，纳大小支流 34 条，集水面积约 1500 平方公里，大部分为茂密森林所覆盖，已有 675 平方公里划为国家自然保护区，水源充沛，水质清纯，为西安市重要水源地。河水出峪后穿过浅山丘陵区黄土台原，河道展宽至 1000 米以上，至沙谷堆、董家园变成了三岔河，河水漫流，沙砾一片。再东流纳南来的清水、骆峪、田峪、赤峪等河，在尚村乡石马村入渭河。

四、沣河

沣河是一条久负盛名的河道，相传古时洪水泛滥，经大禹疏凿乃成。《诗经·大雅·文王有声》说：“沣水东注，维禹之绩。”《尚书·禹贡》

说："漆沮既从，沣水攸同。"《集传》说："沣水东北流，经丰邑之东，入渭而注于河。"周代丰、镐两京即建在紧靠沣河东西两岸，秦阿房宫，汉、唐长安城离沣河亦不远，昆明池遗址在沣河东岸。

沣河主要支流有高冠峪河、太平峪河和潏河等。潏河亦称决水、泥水、坑水、沈水，又称泬水、高都水，东南北西向纵贯长安县境。正源大峪河，源出长安东南秦岭光头山西北侧之甘花溪，北流出大峪折向西北，建有大峪口水库，于两河口汇小峪河、太峪河，经王莽、樊村、杜曲、申店，过长安县城西崔家营折向西南，此段绕神禾原北端西北流为人工河道，宽仅40—50米，在香积寺南与滈河汇流后一并西行，此段亦为人工河道，宽不及百米，古称洨河，现通称潏河，于沣惠渠首大坝上游汇入沣河。

滈河古称福水，也称镐水，鄗水、洨水、御宿川水、湘子河，源出于南山石砭峪，经南山西侧要钱场西北流，过四岔口转向东北流。河谷开阔，峪口狭长。1973年采用爆破筑坝技术建成石砭峪水库，峪外河道呈半槽形，经王曲、皇甫于香积寺南注入潏河，两河汇合西去，旧称洨河，今则统称潏河。河长46公里，流域面积278平方公里，平均比降21.3‰，多年平均径流量1.09亿立方米，水质良好。

五、灞河

灞河为渭河右岸支流，位于西安市东南部，源出蓝田县东北隅，渭南、华县交界处的箭峪岭南侧九道沟。南流至灞源乡急转西北，经九间房至玉山村折向西南，隔岸即公王岭蓝田猿人遗址。再经马楼、普化到蓝田县城，纳辋峪河又转西北，过三里镇、洩湖、华胥进入西安市区。穿灞桥、纳浐河北流，于贾家滩北入渭。灞河古名滋水，秦穆公时改滋水为霸水，以显霸功。后霸水又衍为灞河。远于上新世，由于骊山断块的隆起和秦岭的抬升，河水不断向左岸偏移，使左岸支流少而长，右岸支流多而短。全河共有支流60条，较大的有蓝桥河、辋川河、浐河，皆在左岸。横跨在灞河上的灞桥古今闻名。据《三辅黄图·桥》载："灞桥在长安东，跨水作桥。汉人送客至此桥，折柳赠别。”柳、留谐音，取挽留之意。《西安府志》说：“灞桥两岸，筑堤五里，栽柳万株，游人肩摩毂击，甚为壮观。”故唐人杨巨源和李白诗有“杨柳含烟灞岸春，年年攀折为行人”与“年年柳色，霸陵伤别”之感怀。《开元轶事》则说：霸陵有桥，来迎去送，至此黯然，故又称“销魂桥”。每逢春日柳絮飘雪，“灞柳风雪扑满面”也是长安八景之一。

灞河左岸支流浐河，源出蓝田县西南秦岭北坡汤峪乡月亮石沟，在长安县境纳岱峪河、库峪河，于西安市东郊纳鲸鱼沟，过半坡遗址所在的半坡村，至西安市东北郊谭家乡广太庙注入灞河。

六、石川河

石川河古称沮水，一名宜君水、石川水、堰头河。渭河左岸支流。上源二支，东支漆水，又称铜官水；西支沮河为石川河正源。

漆水以源头多漆树得名，源于今耀州区东北凤凰山东面的崾崄梁下，与宜君县西南哭泉梁的塔尼河汇合后入金锁关，南偏西流，合马杓沟、雷家河，穿过铜川市区，再合王家河、小河沟等，于耀州区城南入沮河。全河长63公里，流域面积814.7平方公里，平均比降11‰，年均径流量0.38亿立方米。上段基岩裸露，中段为灰岩地段，河床多砾石，下段进入地堑式断陷盆地，河谷展宽。沿河两岸水泥窑场、废渣碎石遍布，阻碍行水，易发洪水灾害。

沮水源于耀州区西北长蛇岭南侧，由大坡沟、西川等数条小溪流汇集而成，南偏西流至庙湾转东南流，于柳林镇上下，东纳校场坪，西纳秀房沟水，在耀州区城南与漆水河交汇。河长67公里，流域面积871平方公里。东南流，于马槽村入富平，过庄里镇进入渭河平原，绕过富平城西，接纳赵氏河，在魏村入临潼，经康桥、相桥，转西南行，接纳从西面来汇的清河，在交口附近入渭。

石川河右岸支流清河，由清峪河与冶峪河汇流而成。清峪河又名清浊河，源于耀州区照金镇西北的野虎沟，向南过白村为淳化、耀州区界河，过岳村为三原、泾阳界河；冶峪河一名冶峪水，源出淳化县北安子哇乡老城湾，两源相隔不远，一在石门山东南，一在石门山之南。冶峪河出谷口有临江潭，峡谷飞瀑，景色迷人。正南行绕淳化城转东南，过黑松林、石桥，入泾阳口镇、云阳，在三原安全滩汇清峪河，向南又急转东偏北行。河床深切百余米，由三原城北经大程入临潼，转东南流入石川河。

石川河全长 137 公里，平均比降 4.6‰，集水面积 4478 平方公里，年径流量 2.15 亿立方米。流域西宽东窄，呈不对称的巴掌形，东面石川、洛河之间古为金氏陂及卤泊滩，没有支流入渭；连同西面清河流域北原下之地，皆属郑国渠灌区。流域内已建有桃曲坡、冯村、黑松林、小道口等中小水库数十座。

第二节　历史演变中的渭河水利

渭河是黄河的最大支流，水量丰富，并在下游形成广大的渭河平原，由于周秦汉唐的都城设在渭河流域，故渭河流域的水利建设历来兴旺发达，在秦、汉、唐与近代四个时期都走在了中国水利发展的前列。

一、《河渠书》中的农田水利

大禹治水产生了中国第一个夏王朝，可以说是水利造就了中华文明。《史记·河渠书》首段记载了大禹治水，主要是为了消除水害，这是中国水利之兴的第一阶段。该书后来所记汉代河决酸枣，东郡发卒塞之；河决瓠子二十余年后，武帝亲临宣房堵口之事，皆是治理黄河泛滥，也是中国水利第一阶段防洪治河水利建设的发展历史。

随着政治、军事的发展和商品交换的兴起，航运交通的运河工程也应运而生。《河渠书》第二段叙述了战国时修建的鸿沟运河系统，以及楚、吴、齐、蜀之地的运河工程。“自是之后，荥阳下引河东南为鸿沟，以通宋、郑、陈、蔡、曹、卫，与济、汝、淮、泗会。于楚，西方则通渠汉水、云梦之野，东方则过沟江淮之间。于吴，则通渠三江、五湖。于齐，则通菑济之间。于蜀，蜀守冰凿离碓辟沫水之害，穿二江成都之中。”这些均是以航运交通为主要功能的水利工程，也成为中国水利发展的第二阶段的主要特征。汉武帝时郑当时建言兴修的漕渠，张汤父子规划监修的褒斜道漕渠，皆同上类，代表着航运交通水利工程的发展。

《河渠书》第二段末句说：“田畴之渠，以万亿计，然莫足数也。”这当然说的是农田水利之事。沟洫制形成于西周时期，是防洪除涝性质的农田水利制度，一般认为没有灌溉功能。也就是说，中国小型的农田水利工程兴起虽然早，但地位不太重要，司马迁没有把它专门划作一个发展阶段，而是附于航运水利之后，一笔带过。

《河渠书》接下来详细记载了几个大型的农田水利工程，先是西门豹引漳灌邺，后是秦修郑国渠，汉修河东渠、龙首渠。这是北方大型农田水利工程的代表，说明了战国秦汉时期是我国大型农田水利的创始阶段。北方大型农田水利工程的兴建是中国历史上的重大事件，比如秦修成郑国渠，“于是渭河流域为沃野，无凶年，秦以富强，卒并诸侯”。司马迁把郑国渠的修凿成功看作秦人统一全国的经济基础。但学术界对这些大型水利工程的性质认识并不够深入，往往以今例古，想当然地认为它们都是浇灌庄稼，解除农田缺水问题的。事实上，漳水渠、郑国渠、河东渠与龙首渠皆具有淤灌性质，是放淤荒碱地，以营造田地为主要目的的；到了六辅渠、白渠建成后，其性质有所变化，变成了浇灌农田庄稼。

从《河渠书》所载内容来看，中国水利发展的第一阶段应该是防洪治河为主体的，第二阶段则以航运交通为主，到了战国秦汉时代，大型农田水利建设方在北方兴起，构成了中国水利发展第三阶段的主体。秦郑国渠开创了几个全国水利第一：第一个也是唯一一个由间谍主持修建并以其名命名的伟大水利工程；第一个实现了跨流域供水的伟大工程；

最成功的引浑淤灌性质的水利工程；中国北方延续两千多年基本无间断的第一渠。

二、郑国渠

郑国渠是古代中国人民创造的一项伟大工程，属于最早在渭河流域建设的大型水利工程，战国末年由秦国穿凿。公元前246年（秦始皇帝嬴政元年）由韩国水工郑国主持兴建，约10年后完工。位于今天的泾阳县西北25公里的泾河北岸。

公元前246年秦始皇采纳韩国人郑国的建议，任用郑国主持兴修大型灌溉渠。它西引泾水东注洛水，长达300余里。泾河从陕西北部群山中冲出，流至礼泉就进入渭河流域平原。平原东西数百里，南北数十里。平原地形特点是西北略高，东南略低。郑国渠充分利用这一有利地形，在礼泉县东北的谷口开始修干渠，使干渠沿北面山脚向东伸展，很自然地把干渠分布在灌溉区最高地带，不仅最大限度地控制灌溉面积，而且形成了全部自流灌溉系统，可灌田4万余顷。郑国渠开凿以来，由于泥沙淤积，干渠首部逐渐填高，水流不能入渠，历代以来在谷口地方不断改变河水入渠处，但谷口以下的干渠渠道始终不变。

郑国渠是战国末年秦国穿凿的，也是最早在渭河流域建设的大型水利工程。当时之所以要兴建这一工程，除上面所说的自然条件因素外，还有政治军事的需要。战国时，我国历史朝着建立统一国家的方向发展，一些强大的诸侯国，都想以自己为中心，统一全国。兼并战争十分激烈。渭河流域是秦国的基地，秦国统治者为了增强自己的经济力量，以便在兼并战争中立于不败之地，很需要发展渭河流域的农田水利，以提高秦国的粮食产量。

韩国是秦国的东邻。战国末期，在秦、齐、楚、燕、赵、魏、韩七国中，当秦国国力蒸蒸日上，虎视眈眈，欲有事于东方时，首当其冲的韩国，却孱弱到不堪一击的地步，随时都有可能被秦并吞。公元前246年，韩桓王在走投无路的情况下，采取了一个非常拙劣的所谓“疲秦”

的策略。他以著名的水利工程人员郑国为间谍，派其入秦，游说秦国在泾水和洛水间，穿凿一条大型灌溉渠道。表面上说是可以发展秦国农业，真实目的是要耗竭秦国实力。

这一年是始皇帝元年，本来就想发展水利，很快便采纳这一诱人的建议。并立即征集大量的人力和物力，任命郑国主持，兴建这一工程。在施工过程中，韩国“疲秦”的阴谋败露，秦始皇大怒，要杀郑国。郑国说：“始臣为间，然渠成亦秦之利也。臣为韩延数岁之命，而为秦建万世之功。”始皇帝是位有远见卓识的政治家，认为郑国说的很有道理，同时，秦国的水工技术还比较落后，在技术上也需要郑国，所以对他既往不咎，仍然加以重用。经过10多年的努力，全渠完工，人称郑国渠。

郑国渠是以泾水为水源，灌溉渭水北面农田的伟大水利工程。《史记·河渠书》《汉书·沟洫志》都说：它的渠首工程，东起中山，西到瓠口。中山、瓠口后来分别称为仲山、谷口，都在泾阳县西北，隔着泾水，东西相望。它是一座有坝引水工程，1985年到1986年，考古工作者秦建明等对郑国渠渠首工程进行实地调查，经勘测和钻探，发现了当年拦截泾水的大坝残址。它东起距泾水东岸1800米名叫尖嘴的高坡，西迄泾水西岸100多米王里湾村南边的山头，全长2300多米。其中河床上的350米，早被洪水冲毁，已经无迹可寻，而其他残存部分，历历可见。经测定，这些残部，底宽尚有100多米，顶宽1－20米不等，残高6米。可以想见，当年这一工程是非常宏伟的。

关于郑国渠的渠道，《史记》《汉书》都记得十分简略，《水经注·沮水注》比较详细一些。根据古书记载和今人实地考察，大体可以确定，它位于北山南麓，在泾阳、三原、富平、蒲城、白水等县二级阶地的最高位置上，由西向东沿线与冶峪、清峪、浊峪、沮漆等水相交。将干渠布置在平原北缘较高的位置上，便于穿凿支渠南下，灌溉南面的大片农田。可见当时的设计是比较合理的，测量的水平也已很高了。郑国渠建成后，经济、政治效益显著。《史记》《汉书》都说：“渠就，用注填阏之水，溉舄卤之地四万余顷，收皆亩一钟，于是渭河流域为沃野，无凶年，秦以富强，卒并诸侯，因名曰郑国渠。”一钟为六石四斗，比当时黄河中游一般亩产一石半，要高许多倍。郑国渠修成后，大大改变了渭河流域的农业生产面貌，用注填淤之水，溉泽卤之地．就是用含泥沙量较大的泾水进行灌溉，增加土质肥力，农业迅速发展起来，雨量稀少，土地贫瘠的渭河流域，变得富庶甲天下。

郑国渠是我国古代最大的一条灌溉渠道，使秦国从经济上完成了统一中国的战争准备。郑国渠工程之浩大、设计之合理、技术之先进、实效之显著，在我国古代水利史上是少有的，也是世界水利史上所少有的。秦以后，历代继续在这里完善其水利设施：先后历经汉代的白公渠、唐代的三白渠、宋代的丰利渠、元代的王御史渠、明代的广惠渠和通济渠、清代的龙洞渠等历代渠道。汉代有民谣："田于何所？池阳、谷口。郑国在前，白渠起后。举锸为云，决渠为雨。泾水一石，其泥数斗，且溉且粪，长我禾黍。衣食京师，亿万之口。"称颂的就是引泾工程。

三、水利网的建立与水利类型的齐全

西汉六辅渠、白渠的修建使引泾水利工程发生了从淤灌到浇灌的技术转变，而且实现了由主要淤灌低洼盐碱地到浇灌高平农田的空间转移。引渭之郑国渠，引洛之龙首渠，还有蒙笼渠、灵帜渠等引水灌溉工程的修建，使渭河流域水利灌溉大格局基本形成，成为西汉全国水利最发达的地区。

转运粮食等物资的人工漕渠也在西汉时出现，而且分布范围在历史上最广，除了京师长安沿渭河南岸东向黄河的漕渠以外，还有渭、洛两河之间的漕渠，远达今蒲城县西头乡所在的"征邑漕仓"。而长安城的生活、园林用水体系已经相当完善，以人工水库昆明湖为水源，多股引水入城，而且在宫中修建起沧池、太液池等大型池苑设施，确立了秦兰池已出现的一池三神山模式，对其后中国历代皇家池苑的规制影响深远。

四、管理技术的创新与水能的利用

唐代白渠渠道体系因为彭城堰、三限闸两大分水枢纽的建立得到完善，三白渠路线基本固定下来，奠定了宋元明清以至今日的渠线布局。唐代引泾水利效益达到了中国古代引泾的最高峰，不仅是实灌万余顷的浇田面积空前绝后，而且还增加了新的内容，引泾之水还用于碾硙以及供给泾阳县城的都市用水。隋唐长安城的供水来源于四条人工渠道，城内池苑广布，园林幽美，尤其是曲江池更成为京师的公共游览地。

在这方面，最具有代表性的便是唐神龙年间（705—706 年）姜师度的事迹。姜师度在易州刺史及河北道监察兼支度营田使任内，于蓟门之北引水为大沟，以防奚人及契丹入侵；又考魏武帝曹操修渠旧事，“傍海穿漕”，修平虏渠，避开了海运艰险，使中原腹地至北疆前线的粮运得以畅通无阻。唐开元元年（713 年），姜师度改任陕州刺史，根据地形地势，率众开挖了地道，仓米“自上注之，便至水次”，节省了大量人力物力。开元二至四年，他又在华阴县境开敷水渠，“以泄水害”。在今陕西华县疏修利俗及罗文故渠，引水溉田；并建堤于渭水之滨，以防漫溢。开元六年，蒲州改河中府，姜调为河中尹。辖境原有安邑盐池，年久渐形枯竭。师度经过考察，“发卒开拓，疏决水道，置为盐屯”，公私享其利。开元七年，再迁同州（治所在今陕西大荔县境）刺史，又于“朝邑、河西二县界，就古通灵陂择地引洛水及堰黄河灌之，以种稻田，凡两千余顷，内置屯十余所，收获万计”。

五、渭河流域八惠

1934 年，著名水利专家李仪祉先生主持兴修的泾惠渠竣工通水，其拦河引水坝利用了水泥这种现代建筑材料，可作为渭河流域第一个现代化大型灌溉工程。其后到新中国成立，渭河流域八惠基本建成通水，开创了渭河流域现代水利建设的新格局。而李仪祉先生亦成为我国从传统水利走向近代水利的开路人和我国现代水利科学技术的奠基者，其所提出的各大江大河的规划方案不仅在当时广为瞩目，直至现在仍具有重要的借鉴意义。

渭河流域水利能够创下诸多辉煌的原因：第一，地形有利。盆地地形，西北高东南低，适合中国古代的自流灌溉。第二，黄河、渭河、汧河、泾河、洛河及南山诸水，在古代温湿的气候条件下，水源充足。第三，国家政治经济中心。渭河流域是中国历史前半期的政治中心——周秦汉唐的都城所在地，是国家基本经济区。第四，英雄辈出。各时代都有著名的留芳千古的水利专家：秦郑国、汉白公、唐刘仁师、民国李仪祉。

第三节 渭河流域的著名渠堰

水是生态的源泉。渭河流域发展水利灌溉有着悠久的历史，渭河流域引渠灌溉规模最大的主要是渭河流域泾、渭、洛三大水系，所有渭河流域的渠道主要是围绕这三大水系展开的。其中，以筑堰的办法引水灌溉，是古代渭河流域发展农业规模灌溉的重大进展。远在西周时期，就有了渭河流域上游和渭水以南引水灌地和引水种稻的记载。西周王朝建立以后，兴建了镐池、灵沼等蓄水工程。秦汉以后，渭河流域的古代渠堰蔚为大观，渭河流域古代渠堰主要集中在关中地区和汉中地区。

一、引泾灌溉

始于秦始皇帝元年（前 246 年）兴建的郑国渠，汉唐及以后相继而建的有白渠、丰利渠、王御史渠、广惠渠、龙洞渠及泾河下游的樊惠渠等。

郑国渠是一项大型灌溉工程，与四川都江堰、广西灵渠齐名，为中国古代三大水利工程之一。《史记·河渠书》记载：韩国以间秦疲秦之计，“使水工郑国间说秦，令凿泾水自中山西抵瓠口为渠，并北山东注洛三百余里，欲以灌田”。郑国渠发卒万人，历时10余年完工，灌溉面积4万顷。据《水经注·沮水》记载，郑国渠的主干渠自今泾阳县的王桥起，以东北向经石桥、云阳，横绝冶峪、清峪，经三原县城北，东流又横绝浊峪，东与石川河汇流，经临潼、富平至蒲城县龙阳注入洛河。郑国渠的渠首枢纽由引水口、引水渠和挡水土堤构成较为完整的无坝引洪灌溉布局。

白渠渠首引水渠道沿泾河岸二级阶地南行，在古惠民桥与郑国渠故道相会合，下至今王桥、石桥镇一带后，即离郑国渠而南东流，形成郑、白两渠并存的南北两个灌区。就郑、白渠渠口与渠首段结合运用而言，白渠亦是郑国渠的进一步扩灌，白渠因与郑国渠齐名，至唐初又称郑白渠。唐代对郑白渠进行了较大规模的更新改造与整修。后在原郑白渠总干渠下建太白、中白、南白3条干渠，故又名三白渠。

北宋大观元年（1107年），在郑国渠口以上3794米处开新口，修新渠丰利渠。经过3年施工，修土渠长3978尺与郑白渠相接，开石渠长3141尺与土渠相接，渠口、石渠遗迹以及石渠左侧壁所刻水则、闸板槽等至今仍依稀可见。《长安志图》记载丰利渠“可浇五县地九千余顷”。

元代中叶，在丰利渠口以上延伸石渠，另开引水口。至大元年（1308年），西台御史王琚增开石渠51丈。故命渠名为王御史渠，又称新渠。此渠在丰利渠口以下与石渠相接，共长138米。渠口为喇叭形，遗迹犹在，由最宽处7.3米收缩为4米，灌地面积与丰利渠之时相近。明成化元年（1465年），自王御史渠口以上凿山洞开石渠一里三分，穿小龙山、大龙山，渠名广惠渠。4年未通，后于成化十八年（1482年）方告竣工，上收众泉，下通故道。此渠工程极为艰巨，石顽如铁，泉水涌流，故有“日用炭炙醋淬，民夫口衔灯火，身披蓑衣”以及在大龙山开竖井5处以通风透光的施工记载。

清乾隆二年（1737年）十一月开工，修坝于龙洞北口，避开泾水淤渠，整修渠道2268丈，以收诸泉之水入渠，至乾隆四年（1739年）完工，用银5363两，命龙洞渠。从此中断了郑国渠引泾灌溉的历史，开始了拒泾引泉的阶段。此渠初期灌溉礼泉、泾阳、三原、高陵4县农田74032亩，到清末仅有2万余亩。

樊惠渠在泾河下游的高陵县，东汉光和五年（182 年）由京兆尹樊陵主持兴建，故而得名。据史料记载，渠堰为堆石结构，打有基桩，堰上培土，护之以埽，颇为坚固。引水渠道建有引水口门、分水涵洞以及排沙沉沙等工程设施，田间渠系配套也较合理完备，灌溉、淤地结合，并在黄河流域首创以桩柱做基建堰的技术。据专家考证，此渠在泾东渭北、奉正原以南的一级阶地和高漫滩地区，灌今高陵、临潼地约 10 万亩。渭河不断北徙，其地今已大半不存。

二、引渭诸渠

渭河横贯关中平原中部，纳关中秦岭北麓河溪与渭北千、漆、泾、洛等河之水，为黄河最大支流，灌溉历史悠久。从秦汉到清代，在渭河及其支流兴建水利工程此起彼伏、延绵不断。

成国渠建于汉元光年间。渠首在眉县东北 9 里处，渠长约 150 里，灌溉今眉县、扶风、杨陵、武功、兴平、秦都 6 县农田。自汉建成以后，经魏、晋、隋、唐诸代，到宋神宗以后逐渐湮废，历经沧桑 1200 余年。成国渠在运行中的兴衰变化以至湮废以后，修渠之举时有所见。隋开皇二年（582 年），在武功县兴建普济、永丰二渠，东流经兴平成国渠故道，于咸阳入渭河，长 60 余里，灌田 70 余顷，为成国渠的扩大部分。

升原渠建于唐，引千河水上凤翔原、宝鸡周原东流，经岐山、扶风至武功六门堰与成国渠汇流，过漆水河后，升原渠在成国渠以南东流，经兴平县城南，于咸阳入渭河。此渠在六门堰以西为新开灌区，以东为成国渠灌区。通济渠于明成化二十年（1484 年）修建。自宝鸡县阎家营作堰开渠，引渭水东流，经岐山、眉县、扶风至武功三江口，东西长 210 里，灌溉农田 1160 顷。此渠是恢复成国渠漆水河西渠段的一次整修改造。利民渠又称皇渠，明弘治年间（1488 年—1505 年）新修，渠首在宝鸡县虢镇以西，引千河水灌溉。清雍正十二年（1734 年）至乾隆二十九年（1764 年）的 30 年间，宝鸡县先后三次整修渠首、渠道，渠长增至 47 里，灌溉面积由 3070 亩增至 7970 亩。

沣渠建于汉元封年间（前110年—前105年）。据史料、村名等分析，沣渠引水口应在岐山县东下官庄侯下湾一带沣水左岸，过扶风城北东北流退入漆水河，灌溉岐山、扶风、武功三县农田，是个较大的灌区。杜阳渠在隋开皇二年（582年）修建，从武功、扶风一带引杜阳河水，灌溉扶风、武功两县农田数千顷。

冶峪河经淳化、泾阳、三原等县，又称冶谷水。据雍正《陕西通志》记载：冶峪水东岸有7渠，即上王公渠、磨渠、下王公渠、上北泗渠、下北泗渠、仙里渠和畅公渠；南岸有5渠，即天津渠、高门渠、广利渠、海西渠和海河渠。明代时期灌溉面积6.6万余亩。清峪、浊峪均经耀州入三原县，建有引水渠堰多处。据明万历《清浊河水利碑记》和清光绪《三原县新志》记载：在清峪河建有马牌堰、荐福堰、木王堰和荆条、工进、原成、下伍、木涨5条渠道，在浊峪河建有小毛堰、长孙堰和河西、西阳、武官、小毛4条渠道。

三、"南山"渠堰

在渭河以南沿秦岭北麓一带，东自潼关，西至宝鸡，利用南山河溪修渠进行灌溉，历代都有，广为分布。唐武德元年（618年），在蓝田一带开修库峪渠，从终南山库峪口引水，渠长百余里，灌溉蓝田、长安两县农田。华县、华阴两县的敷水、利峪、罗文三渠，均于唐开元二年至四年（714年—716年）所修，引乔峪、小敷峪水，一泄水害，二灌农田，并在渭河南岸建堤，防渭倒溢。北宋熙宁年间，哲学家张载在眉县横渠镇按"井田制"的办法置田分井，并把修建的灌溉渠道命为"井田渠"。井田渠分东西两渠，东渠导引大镇谷筒瓦沟的4处泉水合流，西渠导引汤峪口的4处泉水合流，两渠于横渠镇汇流，向北3里流入渭河，渠宽5尺，深3尺，灌溉农田百余顷。元、明、清各代都对"井田渠"做过整修，清末湮废。清康熙时，眉县县令梅遇率士民在本县斜峪关峪口鸡冠石西边修渠，引石头河水至石龙庙，分建东、西、中3条渠道，灌溉眉县、岐山两县农田千余顷。故名"梅公渠"。

秦岭北麓一带修渠建堰，引水灌溉，以长安县（今长安区）最多，临潼（今临潼区）、蓝田、户县、周至等县次之。据《长安·咸宁两县续志》及《陕西通志》等记载，清宣统三年（1911 年），长安县共有水渠 209 条，灌溉面积 43885 亩。其中滈水两岸水渠 48 条；潏水两岸水渠 108 条；浐河两岸水渠 34 条；𣸣河两岸水渠 6 条；沣河两岸水渠 8 条；高冠河两岸水渠 4 条；太平河水渠 1 条。临潼县有韩峪河渠、水碓河渠、温泉渠等 8 条，灌溉面积 9400 余亩。蓝田县共有渠堰 75 条，灌溉面积 6539 亩。

四、引洛黄渠堰

关中东部的韩城、大荔、澄城、蒲城、渭南等市县，东有黄河，中有洛水，水源较多，但因地势较高等原因，历史上灌溉工程少而艰巨。汉元狩三年至元封六年（前 120—前 105 年），发卒万余人，艰苦施工 10 余年。开渠中因发现龙骨，故名“龙首渠”。龙首渠工程相当艰巨，在穿商颜山施工中，因“岸善崩，乃凿井，深者四十余丈，往往为井，井下相通行水。水颓以绝商颜，东至山岭十余里间”，创造了隧洞井渠施工法，后传至新疆等地。龙首渠线从今澄城县境内引洛水，沿洛河东岸向南，穿过铁镰山，南行至大荔等地，规划灌溉蒲城县以东万余顷盐碱地。临晋为秦汉时县名，其地唐代为朝邑县。三国时期和唐开元七年（719 年），分别建临晋陂与通灵陂，故址为今大荔县城东 3 公里处的盐池洼。龙首渠东西长 15 公里、南北宽 3—5 公里，槽形封闭，低于周围二级阶地 15 米左右，洼地西高东低，东段无排水出口，常年积水，用以晒盐。引洛渠道遗址在大荔县城东南畅家村至长安屯，俗称旱河，渠口宽 42 米、深 4—5 米，从盐池洼西端的长安屯至洛河北，共长 2. 5 公里。两陂灌溉面积百余顷。《新唐书·地理志》载：“武德七年（624 年），治中云得臣自龙门引黄河水灌田六千亩。”此渠从黄河龙门口开渠引水，灌溉韩城农田，遗迹无存。

五、漕渠

漕渠又名漕渭渠。建于汉，隋唐两代继之整修改造，主要用于为长安京都运输粮物，同时灌溉沿渠农田10多万亩。《史记·河渠书》载：汉武帝元光六年（前129年），大司农郑当时向朝廷呈奏，建议“引渭穿渠起长安，并南山下，至河三百余里，径易漕，度可令三月罢，而渠下民田万余顷，又可得以溉田，此损漕省卒，而益肥渭河流域之地，得谷。”汉武帝即令齐人水工徐伯规划定线，发兵卒数万人进行施工，3年而成。建成后的漕渠，自长安西南昆明池起，沿途接纳浐、灞等水，经渭南、华县、华阴，至潼关通黄，长300余里。《中国水利史稿》说：在漕渠有长1丈至7丈可装载500斛至700斛的大船行驶，给京都的年运粮量由汉初的数十万石增加到元封年间的600万石。

隋代对漕渠进行恢复性的整修。《隋书·郭衍传》载：“开皇元年，凿渠引渭水，经大兴城北，东至于潼关，漕运四百余里，关内赖之，名曰富民渠。”《隋书·食货志》载：开皇四年（584年），命宇文恺率水工调集军卒民工，六月开工，3个月建成，“引渭水自大兴城（长安）东至潼关三百余里，名曰广通渠”，使“转运便利，关内赖之”。渭南、华县、华阴渠下部分农田得以灌溉。

唐代对漕渠进行多次整修。据史志记载，唐开元五年（717年），陕州刺史樊忱修敷水渠，补济漕渠水量。《新唐书·食货志》载：天宝元年（742年），陕郡太守兼水陆转运使韦坚“治汉、隋运渠，起关门，抵长安，通山东租赋。乃绝浐、灞，并渭而东，至永丰仓与渭合。又于长乐坡濒苑墙凿潭于望春楼下，以聚漕舟。坚因使诸舟各揭其郡名，陈其土地所产宝物奇货于袱上，天子望见大悦，赐其潭名曰广运潭。”年运粮量由唐初20万石增至400万石。安史之乱以后，漕渠逐渐湮废。

第三章　雄关漫道

——渭河流域的关道文化

渭河流经的主要区域又名关中，关中的得名和关口有关。渭河平原东有潼关，西有大散关，南有武关，北有萧关，居险要四关之内。西汉张良认为："夫关中左崤函，右陇蜀，沃野千里。南有巴蜀之饶，北有胡苑之利，阻三面而守，独以一面东制诸侯，诸侯安定。河渭漕挽天下，西给京师，诸侯有变，顺流而下，足以委输，此所谓金城千里天府之国也。"东汉班固《西都赋》描述渭河流域："左据函谷二崤之阻，表以太华终南之山；右界褒斜陇首之险，带以洪河泾渭之川。华实之毛则九州之上腴焉；防御之阻，则天下之奥区焉。"古人的寥寥数语，竟将关中平原雄关漫道、山川富饶的地势论述得淋漓尽致。

第一节　渭河流域的险峻雄关

关隘，在古代具有极为重要的战略意义。好的关隘易守难攻，可御敌于外，可谓"一夫当关，万夫莫开"。随着历史的发展，渭河流域先后崛起了秦汉和盛唐，整个关中平原成为中国最早开发的地区。由于政治、经济、文化和军事上的需要，渭河流域这块兵家必争之地少不得历代统治者陆续修建各种关口和通道。然而，时过境迁，古关隘作为古来征战要塞的历史地位已经消散在时代发展、社会进步的历程中。在中华民族伟大复兴的道路上，它们跨越了其历史使命最辉煌的时刻，归于宁静。

一、烽火诗情四大雄关

司马迁《史记·货殖列传》说："关中自汧、雍以东至河、华。"指的是宝鸡至潼关之间。项羽灭秦时，曾和刘邦誓约："先入咸阳者王之。"《史记·项羽本纪·集解》引徐广说："东函谷、南武关、西散关、北萧关。”《资治通鉴·秦纪》胡注：“秦地西有陇关，东有函谷关，南有武关，北有临晋关，西南有散关，秦地居其中，故曰关中。”西汉娄敬说：“秦地被山带河，四塞以为固。”古文献中常出现的四塞，具体名称和四关不完全一样，由此而论四塞应是泛指四方，并非专指四个关隘。但函谷关、武关、大散关、萧关因扼居四条大通道，利用山隘险峻形成了易守难攻的门户，用“一夫当关，万夫莫开”来形容毫不夸张，故在军事防御作用上最为突出。

（一）西口大散关

大散岭是秦岭山脉西段向西北分出的支脉，东西数十公里，是清姜河与嘉陵江的分水岭，居于岭上最高处的大散关控制着陈仓道的北端，成为古代秦岭南北双方相争时的必夺之地。《读史方舆纪要》指出：“关中山川之会，扼南北之交，北不得此，无以启梁益，南不得此，无以图关中。”足见其地势险要和在军事上的重要。大散关素以巍峨崖岭、峻险雄关、交通枢纽、战略要冲而名贯古今。据史料记载，大散关曾发生战役70余次。早在春秋战国时期，这里就开始设关布防。楚汉相争时，韩信“明修栈道，暗度陈仓”，在大散关展开了一场恶战。三国时曹操西征张鲁，诸葛亮六出祁山都在这里留下了战争的硝烟。宋朝大将吴璘、吴玠兄弟曾在关前和尚原战胜金兵，金国被迫放弃南进的企图。公元1141年，宋金议和，宋“西割商秦之半以散关为界”，大散关成为南北双方的分界线。公元1231年，蒙古大将拖雷借口南宋杀害蒙古使臣，率重兵入散关，陷凤州，占汉中，破金、房、军三州，绕过金国重兵扼守的潼关和黄河天险，进入金境，迫使金兵抽回前方的军队来对付背后冲过来的敌人，为灭金战争打下了基础。清代康熙年间，吴三桂叛据大散关，与清兵在这里展开了反复的争夺战。

巍巍大散关不仅演绎了一幕幕惊心动魄的历史剧，而且烙刻着无数骚人墨客的生活足迹，留下了许多千古传扬的华章美词。大散关横锁陈仓古道，扼控川陕咽喉，静静地俯瞰着渭河从西向东一路流去，像一个痴情的男子望着自己心爱的情人静静地离开。它不仅是渭河平原的西部门户，古今征戍不断、战事频仍的雄关险隘，也是历代诗家触景生情、争相题咏、托物感怀之地。留下的诗篇或忧念时局，情系国事；或写雄关之险峻，绘景物之灵秀；或述行役之苦辛，发思古之幽情；或诉身世之漂泊，话命途之多艰，具有十分厚重的社会内容和时代底蕴。

古代吟咏大散关的诗篇，常常触景生情，托物感怀，在景物描写中寄寓着作者忧念时局，渴盼统一的情怀，浸透着强烈的忧患意识。曹操的《秋胡行》二首之一有云：“晨上散关山，此道当何难！晨上散关山，此道当何难！牛顿不起，车堕谷间。坐磐石之上，弹五弦之琴。作清角韵，意中迷烦。歌以言志，晨上散关山。”曹操进军陈仓，西征张鲁，经过散关时写了这首乐府歌词。此时，曹操已年逾六十，三国鼎立之势已经形成，统一大业仍然遥遥无期。诗中借散关之道的艰险难行以写统一道路的艰难不畅，表现了忧怀国事、期盼统一的复杂心情。起句感叹散关山道的艰难，而出以重叠句式，从而使诗中的感情和意象得到进一步强化，同时也增强了诗作向读者传递信息的力度。关道险难，牛因极度疲困而委顿不起，车也径直掉落到山下谷底。坐在大石之上，弹起五弦之琴，赋写清商曲词，心意迷乱忧烦。年逾古稀的曹操连用穆天子北征，曾于磐石之上宴饮和帝舜作五弦琴以歌《南风》，有忧国之叹等典故表明自己是代表天子，以伐有罪，当师出有名，弹琴作诗，心烦意乱，而情系国事。后两句为配乐演唱时所加，与正文无关，其意是谓用诗歌来表达心意。

那位写下哀婉多情诗词《钗头凤》的陆游，也曾经在这处地方留下了自己的感慨。陆游曾应四川宣抚使王炎的邀请入为幕宾，他身着戎装驰骋于当时的国防前线南郑，戍守在大散关头，并先后写了二三十首诗来纪念这段极富传奇色彩的戎马生涯。其《书愤》诗曰：“楼船夜雪瓜洲渡，铁马秋风大散关。”《观大散关图有感》写道：“上马击狂胡，下马草军书。二十抱此志，五十犹癯儒”。诗歌表达了他能文能武，智勇双全，但世事多艰，空怀此志，徒有一腔热血却无处抛洒，意欲报国而没有效命疆场的机缘。其《散关》诗云：“昔者戎梁益，寝饭鞍马间。一日岁已暮，扬鞭临散关。”诗歌展现了往日鞍马征尘，不遑寝食，岁暮策马，转战散关的军旅生活，在深情的回忆中，充满着对戎马生涯以及火热的战地生活的无尽向往。今昔交错，时地闪回，情豪意迈，洞见肺腑。感慨身世之漂泊，伤叹命途之悲苦。

初唐诗人王勃的《散关晨度》云：“关山凌旦开，石路无尘埃。白马高谭去，青牛真气来。重门临巨壑，连栋起崇隈。即今扬策渡，非是弃繻回。”眼见关山随着日出展露了真面目，石路上轻盈洁净没有尘埃。诗人乘着白马长啸着离开散关，却看见仙人乘着青牛迎面而来。重重深门之外竟然便是万丈深壑，房之栋梁也随着这座山宛转连绵。扬策出关，不建功立业决不回来。这是诗人其时的豪情万丈。王勃恃才傲物，为同僚所嫉。这首诗即写于由秦入蜀的途中。诗人晨过散关，但见关门大开，空气清爽，山道无尘埃，骑马过关，高谈而去，紫气东来，吉星高照。作者写越过散关的情景，连用数个典故，大有以辩士、高人自喻的味道，其高旷的情怀，雅逸的风度，于此尽见。散关门户重重，屋宇连绵，上起高山峻岭，下临深沟巨壑，雄关巍峨，地势险要，今日扬鞭策马，越过险隘，自非有去无回。诗人坚信，自己此番出关，他日定当返归，好再赏略雄关险隘的壮美景致，并由此走向帝京，步入辉煌的仕途。

晚唐诗人李商隐的《悼伤后赴东蜀辟至散关遇雪》诗曰：“剑外从军远，无家与寄衣。散关三尺雪，回梦旧鸳机。”李商隐一生遭际不幸，仕途潦倒，而妻子王氏又于唐宣宗大中五年（851 年）突然病逝，中年丧妻，更使他悲痛万分。李商隐与王氏的感情非常好，在王氏去世后，他写下《房中曲》等悼亡诗篇，情感真挚，语意沉痛。这年冬天，李商隐应东川节度使柳仲郢之邀，从军赴东川供职。此诗即写于赴蜀途中。诗人丧妻的痛楚未定，如今又要离家远行。隆冬之际，孑然一身，行囊单薄，盼想家中妻子寄来棉衣。可王氏已经谢世，家室不存，又有谁能牵念自己，捎寄寒衣呢？诗人心底悲痛的潜流和巨大的哀思，流注于诗的字里行间。酷冷奇寒，无家寄衣，异乡漂泊，雪困散关，哀极倦极，蒙眬入睡，梦境中，只见妻子正坐在旧时的鸳机上为诗人赶制棉衣。诗以美好的梦境收结，温馨中透出几多悲凉，欢乐中见出无尽哀伤。

大散关巍峨险峻，景物或清丽明秀，旷怡心神，是以古人所咏，亦颇多写景图貌之作。盛唐诗家王维的《自大散以往深林密竹蹬道盘曲四五十里至黄牛岭见黄花川》诗云："危径几万转，数里将三休。回环见徒侣，隐映隔林丘。飒飒松上雨，潺潺石中流。静言深溪里，长啸高山头。望见南山阳，白日霭悠悠。青皋丽已静，绿树郁如浮。曾是厌蒙密，旷然消人忧。"王维从大散关盘曲回环的山道写到松林上的飒飒细雨，山涧中的潺潺溪流。从望眼终南山之阳的悠悠云霭写到静寂秀丽的山岭和郁郁葱葱的高树，最后以徜徉山水，旷然消忧收结，写景中时时穿插着人事的活动和作者的感受。晚唐诗人罗邺的《大散关》诗云："过往长逢日色稀，雪花如掌扑行衣。岭头却望人来处，特地身疑似鸟飞。"诗人叙写了大散岭的自然景观和登临者的独特感受。大散岭上，天色常常显得阴沉晦暗，难得碰上个好天气，大如人掌的雪花纷纷扬扬扑面而来。站在岭头，回望来处山下的盘曲小道隐隐约约，已被远远地甩在了脚下。这样的景色让人仿佛觉得巍巍山岭不是一步步地爬上来的，而是像鸟那样骤然飞上了山顶。山高天寒，雪花如掌，岭头回望，身似鸟飞。

大散关形势险峻，历史悠久，古代多有兵戎之事。清人乔光烈的《大散关》云："秦地川原苍莽间，蜀人从此送残山。平时战伐今何在？落日秋风大散关。"苍苍莽莽，不绝的争战，未已的杀伐，呈现在眼前的衰残落日，萧瑟秋风中古大散关的孤寂身影让诗人感慨万千。诗人举步散关，寻觅历史的印痕，山川虽依旧，人事却已非。往日在大散关一带争雄的风流人物，早已消逝在岁月的长河之中，当年的战火硝烟，鼓角争鸣如今已烟消云散。关河冷落，残阳晚照，巍巍雄关，瑟瑟秋风，透示出凝重与沧桑的历史感。

（二）潼关

潼关北临滔滔黄河，南依巍巍秦岭，自古就是关中的东大门，为兵家必争之地。正如唐代大诗人杜甫描写的："艰难奋长戟，千古用一夫。"雄踞晋、豫、秦三省，有"鸡鸣闻三省，关门扼九州"之说。潼关东面山峰连接，崖绝谷深，只有一条小道通过，人行其间，可望黄河远道奔来，劈开秦晋之间的莽莽群山，南下直扑华岳。作为军事要隘的潼关，始于春秋战国时代，秦国从晋国夺取潼关之后，开始剿灭六国的大业。此后历经战争洗礼，仍保留着基本风貌。

潼关为四关之首，为战国时秦人所建。北临黄河，南靠大山，东西百余里，开路于断裂的山石缝中，“车不容方轨，马不得并骑”，有一夫当关，万夫莫过之险。古时候的潼关在今陕西潼关附近，经历代多次营建，具体地点亦时有变，至东汉末始称潼关取代函谷关的地位。战国时期，六国屡屡合纵西向攻秦，屡屡只落得饮恨于函谷的凄惨下场。双峰高耸大河旁，自古函谷一战场，就是这险峻的兵家必争之地，令渭河流域千古帝都长安稳如泰山，避过无数次关外的烽火战乱。如果说大散关是那个失去爱情的男子，那么潼关就是他的情人。他们在渭河流域的头尾相互对视，心中浩荡着无限的英雄情怀和内心独白。

潼关历史悠久，文化古迹随处可见，神话故事袅袅在耳。从仰韶文化的发掘，证实了五六千年以前，我们的祖先就在这块土地上劳动生息。所以这里有炼石补天女娲氏的内陵，有夸父追日弃杖为林的夸父峪，有采铜铸鼎的黄帝庙，有避住黄河以南的舜王庙，又有周纣交兵闻太师落马的地方及绝龙岭，有火烧白雀寺观音菩萨救火而水淹了的州城，还有牧牛山、十二连城、广通渠、蒿岔渠、马跑泉、中军帐、杨震墓、杨素墓等历史古迹。

潼关因战争而兴建，也因战争而毁灭。千百年来，潼关兵火不断，屡毁屡建，经历了无数的劫难。抗日战争中，日本侵略军的狂轰滥炸，更使潼关幸存的古建筑群和防御设施惨遭破坏。公元758年6月，杜甫被贬往渭河平原华县当司功参军。这年冬他告假赴洛阳、巩县探亲，至759年春天，适逢唐军在今河南安阳市打了败仗，史思明叛军进逼洛阳，他便离洛阳回华州任所。杜甫路过潼关时，看到士兵们辛苦地修筑关塞的情形，回顾他一路目睹战争给人民造成的巨大灾难，经与督役的官吏接触，始发现其在大敌当前的情况下尚有倚险轻敌的思想。加之诗人对守关将领能否正确指挥、坚守作战，甚感忧虑，担心又像哥舒翰当年那样轻举妄动，再次一败涂地，给国家和人民造成更大浩劫。他便写了名垂千古的《潼关吏》：“士卒何草草，筑城潼关道。大城铁不如，小城万丈余。借问潼关吏，修关还备胡?”这首诗从首至尾告诫差吏和守关将领要认真对待形势，重视备胡。但言外在于规讽唐肃宗能够记取历史教训，慎重选用和信任守关将帅，不要再犯自己曾在邺城前线不设统帅和其父当年就潼关前线听信杨国忠奸谋的错误。诗的最后云“请嘱防关将”，实际是“告诉唐肃宗”，只不过是不便明言罢了。修关的艰难不易，眼前设防无力，守将非人。告诫守关将领和李唐王朝要认真对待，万万不可麻痹轻敌。

作为天险重关和历史名城，潼关给我们留下了众多的名胜古迹和优美的名人传说。潼关，从东汉建安年间兴建，到唐朝天授年间，曾两次迁徙，总共在三个地方设关。后又经历宋、金、元、明、清诸朝，城池多变，设施不一。今潼关县地，春秋时属于桃林塞，是黄河和渭河水运的交通枢纽。西汉时曾在今潼关地区设立船司空县。《三国志·魏志·武帝纪》曾记载了东汉建安十六年（212 年）曹操同马超的潼关之战，第一次把潼关载入了史册。潼关的建成，距今已有 1700 多年。建关后，最初以黄河从北向南冲击关山，而取名为“冲关”。东汉潼关故城，一般称为“汉城”，或叫作“古城”。关址在今潼关县城东北的港口镇杨家庄城北村附近。隋朝亡国后，唐朝仍在隋潼关设防了 73 年，所以当地人又把隋潼关城叫作“唐城”。

关西夫子杨公墓位于今潼关县高桥乡亭东村西北渭河南岸，是东汉太尉杨震的墓葬。杨震是东汉弘农华阴人，少时好学，博览群经，时人称为“关西孔子”。杨震 50 岁步入仕途，官至司徒、太尉。杨震为官清廉，刚正不阿，历来被传为佳话。建安十六年八月，西凉马超、韩遂等屯兵潼关，汉相曹操率军西行平叛，与马超等夹关而战。相传在战斗中，曹军不利，曹操割须弃袍而逃。马超为父报仇心切，跃马挺矛，紧追曹操至槐树下。曹操绕树而跑，马超举矛猛刺，不料误中槐树，拔矛不出，曹操遂乘机逃走。古槐原在明清潼关故城东大街福盛东中药店内，主干高约 5 米，胸径 2 米有余。树主干上有一深洞，据说即是马超误中的矛眼。

禁沟，是潼关南面的一条南北走向的天险深谷。它南起秦岭蒿岔峪口的水门关，北至明清潼关故城南约 2 公里处的石门关，长约 15 公里。禁沟谷深壁直，古时“谷中灌木丛藤，茂密如织”“细路险与猿猱争”，堪称天险，是潼关重要的军事防线。

古往今来，历代名人关于潼关的诗词不胜枚举。《入潼关》是唐太宗在潼关有感而发写的一首气势磅礴的诗，是对爱妃徐惠所写《秋风函谷应诏》的应和。前半部分叙写作者冬日入潼关时的所见所闻，描写了潼关的地理形势和历史地位。《入潼关》：“崤函称地险，襟带壮两京。霜峰直临道，冰河曲绕城。古木参差影，寒猿断续声。冠盖往来合，风尘朝夕惊。高谈先马度，伪晓预鸡鸣。弃繻怀远志，封泥负壮情。别有真人气，安知名不名。”张养浩赴陕西途中登临潼关古塞，怀古思今，写下了这一抒情名篇：“峰峦如聚，波涛如怒，山河表里潼关路。望西都，意踌躇。伤心秦汉经行处，宫阙万间都做了土。兴，百姓苦，亡，百姓苦!”前三句写登临潼关所见，由远至近，既是写景也是抒情，含蓄地表达了心中波澜起伏的情感。从历史的变革中，从兴亡的对比里，作者把人民的悲惨命运揭示出来，既是历史的概括，也是现实的反映，深化了全诗的思想内容。

关于潼关的诗词还有谭嗣同的《过潼关》：“终古高云簇此城，秋风吹散马蹄声。河流大野犹嫌束，山入潼关不解平!”唐韩愈《次硖石》：“数日方离雪，今朝又出山。试凭高处望，隐约见潼关。”唐代诗人许浑《送薛先辈入关》：“一卮春酒送离歌，花落敬亭芳草多。欲问归期已深醉，只应孤梦绕关河。”唐代李颀《送魏万之京》：“朝闻游子唱离歌，昨夜微霜初渡河。鸿雁不堪愁里听，云山况是客中过。关城树色催寒近，御苑砧声向晚多。莫见长安行乐处，空令岁月易蹉跎。”李白的《古风·郑客西入关》：“郑客西入关，行行未能已。白马华山君，相逢平原里。璧遗镐池君，明年祖龙死。秦人相谓曰，吾属今去矣。一往桃花源，千春隔流水。”唐代杜甫的《诸将五首（之三）》：“洛阳宫殿化为烽，休道秦关百二重。沧海未全归禹贡，蓟门何处尽尧封。朝廷衮职虽多预，天下军储不自供。稍喜临边王相国，肯销金甲事春农。龙起犹闻晋水清。独使至尊忧社稷，诸君何以答升平?”

（三）北口萧关

萧关二字在《说文解字》中分别解释为“蒿草”和“以木横持门户”。故历史上北临游牧民族之地有几处以萧关之名出现。《史记·匈奴传》：“汉孝文皇帝十四年，匈奴单于十四万骑入朝䣙、萧关。”这是萧关见于记载之始。汉初匈奴已从萧关南下，故设置应在此前。秦始皇时，筑长城于阴山之上，朝䣙已成内地，自无设关必要，故始置当在战国时期。故址在今宁夏回族自治区固原市三关口至瓦亭一带。唐中宗神龙元年（705 年）置萧关县，其地在今宁夏回族自治区原州区东北 90 公里处的同心县境，属原州管辖，后不久归入吐蕃，唐宣宗大中年间收复，设置武州。据《环县志》载：“萧关，在环县城北二十里，俗名二十里沟口。”这个萧关不是一个独立的关塞，和秦长城以及在环县境内沿长城修筑的城镇堡寨，形成了一个完整的防御堡寨体系。萧关方位究竟在何处向有争议，但位于宁夏回族自治区固原县东南的萧关为渭河流域关中四关之一的说法被大多数学者所认可。

萧关是战国时期秦国设于西北边陲的重要关隘，控扼长安通往塞外及西北的交通孔道，旨在拱卫京师及渭河流域地区。《史记》载：汉文帝十四年（前 166 年），匈奴单于 14 万骑入朝䣙、萧关，杀北地都尉，此乃萧关见诸记载之始，《史记》也就成为最早记载萧关的历史文献。唐初李泰在《括地志》中说：萧关，今陇山关，在原州平凉县界。萧关，为古代西北边地著名关隘。秦汉帝王出巡，汉唐文人出塞，都与萧关有缘。萧关方位在何处，向有争议，但在宁夏原州区东南这一大略方位是没有争议的。另外，县城周围的果儿山、玉皇山、城东塬三大烽燧及城子岗、沈家台、城东沟口的城障，将县城团团围在中央，构成牢固的人工屏障。三大烽燧筑在萧关的制高点上，既可遥相呼应，又能俯瞰环江、城西川，城东沟三水交汇的所有地域，关内、外 5 平方公里的河谷、山川、道路、村舍等尽收眼底，高下纵横形成立体防御体系，其设计之精心，布局之巧妙，令世人叹为观止。

秦汉萧关，应该是指三关口至瓦亭峡这一险要的地带，这里虽非绝壁，却险峻雄奇。处在这一防御地带上的瓦亭，地处六盘山东麓边缘，实质上是萧关的重要屏障。这里不但雄峰环拱，深谷险阻，易守难攻，有独特的地理优势，而且有泾水南出弹筝峡三关口，是萧关由南向北天然形成的一个防御体系。唐代沿袭秦汉时之萧关，旨在重振秦汉萧关之雄风。其大致方位应在今宁夏海原县石峡口一带。与宋萧关遗址大致方位相同。一说在今宁夏海原县东北的高崖一带；一说在同心县南红古城。其实，石峡口要隘与红古城遗址，均为宋萧关防御体系上的军事设施，应包括红古城与石峡口在内，为宋萧关遗址。

萧关故道亦是丝绸之路的一部分，对于陇右人民安居乐业、发展经济、交流文化、繁荣商贸、方便交通皆起了极其重要的作用。如果说长城是中华文化史上一条极为重要的文化带，那么，萧关亦是这一文化带上璀璨的一环。

作为中原自然屏障四塞之一的萧关，汉唐时就是军事要地，统治者曾派重兵驻守，保护古都长安。顾祖禹称萧关为“据八郡之肩背，绾三镇之要膂”，自古乃兵家必争之地。每当人们提起萧关，就把它与胡笳羌笛、蒿草满目、白骨累累、野兽出没无常的凄凉景象联系起来，多少忧国忧民的文人墨客，曾亲身经历了萧关道路之险要、环境之恶劣、战争之惨烈场面，用手中的笔记载了古萧关过去发生的历史。

萧关扼六盘山，处于泾河与清水河分水岭处，地理位置十分重要。自秦汉以来，萧关“襟带西凉，咽喉灵武”，不仅是军事上十分重要的北面雄关，也是丝绸之路东段北道的必经之路。历史上有“东函谷，南武关，西散关，北萧关”之说，“四塞之固”，拱卫着数朝古都长安城。秦在萧关以北修筑长城，至今遗址尚存。汉唐时代，越过长城叫“出塞”，因此，北出萧关就成了出塞的同义词。出萧关后，西可至河西、青海和天山南北，北可到达宁夏和蒙古草原。

公元23年，王莽代汉立国失败，朝政更迭，时局动荡，社会危机日益深重。出身世家、年方20岁的西汉史学家、文学家班彪看到天下纷争不已，遂避难仗剑北游，从长安动身，经过陕西泾阳、淳化、旬邑，甘肃的宁县、镇原，再入萧关到达固原。班彪到达瓦亭，登上烽火台远眺，想起前朝匈奴14万铁骑入侵萧关，边关大将被杀，不禁奠酒凭吊，哀伤不已，于是挥笔写下著名的《北征赋》："游子悲其故乡，心怆悢以伤怀，抚长剑而慨息，泣涟落而沾衣。"秦始皇大定天下之后，曾经北出六盘山，巡幸萧关一带。这位始皇帝下令全国修筑驿道，"广五十步，三丈而树"。萧关一带多山，"广五十步"的标准未必能达到，但既是"大驾"出巡，至少应该是可通车马的。从公元前112年到公元前88年的24年间，汉武帝先后6次北出萧关，巡视安定郡，有时从者"数万骑"，浩浩荡荡，他去世那年还完成了最后一次北巡。

始创于汉、兴盛于唐的丝绸之路，架起了中西经济文化交流的桥梁。萧关道作为丝绸之路的一部分，商贾、使节、僧侣和其他人员往来不断。特殊的地理位置，又使它成为中原文化、草原文化和西域文化的交会地，由此留下了深厚的文化沉积。如今，萧关古道上的须弥山石窟，就是佛教东传留下的一处重要圣地。

公元1038年，党项族首领元昊称帝，建立了西夏王国。当时中国形成了北宋、西夏、辽鼎立的局面。西夏疆域"东尽黄河，西界玉门，南接萧关，北控大漠"，即今宁夏全部、甘肃大部、陕西北部、青海、内蒙古部分地区。西夏国历时190年，创造了辉煌灿烂的民族文化。西北少数民族历来崇尚武力，骁勇善战，西夏统治者野心勃勃，觊觎中原。宋、夏对峙，萧关一带自然就成了军事前线，成了战争中反复争夺的要地。到了明清，萧关在军事上的重要性依然不减，甚至更为显著。明代，固原设延绥、甘肃、宁夏三边总制府，数十位部院大臣曾在此执掌帅印，统领三军。直至清代前期，陕甘总督仍驻节于此，总督麾下兵员多达10万之众，权力达川、陕、甘广大地区。

萧关具有特殊的地理位置，出东南可直驱中原大片沃土，北过黄河直至广阔的大草原，向西可通向甘肃、新疆等辽阔地域。秦、唐、宋、元等先后在萧关周围设郡立县，建关筑城。秦设乌氏县，修长城；汉置高平城，汉武帝曾六出萧关；唐通丝绸之路，宋修城寨，元设安西王府。在历史上，萧关百姓曾饱受匈奴、吐蕃、金、西夏、蒙古等少数民族的进犯之苦，这里曾发生过大大小小无数次的战争。有的将士常年守关，由黑发变为了白发，发出“今来部曲尽，白首过萧关”的感叹！有成千上万的将士魂游萧关，蒿草满目，芦草丛生，尸骨遍野。汉铙歌在《鼓吹曲》中写道：“回中道路险，萧关烽堠多。五营屯北地，万乘出西河。”描述了萧关周围山头报信用的烽堠处处皆是，大部队出发迎敌的壮观场面。“贺兰山便是戎疆，此去萧关路几荒。无限城池非汉界，几多人物在胡乡。”作者顾非熊对萧关道路荒芜，城池失陷，多少有名的人物沦落到胡人统治的异乡的情景做了描述，表达了忧国忧民的心情。李昌符到前线之前，想象萧关一带群众妇孺皆兵，共同抗击外敌时写道：“渐绝风沙暗，萧关欲到时。儿童能探火，妇女解缝旗。川少衔鱼鹭，林多带箭麇。暂来戎马地，不敢苦吟诗。”“萧关陇水入官军，青海黄河卷塞云。北极转愁龙虎气，西戎休纵犬羊群。”杜甫在听到官军收复萧关陇地一带，长达七年之久的安史之乱即将结束这一消息后，喜不自禁。王维的《使至塞上》：“单车欲问边，属国过居延。征蓬出汉塞，归雁入胡天。大漠孤烟直，长河落日圆。萧关逢候吏，都户在燕然。”作者途经萧关，慰问攻袭吐蕃的官兵时，对景物做了细致的描写，其中：“大漠孤烟直，长河落日圆”成为千古流传的佳句。“凉秋八月萧关道，北风吹断天山草。”“蝉鸣空桑林，八月萧关道，出塞复入塞，处处黄芦草。”作者岑参、王昌龄对萧关恶劣的自然环境和由于连年不断的战争，萧关道上恓惶场面进行了描述。萧关道上不知留下多少将士的脚印，他们告别妻儿老小，在外戍关，妻子的牵挂让人揪心，“夫戍萧关妾在吴，西风吹妾妾忧夫。一行书信千行泪，寒到君边衣到无。”“朝亦有所思，暮亦有所思。登楼望君处，蔼蔼萧关道。掩泪向浮云，谁知妾怀抱。”“玉井苍台庭院深，杨花落尽无人知。”表达了陈玉兰、刘云两位女子深切思念为国戍边的丈夫的依依之情。唐陶翰《出萧关怀古》：“驱马击长剑，行役至萧关。悠悠五原上，永眺关河前。北虏三十万，此中常控弦。秦城亘宇宙，汉帝理旌旃。刁斗鸣不息，羽书日夜传。五军计莫就，三策议空全。大漠横万里，萧条绝人烟。孤城当瀚海，落日照祁连。怆矣苦寒奏，怀哉式微篇。更悲秦楼月，夜夜出胡天。”

（四）武关

武关历史悠久，远在春秋时即已建置，名“少习关”，战国时改为“武关”。春秋秦国建置这个关口，汉唐是京都长安南部雄关要塞，关城建筑在峡谷间一块高地上，北依少习山，南临武关河，依山傍水，雄伟险绝。春秋时老子骑青牛，过武关，就是在此地留下了洋洋五千言的《道德经》，流传千古。《全唐诗》中收录了唐朝诗人李涉写武关的几首诗，一首《题武关》，一首《再宿武关》，还有一首《咏史》，也是关于武关历史事件的，都是七言绝句。《再宿武关》全文如下：“远别秦城万里游，乱山高下出商州。关门不锁寒溪水，一夜潺湲送客愁。”杜牧也曾有过《题武关》：“碧溪留我武关东，一笑怀王迹自穷。郑袖娇娆酣似醉，屈原憔悴去如蓬。山槛谷堑依然在，弱吐强吞尽已空。今日圣神家四海，戍旗长卷夕阳中。”

武关别名商山路、名利路。所以唐末诗人王贞白在《商山》诗里总结性地说：“商山名利路，夜亦有人行。”于是，“商山路”又有了“名利路”的别名。商山路当时大部分路段是沿丹水北侧行走的，山道不广，林木遮被，路又多在山头或山腰，贾岛描述形容它是“一山未尽一山迎，百里都无半里平”，可见其道路比较难行。为了改变如此路况，以利交通，中唐、晚唐期间，朝廷曾对商山路进行过多次整修。德宗贞元七年（公元 791 年）八月，商州刺史李西华奉命征发工役 10 余万，在加宽由蓝田至内乡 700 余里旧道的同时，于阻水涧处，又别开磵道，并在沿途“修桥道，起官舍”，使商山路一时“人不留滞，行者称便”。商山路经过大修后，商於驿馆舍也新落成，商州地方特别制作石碑一通立于驿前，碑文请太子宾客柳公权缮书，碑额则由秘书郎李商隐恭篆。参与其事者皆当朝名士，可见斯役工程不小。

商山路沿途的自然风光宜人。大唐诸多过往诗人对它都有过美妙的盛赞，现存的诗歌就有 200 余首。唐朝诗人温庭筠路行商州时就留下了脍炙人口的《商山早行》诗句：“晨起动征铎，客行悲故乡。鸡声茅店月，人迹板桥霜。槲叶落山路，枳花明驿墙。因思杜陵梦，凫雁满回塘。”将商州的山城、板屋、行客、驿路一一展现在他的生花妙笔下，为后世读者留下一幅商州600里的生动画面。

武关道是连接渭河流域地区与江汉地区的重要道路，战国时武关道上烽烟迭起。丹阳、蓝田两次战役，秦大败楚军，秦始皇统一六国后，曾5次出巡全国各地，其中两次经行武关道。西汉兴于武关道，亡于武关道。宋金、宋元战于武关道。唐王朝承平200余年，武关道很少用兵，当时它的主要作用在于政治、经济和文化的南北沟通。贞观、开元年间，大都长安与江淮之间的交通往来，除贡赋物资及笨重行李，要取道黄河、汴水和渭河漕转外，官民商旅往返多利用商山路的便捷条件。其时，商州“邮传之盛，甲于他州”。白居易在《登商山最高顶》一诗中曾做过具体的描写：“高高此山顶，四望唯烟云。下有一条路，通达楚与秦。或名诱其心，或利牵其身。乘者及负者，来去何云云。”

二、渭河流域的其他关口

除去前面这四大关口之外，还有三大关隘——子午关、石关关、蓝田关等。关中四大关塞，再加三关口，可谓险固。它们共同构成了渭河流域关中平原极为重要的战略地位。

（一）子午关

子午关是子午道在秦岭北端的隘口。清毕沅编《关中胜迹图志》载：“子午谷，在长安县南百里，长六百六十里。《战国策》张仪说赵曰：‘秦一军塞午道。’（鲍彪注：长安有子午谷，北山是子，南山是午。午道，秦南道也）《汉书·王莽传》：‘元始五年秋，莽通子午道，从杜陵直绝南山径汉中。’（《后汉书·顺帝纪》：延光四年罢子午道）《魏略》：建兴六年，诸葛亮于南郑与群下计议，魏延曰：‘从褒中出，循秦岭而东，当子午而北，不过十日可到长安。’”

从子午关的北段向南走，在宁陕县城附近会经过五谷关，五谷关是子午道上的一个军事要塞。东晋永和十年（354年），桓温伐前秦经过这里。《晋书·桓温传》载："温遂统步骑四万发江陵，水军自襄阳入均口，至南乡，步自淅川以征渭河平原。命梁州刺史司马勋出子午道。"这个时候还只是有子午道，而没有五谷关，一直到了100多年以后的北朝才设立了五谷关，并派兵驻守。到了清嘉庆年间，陕南、四川的白莲教发展迅猛，为防止白莲教势力向渭河平原渗透，清政府将五谷关改建为宁陕镇并增兵防守。文献记载："子午谷以南之地本隶长安。嘉庆中平定教匪，乃划谷以南设宁陕同知，复设参将营，亦守险扼要之意也。"从五谷关到子午关这段道路被称作三省边防道路，文献对这段道路有一个详细的描述："由宁陕厅城北行二十里曰豹子谷，又二十里七佛沟……又二十里秦岭，又三十里石羊关，又二十里苇子坪，又三十里子午谷，又十里子午镇，又十里黄良镇，又三十里西安省城。共程五百里，为汉中、兴安两郡赴西安孔道。"

（二）石羊关

石羊关是子午道上最险峻、最雄伟，也是距离西安最近的关隘。被称为"石羊雄关"的石羊关，是子午道北端进入秦岭的首座关隘。因关口峰顶有巨石形状如羊而得名。此关始建于新莽时期，是古都长安南面的咽喉门户。石羊关形势险峻，石羊峰、塞堡峰双峰耸峙，高百余米。西万公路在夹缝中穿行，站在公路上，仰望是一线青天，俯瞰是奔腾的河水，陡崖的背后有无数寨堡碉楼遗迹。据说以前石羊关的关口就在这两峰之间。关口原设有关墙、关楼和关门。关墙用巨石垒成，高2丈，厚8尺。关楼上驻兵，关门用铁皮包裹，密布铁钉，昼开夜闭。行人先走沣河东岸栈道，再经铁索桥过河入关。

（三）蓝田关

蓝田自古就是"秦楚之要冲，三辅之屏障"，在此建关，势在必行。顾祖禹《读史方舆纪要》记载："蓝田县，秦岭在县东南，即南山别出之岭，凡入商、洛、汉中者，必越岭而后达。"当年秦国为巩固统治、扩张势力，大规模通关塞，修驰道，开通了由县城南登峣山，上七盘，经乱石岔、鸡头关、风门子、六郎关等要隘到蓝田关，再经武关到东南各地的“东南干道”。蓝田关，就是修在这条干道上的一个重要关隘。初建时命名为峣关。北周明帝武成元年（559 年）迁峣关于青泥故城侧，改名青泥关。北周武帝建德三年（574 年）改名蓝田关，以蓝田县为名，又简称为蓝关。隋炀帝大业元年（605 年），又将蓝田关迁回旧址，即今牧护关附近。蓝田关是控制蓝武道的雄关，恰好位于秦岭分水岭附近，蓝桥河水流湍急，从旁流过，山高沟深，地势险要，一夫封道，万夫莫开。同时，蓝田关还与武关相呼应，互为表里。就像大多数的雄关隘口总是充满了故事一样，围绕蓝田关也发生过很多历史故事。秦穆公伐郑，由此经过。秦襄公伐吴援楚之战，也是经过蓝关后发生的。秦朝末年，群雄逐鹿，刘邦北进，沿蓝武道攻破武关后，为避秦军精锐，引兵绕过峣关，即蓝关，翻越蒉山（今蓝田县东南 25 里），大破秦军，进军霸上，秦朝遂亡。有关这座关隘以及围绕这座关隘所发生的争战，史书上有许多记载。

“一封朝奏九重天，夕贬潮阳路八千。欲为圣明除弊事，肯将衰朽惜残年！云横秦岭家何在，雪拥蓝关马不前。知汝远来应有意，好收吾骨瘴江边。”这首唐诗是大诗人韩愈所作的《左迁至蓝关示侄孙湘》诗，韩愈在诗中述说了谏君不成反被贬谪的人生遭际。在大雪纷飞的正月，韩愈单人匹马走到蓝关前，只有侄孙韩湘踏雪来相送。仰望高大的关城以及关城后面耸入云霄的秦岭，作者不由得感慨人生的大起大落。当年，在成仙岭下韩愈踏雪的峪口石崖上曾建有蓝桥牌坊，两侧高悬“云横秦岭”和“雪拥蓝关”牌匾，山崖间也有相同的石刻。

第二节　渭河流域的漫漫古道

渭河平原的东边是华山和黄河，南面是巍巍的秦岭，北面是一带北山。山高险峻，阻隔南北，渭河流域的先民经过不断探索，利用峡谷河流形成了子午道、傥骆道、褒斜道、陈仓道、金牛道等古道。这些古道在古代政治、军事、经济诸方面发挥过重要作用。

一、子午道

子午道、傥骆道、褒斜道、陈仓道在渭河平原的起点都是在西安至眉县、宝鸡一线上，这四条古道向南穿越秦岭，终止在西乡、汉中、勉县一线上。在西乡汉中勉县一线上又向南修建了三条古道，自东向西分别为：荔枝道、米仓道、金牛道。

古代以北方为子，南方为午，故名。《汉书》云：“北山是子，南山是午，共成子午道。”子午道的大致经行路线为：自古长安南下，入今长安区子午镇附近子午谷，溯谷而上至土地梁，越梁沿沣水支流至喂子坪附近沣水河谷，溯谷南行至子午关。子午道至少在秦以前就已被人开凿，并加以利用。汉平帝元始五年时，王莽“以皇后有子孙瑞”重新修通了子午道，这时的子午道是由长安边的子午峪进入秦岭，在今天的陕南汉阴县出；到了南朝梁时，因为子午道沿途的桥梁太多，很易损坏又不易维护，于是人们又另开新路，在原来的道路上向西南变道，改从今天陕南的西乡县出。有关子午道的历史事件确实很多，大部分与战争有关，整个子午道雄关险隘和古堡营垒比比皆是，由北向南的重要关隘有石羊关、夹领关、高关、腰领关、五谷关、饶凤关。

三国的时候，子午道和贯通秦岭南北的几条栈道一样，是蜀魏交战的主要通道和重要战场。不管是魏国还是蜀国，只要控制栈道，并在栈道出口建立根据地，在军事上就明显占据优势，并有可能取得最后的胜利。当战争的烽烟散去，子午道又成了经济大动脉，来往的都是和平的居民和商旅，流传的也大多是浪漫或者是其他内容的故事了。“一骑红尘妃子笑，无人知是荔枝来”的诗句就是描述发生在子午道这条路上的景象。唐天宝年间，四川涪州向朝廷进贡荔枝就是走的这条通道。当时，唐玄宗为满足宠妃杨玉环食新鲜荔枝的喜好，专门颁旨开辟的，要求荔枝从四川涪州置“专骑传送”经荔枝道、子午道直达长安。荔枝道全程原来是1000多公里，后经岁月变迁，现在线路已缩短为380公里。

二、傥骆道

傥骆道北口位于西安市周至县秦岭北麓，南口位于汉中市洋县的秦岭南坡的傥峪，连接两个峪口的山中小路就被称为“傥骆古道”，全长240公里。相比其他几条古道，傥骆道是古代渭河平原到达汉中的捷径。这条路辟于秦朝，汉代将其开拓成为干道，汉魏时期因频繁的军事活动成了一条“战道”。宋程大昌《雍录》记载：“骆谷关在周至县西南一百二十里，有路可通梁州。汉代开始名为骆谷道。魏少帝正始二年（241年），曹爽伐蜀，自此道入。甘露三年，蜀将姜维围长安，由此路出。”钟会攻蜀走的也是这条道。蜀将姜维虽与魏将曹爽多次在此道交锋，但他一直没有完成诸葛亮统一中原的遗志。后人写诗感叹说：“姜维独凭气力高，九伐中原空劬劳。”安史之乱中唐明皇是从这里逃到成都避难的。白居易写诗叹道：“黄埃散漫风萧索，云栈萦纡登剑阁。”公元784年，唐德宗为避朱温、李怀光乱，由此道逃往汉中。唐广明元年（880年）僖宗因黄巢攻占长安，亡命蜀地走的还是傥骆道。著名诗人杜甫带领全家入蜀，回长安走的也是这条傥骆道，诗圣于往事不堪回首，在此写下《绝句》：“二十一家同入蜀，惟残一人出骆谷。自说二女啮臂时，回头却向秦云哭。”笔调凄凉而哀怨，既说世道艰难，也说道路之险。

傥骆道整条道路山高谷深，野兽出没，没有人烟，绝非坦途。唐代中叶以后，这条道路上设立了驿馆，成为一条驿道。一些文人和百姓为了取其近便，也都在这条险路上走过。李白出川走的正是傥骆道。杜甫、岑参、元稹、白居易、韩琮都曾在这里留下过足迹，又可谓是一条“文道”。岑参有首《出骆谷》诗，在他的眼里傥骆道是这样的：“峰攒望天小，亭午见日初。夜宿月近人，朝行云满车。”不过，总的来说傥骆道确实是一条险道，傥骆道北段的道路一直是沿着太白山南侧迂回，在崖壁间和茂密的丛林中上上下下穿行，不仅如此，林中生长着毒虫和有毒植物，还有经久不散的瘴气，让人谈之色变。当地人都称之为“黄泉路”。

傥骆道上的几处地点，主要是周至驿、周至境内的佛坪老县城、厚畛子。围绕着傥骆道还有一个传说，相传当年杨贵妃在马嵬坡并没有被处死，处死的是她的替身，当兵变的部队前脚从傥骆道去了四川，杨贵妃后脚也取道傥骆道，再沿汉江水路入长江到达扬州，最后漂洋过海去了东瀛。

三、褒斜道

褒斜道位于汉中市北50公里，是古代连接渭河流域与汉中的一条要道。因取道褒水、斜水两河谷，贯穿褒斜谷而得名。起自汉代褒中县（今陕西省汉中市与勉县交界处）褒口、经三交城、赤崖，溯褒水河而上，出斜谷至眉县，全程235公里。褒斜道为秦昭王时所开，当时人们凿石架木，修筑栈道，历代以业，多次增修。褒斜道开凿建成，沟通了秦岭南北的联系，加强了中原与西南地区的经济、文化交流与合作。公元前206年，刘邦经褒斜道赴汉中就汉王位。

四、陈仓道

陈仓道是古时渭河流域通向汉中的咽喉要道。从汉中向西再向北，经勉县进略阳、柴关岭入凤县，翻越秦岭大散关，至宝鸡陈仓。它北沿塔河，南连嘉陵江，沿途山高水险，时而扶摇上云霄，辗转峰回下幽谷，延绵800余里。车行万丈深渊之端，人走摩天峭壁之侧，行走十分艰难。当年，刘邦率先入关中，本应为关中王，无奈自己实力太小，只能韬光养晦地听从项羽的调遣，去汉中为王。在入汉途中，刘邦听从张良的计策，烧毁了当时从渭河流域到汉中的唯一通道“褒斜道”。一表对霸王项羽的服从，二为防止项羽追杀。项王见刘邦如此，便放松了对刘邦的防范。从此刘邦得汉中、四川两个肥沃的盆地，拜韩信为大将，拢人才、重农耕、研军事，实力天天见长，羽翼日渐丰满。然而刘邦的政治野心始终没有消退，在实力大增的同时，悄悄地实现着夺回关中的计划。按照韩信的计谋，他一面派樊哙率百余人装模作样地维修“褒斜道”，麻痹渭河流域的西部守将章邯，章邯见刘邦仅派少数人修理“褒斜道”，笑曰“当日尔等自毁出路，如今仅派百余人修复，何日才能完工啊!”于是放松了对刘邦的防备；一面由韩信率主力部队从陈仓道夺取陈仓，灭章邯、董翳、司马欣，重新拿下关中，演绎了流传至今的“明修栈道，暗度陈仓”的故事，在咸阳建立起了汉朝。遂使陈仓道历史有名，也使得汉中在中国的历史长河中得以沉淀。

五、金牛道

金牛道又叫石牛道，得名源自“石牛粪金、五丁开道”的故事，因说石牛能粪金，故称为金牛。石牛粪金的故事，发生在周显王扁和周慎靓王定这段时间，秦惠文王更元九年（前316年），秦惠王将金牛赠送给蜀王，西蜀五丁引金牛成道，故名金牛道。金牛道是穿越巴山沟通秦蜀的一段道路，亦称“南栈”，是故道和褒斜道向南的延续路段。春秋战国时期，关中和蜀郡同称“天府之国”，两地人民相互交往的路线通称“蜀道”或“秦蜀栈道”，金牛道是秦蜀栈道的重要组成部分。金牛道乃古蜀道的主干线，又名石牛道、五丁道、剑阁道、蜀栈、南栈。最早记载这个故事和提出金牛道之名的是西汉著名文学家扬雄的《蜀王本纪》。《太平御览》卷八八八《蜀王本纪》曰：“……秦惠王时，蜀王不降秦，秦亦无道出于蜀。蜀王从万余人东猎褒谷，卒见秦惠王。惠王以金一笥遗蜀王，蜀王报以礼物，物尽化为土。秦王大怒，臣下皆再拜稽首，贺曰：土者，地也，秦当得蜀矣。秦王恐亡相见处，乃刻五石牛，置金其后，蜀人见之，以为牛能大便金。蜀王以为然，即发卒千人，领五丁力士拖牛，成道，置三枚于成都，秦道乃得通，石牛之力也。”

第四章　巍巍古原

——渭河流域的台原文化

渭河自古以来就是渭河流域大地的命脉，是中华民族的摇篮。她滋润着茫茫的黄土地，养育了八百里秦川。渭河从西向东一路流淌，历经千万年的冲刷，给她所流经的两岸形成了漫长的台原。她犹如一位天赋的艺术家，在渭河平原上画下浓厚的双勾线。这道双勾线就是渭河沿岸的台原。渭河两岸阶地上的黄土台原，就像一部最古老、最沉重的史书，记载着渭河先民的奋斗历程，记录着渭河流域古老的祖先们从这里走向整个黄河的经过，述说着渭河先民们在荒冥漫漫的岁月里所经历的艰辛苦难之路。渭河台原承载着丰厚的历史文化信息，从另一个角度展现了渭河流域的历史文化积淀。

第一节　渭河北岸的台原

渭河在长期的发展过程中，南北两岸形成了多级阶地。从渭河的主河谷来说，它有四级阶地。我们一般说的黄土台原，就是指渭河的老阶地，及三级、四级阶地。在渭河的南北两侧，都发育了这样很广阔的台原形态。由于渭河北边的台原比较宽，而南边靠近秦岭的一侧则比较窄，所以，渭河南岸的原都比较破碎，而北岸的原则相对完整。渭河北滨从西向东有西平原、和尚原、周原、积石原、始平原、毕原、美原、许原等。

一、和尚原上的金戈铁马

和尚原位于今天渭河平原宝鸡西南，与大散关同为控扼川、陕交通要地。南宋绍兴元年（1131 年），宋将吴玠大败金兀术于此。和尚原之战是南宋初年抗金将领吴玠、吴璘兄弟指挥抗金战争中的重要战役之一。在此次战役当中，南宋军队给金军以重创，并获得最终的胜利。金军于

1127 年灭亡北宋后并没有鸣金收兵，而是乘势数次南下并进攻渭河平原，抢占了黄河两岸许多地区，并曾一度深入江西、浙江等地。广大爱国军民在抗战派将领的率领下，英勇顽强地抗击金军，迫使金军退回江北。但以赵构为首的南宋统治者对金采取妥协求和政策，执行“先平内寇，然后可以御外侮”的错误方针，竟把主要兵力用来镇压农民起义军，对待金军则实行消极防御。

即使如此，金军面对日益成长起来的抗金力量也未敢轻视。金军虽然在军事上取得了一系列胜利，但从战略上看，并无多大的优势。金军长途奔袭，战线过长，所到之处都遭到南宋爱国军民的英勇抵抗，伤亡惨重。夺占地区又不能巩固，无法立足。种种迹象表明，单纯用军事力量，短期内不能灭亡南宋，金统治者遂采取“以和议佐攻战，以僭逆诱叛党”的策略，在中原地区建立了刘豫的伪齐傀儡政权，统治今山东、河南和陕西地区，使之成为金宋间的缓冲地带，作为其南方的屏藩，借以巩固自己在北方的统治，消灭两河一带的抗金力量。为了从内部破坏南宋的抗金力量，放回降金的秦桧以做内应。与这种政治策略相适应，在军事战略上，由全面进攻改为重点进攻，把主要的军事力量集中在渭河平原一线，准备从秦陇攻入四川，控制长江上流，然后顺江东下，形成一个大迂回的战略包围圈，置南宋政府于死地。这一战略就是要在东南取守势，在西北取攻势。金军在这一战略决策的指导下，在渭河平原先后进行了数次大规模的进攻。和尚原之战就是其中较重要的一次。

川陕是南宋的战略要地，南宋授命张浚担任川陕宣抚处置使，以抵御金军在川陕的战略进攻。1130 年九月，宋、金在渭河流域东部的富平交战，宋军数倍于敌的兵力由于指挥不力、将领临阵脱逃等原因而全线溃退。宋军撤退到略阳、和尚原、大散关及今甘肃武都、成县等地，重新设防，以阻金军。富平之战失利后，和尚原成为金军入川的主要障碍。

和尚原是从渭河流域越秦岭进入汉中地区的重要关口之一，在大散关之东，地势险要，属川陕之首要门户，位于宝鸡西南 20 公里，其地势之险要与大散关不相上下。1131 年五月，金军将帅没立率部出凤翔，乌鲁、折合从阶州、成州出大散关，屯兵北上，进攻吴玠军，两路金军企图在和尚原会师。吴玠命令诸将列成阵势，利用有利地形，轮番向先到达的乌鲁、折合率领的金军攻击。金军欲战不能，欲退无路。和尚原一带尽是山谷，路多窄隘，怪石壁立，金军的骑兵全都失去了威力，只好弃骑步战。宋军在吴玠的统领下与金军展开了生死搏斗，大败金军。退到黄牛铺一带的金军，立足未稳，又恰遇上大风雨，金军士气不振，无力发起进攻，只得狼狈逃窜。同时，没立所率金军在箭筈关方向发动的进攻，亦为吴玠部将杨政所击退，从而打破了没立与乌鲁、折合两军会师和尚原的计划。此战的胜利，大大鼓舞了宋军的士气。

金军初战和尚原失败，使金朝统治者大为恼怒，“谋必取玠”。于是金军元帅兀术亲自出马，纠集各地兵力 10 余万，架设浮桥，跨过渭河，从宝鸡结连珠营，垒石为城，与吴玠所部宋军夹涧对峙，准备与宋军决战。其时，吴玠积极调整宋军部署，并注意侦察兀术金军的一举一动。十月，大战爆发。吴玠命令诸将挑选劲弓强弩，分番迭射，弓矢连发不绝，繁如雨注。金军不利，丢掉武器退却。吴玠抓住有利战机，派遣奇军从两旁袭击，阻断金军运粮通道，金军陷入困境，兀术见势不妙，夺路逃遁。吴玠乘胜追击，于神坌一地设兵伏击，金军大乱，宋军星夜出击，大败金军。兀术中箭负伤，狼狈逃走。和尚原之战在宋金战争史上具有重要意义。和尚原之战宋军以少胜多，重创金军主力，鼓舞了宋军的士气，扭转了富平战败的局势。其后，金军在进攻饶凤关、仙人关等地时，由于吴玠、吴璘兄弟所率部队顽强抵抗以及当地人民的支持，又遭到惨败，被迫退回凤翔，暂时放弃了攻入四川的企图，使其重点进攻遭到失败。此战对金军的打击非常重大，是其灭辽破宋以来遭到的第一次大惨败。有历史记载说：“金人自入中原，其败衄未尝如此也。”“兀术之众，自是不振。”和尚原之战的胜利是来之不易的，它凝聚了当地人民冒死支持宋军的心血。

《宋史·吴玠传》载：“玠在原上，凤翔民感其遗惠，相与夜输刍粟助之。玠偿以银帛，民益喜，输者益多。金人怒，伏兵渭河邀杀之，且令保伍连坐，民冒禁如故。”吴氏兄弟为保宋土，总是身先士卒，团结将士，共同抗金。和尚原大战时，吴玠、吴璘仅靠富平之战后所拢集的数千散卒扼守关口，敌军则有 10 余万，数倍于我。且和尚原远离内地，供给没有保障，有人想劫持吴氏投降金兀术。在此危急关头，吴玠深明大义，召集诸将勉以忠义，以诚感泣诸将，使上下一心，积粟善兵，列栅死守，终于击败了强于自己的金军。

二、周原的历史文化

周原地处渭河平原西部，土地肥沃，气候温和，四季分明，自古以来就是人类繁衍生息的理想之地，《诗经》曾用“周原膴膴，堇荼如饴”的诗句赞美周原。3000 多年以前，居住在豳的姬姓部落，由于经常受到戎狄的侵扰，在其首领古公亶父率领下，举族迁徙，“渡漆、沮、逾梁山，止于岐山下”，定居周原，建立了岐邑。经古公亶父、王季、文王三代在这里励精图治，公元前 11 世纪后半叶，周文王迁都丰都后，周原仍是周人的重要政治中心。西周末年，由于西戎入侵的破坏，遂成废墟，弃之不用。

周原作为周人重要发祥地和祭祀天地、祖宗、神祇的圣地，一些重大国事活动都在此举行，西周以后，岐邑毁于兵火，但周人在周原的活动留下了极为丰富的文化遗存。公元前 58 年，周原就开始发现西周青铜器，此后各代，不断有重要青铜器出土，其数量之多，器型之大，造型之美，铭文之珍贵，实为罕见，素有“青铜器之乡”的美誉。“钟鼎彝器甲天下，金甲陶文冠古今”，博大精深的周文化，是中华文化的根。在凤雏建筑遗址的窖穴内，曾经出土了 17 万片卜骨和卜甲，其中多是卜甲。在 200 多片卜甲上有刻辞，最多者 30 字。扶风齐家发现的甲骨记述了周人和商王朝及其他各国的关系。周代甲骨卜辞字体较小，笔画纤细，雕刻技术娴熟，是研究西周历史的珍贵史料。

周原遗址最重要的发现，是出土了大量的窖藏青铜器，这些窖藏和青铜器的历史之长，数量之多，世所罕见。远在西汉、唐、宋的时候，就在此处屡有重大的发现。清代道光帝年间，先后出土了盂鼎、大丰簋、毛公鼎等海内外著名的铜器。20 世纪以来共出土了铜器 1000 余件。董家村一个窖藏出土了铜器 37 件，其中的卫鼎、卫盉等器物的铭文中，记载了西周中期有关征伐、租田、诉讼等的有关内容，说明了在西周社会已经出现了封建制度的萌芽。庄白村一个窖藏中出土了铜器 103 件，这是学术价值最高的一批青铜器，其中有铭文的占 74 件，少者 1 字，多者 284 字，是研究周朝微氏家族历史的珍贵资料。

三、毕原

毕原又名毕陌。周初王季建都于毕，武王封毕公高，都在渭河北岸。亦称咸阳原、咸阳北坂。《左传·僖公二十四年》载："富辰曰：'毕原酆郇，文之昭也。'"《汉书·地理志》载："毕国在长官西北。"《越岐·孟子注》载："毕郢，近丰镐之地。"毕原历史名人有王翦，频阳东乡人，战国末期秦国著名战将，与其子王贲一并成为秦始皇灭六国的最大功臣。除韩之外，其余五国均为王翦父子所灭。王翦是杰出的军事家，指挥才能使其与白起、李牧、廉颇并列为战国四大名将，官至太尉，掌管天下兵马。王贲是秦代名将，王翦之子，与其父是秦灭六国战争中的主要将领。始皇帝二十一年（前 226 年），王贲将兵伐楚。次年率兵攻魏，引黄河水灌魏都大梁，大梁城毁，魏王投降，尽取魏地。始皇帝二十五年，率兵攻燕国辽东地，俘虏燕王喜，灭燕。又回师攻代国，俘代王嘉。始皇帝二十六年，王贲又率军从燕南下攻齐，俘虏齐王建，遂灭齐，统一中国。王贲因功被封为通武侯，曾随秦始皇东巡琅琊。

四、五陵原

五陵原是以西汉王朝在这里设立的五个陵邑而得名的，地处渭河平原中部偏北的咸阳原上。咸阳原因原高土厚，风光旖旎，被历代统治者视为风水宝地，成为皇家的陵苑。在咸阳当地有这样一种说法："金疙瘩，银疙瘩，比不上咸阳原上的冢疙瘩。"这所谓的"冢疙瘩"，说的就是咸阳原上分布得错落有致、状如山丘的陵墓，这些陵墓，是两千多年前西汉的帝王、帝后的陵墓及众多的陪葬墓。咸阳原上数量最多的是西汉帝王陵。“咸阳古道音尘绝。音尘绝，西风残照、汉家陵阙!”就是词人对西汉帝王陵的写照。西汉 11 位皇帝中除文帝霸陵和宣帝杜陵在渭河以南外，其余 9 个皇帝的陵墓：高祖长陵、惠帝安陵、景帝阳陵、武帝茂陵、昭帝平陵、元帝渭陵、成帝延陵、哀帝义陵、平帝康陵都分布在渭河以北的咸阳原上。西汉早中期有在帝王陵周围设置陵邑的制度：汉高祖刘邦接受郎中刘敬的建议，“徙吏二千石、高訾富人及豪杰并兼之家”，伺奉长陵，并在陵园附近修建长陵县邑，供迁徙者居住。以后，汉惠帝刘盈修建安陵、汉景帝修建阳陵、汉武帝修建茂陵、汉昭帝修建平陵时，也都竞相效尤，相继在陵园附近建造了安陵邑、阳陵邑、茂陵邑和平陵邑，合称为五陵原。

五陵原西起兴平市南位乡，东到高陵县马家湾乡，南达渭河北岸，北接泾阳县高庄，东西长约 40 公里，南北宽约 13 公里，总面积 500 平方公里。自从战国中期秦孝公迁都咸阳以后，直到秦朝灭亡以前，五陵原地区一直都是全国政治中心。西汉建立以后，将国都由咸阳迁至渭河以南的长安城中，但因为五陵原与长安隔水相望，并担负着“强本弱枝”和防御匈奴的两大任务，故仍发挥着政治和军事中心的巨大作用。降及隋唐，这种作用并未稍减，许多具有重大意义的政治斗争多发生在这里。

第二节　渭河南岸的台原

秦岭山脉在上升的同时，渭河平原地区在下沉，而这个下沉的中心就是在周至的东部、户县、长安的西部，一直到泾阳，这个区域，是一个下降的核心区域。约 240 万年前至今，这个地方下降幅度就超过了 1000 米。所以，这个地方的台原，不能说没有，而是在下降的过程中没能保存下来。到长安区的中部之后，台原断断续续就又出现了。在渭河南岸，从西向东，能数出很多原。

一、五丈原

五丈原位于宝鸡岐山县，为秦岭北麓黄土台原的一部分，南靠秦岭，北临渭河，东西皆深沟，形势险要。五丈原为三国时诸葛亮北伐曹魏、屯兵用武、死而后已的古战场。三国时期，诸葛亮屯兵五丈原与司马懿隔渭河对阵，后因积劳成疾病逝于五丈原，五丈原由此闻名于世。关于五丈原，《通鉴·地理通释》云："五丈原高平广远诸葛亮庙，行军者必争之地。"《三国志·诸葛亮传》载：公元234年春，"亮悉大众由斜谷出，与司马宣王对于渭南。亮每患粮不足……是以分兵屯田……耕者杂于渭滨居民之间……其年八月，亮疾病，卒于军中，时年五十四"。231年蜀汉的第四次北伐，蜀军粮尽退军。撤退时，魏方车骑将军张郃被射伤，其后伤重病死。从蜀方第一次北伐开始，由于连年派出数万规模的军队出征，而每次均为兵粮不足而要退兵，所以诸葛亮在其后的三年里，劝农讲武，做木牛、流马，运米粮到斜谷口，又住在斜谷邸阁，与民休息，准备再次北伐。

233年，张翼由于立法严苛，引起南夷豪帅刘胄的反叛，诸葛亮便派参军马忠去接替张翼，马忠率军打败并斩杀了刘胄。蜀汉三年之内无战事，诸葛亮经过养士训卒三年备战，北伐曹魏的条件日渐成熟，遂遣使入吴，与东吴商定共同攻魏。234年二月，诸葛亮率领10万大军从斜谷出兵攻魏，并派遣使节前往吴国相约同时大举出兵。诸葛亮到达，大军驻扎在渭河的南面。司马懿率领军队渡过渭河，背水立营抵御诸葛亮，并对将领们说："诸葛亮如果从武功出兵，依山而往东，确实可怕；如果向西前往五丈原，将领们就没事了。"诸葛亮果然驻扎在五丈原。雍州刺史郭淮对司马懿说："诸葛亮肯定争夺北原，应当先去占据它。"议论的人多数都说不必这样，郭淮说："如果诸葛亮跨过渭河登上北原，和北山联兵，断绝长安通往陇西的道路，使百姓和羌人动荡不安，这对国家是不利的。”司马懿便命郭淮驻防在北原。营垒还没有筑成，蜀汉大部队已经到来，郭淮迎战，击退了蜀汉军。

五丈原之战也成为晋室夸耀先祖功业的事件之一，《晋书·乐志下》就收录了《宣受命》：“宣受命，应天机。风云时动，神龙飞。御诸葛，镇雍、梁。边境安，夷夏康。务节事，勤定倾。揽英雄，保持盈。渊穆穆，赫明明。冲而泰，天之经。养威重，运神兵。亮乃震毙，天下宁。”若干年后，建都渭河南岸长安的一代雄主唐太宗李世民则对司马懿在与诸葛亮相持时的用兵不以为然，评价说：“既而拥众西举，与诸葛相持。抑其甲兵，本无斗志，遗其巾帼，方发愤心。杖节当门，雄图顿屈，请战千里，诈欲示威。且秦蜀之人，勇懦非敌，夷险之路，劳逸不同，以此争功，其利可见。而返闭军固垒，莫敢争锋，生怯实而未前，死疑虚而犹遁，良将之道，失在斯乎！”

二、细柳原

细柳原在西安市西南约16公里长安县细柳乡，是渭河冲积平原上略有起伏的高地，相对高差不到5米。《元和郡县志》载：“细柳原在县西南三十三里。别是一细柳，非周亚夫屯军之所。”《长安志》载：“细柳原在县西南三十三里。”历史上有认为周亚夫屯军于今细柳原者，可能依据汉上林苑中的细柳观在此。司马相如《上林赋》：“登龙台，掩细柳。”《史记·孝文本纪》注引张揖曰：“在昆明池南，今有柳市是也。”汉文帝即位之后，对匈奴贵族继续采取和亲的政策，双方没有发生大规模的战争。但是后来匈奴的单于听信了奸佞的挑拨，跟汉朝绝交。公元前158年，匈奴的军臣单于起兵6万，侵犯上郡和云中，杀了不少老百姓，抢掠了不少财物。边境的烽火台都放起烽火来报警，远远近近的火光，连长安也望得见。汉文帝连忙派三位将军带领三路人马去抵抗；为了保卫长安，另外派了三位将军带兵驻扎在长安附近：将军刘礼驻扎在霸上，徐厉驻扎在棘门（今陕西咸阳市东北），周亚夫驻扎在细柳。皇帝亲自慰问军队。来到霸上和棘门军营，皇帝车马径直驰进军营，将领们都下马迎接和送别。接着往细柳军营，细柳军营的军士官吏身披铠甲，拿着锋利的刀，拉开弓弩，拉得满满的。天子先行的卫队到了，不能进入军营。先行的卫队说："天子将要到了。"军营门的军官说："将军命令说'军队中听从将军命令，不听皇帝发布的命令'。"过了不久，皇帝到了，又不能进入。于是皇帝就派使臣拿着符节下诏令给周将军："我想要进军营慰劳军队。"周亚夫才传话打开营门。守营门的军官对跟随的车马上的人说："将军规定，军营中不能驱马快跑。"于是天子就控制马缰绳慢行。到了营中，将军周亚夫手持兵器作揖说："穿戴着盔甲的将士不行跪拜之礼，请求用军礼拜见。"天子被感动了，在车上俯身扶着车前的横木。皇帝派人告知说："皇帝尊敬地慰劳将军。"完成礼仪就离开了。出了军营门以后，大臣们都很惊讶。汉文帝说："哎呀，这才是真正的将军啊！先前霸上、棘门军营，像儿戏罢了，那些将军一定会被袭击而遭俘获。至于周亚夫，难道能够侵犯他吗?"汉文帝称赞了很久。

三、神禾原

神禾原南起西安市长安区王曲镇北江兆村，北至韦曲镇何家营、贾里村等村。其范围包括长安区太乙宫镇、杜曲镇、王曲镇、韦曲镇、郭杜镇部分地区。神禾原的历史久远，文物古迹众多。其时间最久者为王曲遗址，其遗迹为仰韶文化、龙山文化、西周文化三个时期。

西周宣王时，大将军仲山甫平殷商后人樊国之乱有功，周宣王封仲山甫采邑于樊，且迁古樊国民于此地。其筑城故址在今神禾原北坡三府衙村。秦时称神禾原北坡以下为樊乡。始皇帝七年（公元前240），始皇祖母、庄襄王母夏太后薨，独葬于贾里村东神禾原西北部原头上。此墓日前得以发掘，其规模堪称"中国第二大墓"。尤其堪称国宝的"天子驾六"车马文物的出土，更增加了神禾原历史的厚重感。汉惠帝末年，太尉周勃平诸吕之乱时，吕产、吕禄等曾到樊川中，见樊哙夫人吕媭。汉武帝扩建上林南苑，将樊川、御宿川尽括其内。御宿川在城南40里，东至石鳖谷，西近沣水，东西50里，南北15里。因武帝在滈水岸畔筑王宫别馆，禁御不得使人往来。汉武帝常夜间微服出猎，夜宿王宫，后来名此川为御宿川。汉武帝修王宫时，筑渠一条名王渠，后谐音为王曲，即今西安市长安区王曲镇一名的由来。

汉上林苑之大、之广，汉司马相如、扬雄等后人皆有著作描绘。足见昔时辉煌之景，令今人难以想象。

西汉末天下战乱不息，赤眉军、绿林军等，对汉上林苑大肆毁坏。汉光武帝派大将马援驻长安时，马援驻军上林苑，看到一片荒凉破败景象，令附近民众耕种上林，以资军需。随着东汉建都洛阳，古樊川、御宿川，只有任其发展。东汉年间到魏晋以至隋，王朝的更替犹如走马灯似的，这一带虽几为京畿之地，面对变幻无常的时局，似曾被人遗忘，只有晋代——前秦时期，前秦王苻坚迎国师，当时佛教界领袖人物道安法师入都城长安五重寺（今西安市长安区太乙宫镇北新村神禾原畔，此地名曰鸡子山，当地又称鸡子殿）。登临此地，前俯清流四时不断，古樊川四季美景饱览无余，右望少陵原畔兴教寺如在眼前，左望杜曲镇楼舍炊烟，桃溪堡桃林柳燕。

唐建都长安后，樊川、御宿川又一次得到空前发展，以唐高祖、唐太宗父子围猎起始，后来有“城南韦杜，去天尺五”之称的韦氏家族和杜氏家族，在神禾原两侧居住。当时人们游乐之处“城南五曲”，神禾原两边占三处，即韦曲、杜曲、王曲，使得樊川、潏水两岸楼阁亭台隐隐相接，佛塔寺庙暮鼓晨钟相闻于野，奇花异木竞相开放，两川古地名扬宇内。古道之上车马竞驰，冠盖云集，引得达官贵人、王孙公子，游宴管弦，乐而忘返。文人雅士、高僧大德，登临咏诵，美文佳篇不绝于世。

唐太宗为其母祈福而修建常宁宫，其故址在神禾原南坡首滈河岸畔，此地远望秦岭诸峰竞秀，前俯古御宿川四时美景，滈河清流缓缓流于脚前，极目神禾原上风物几变。唐皇亲韦氏家族居于韦曲一带，宰辅杜氏家族居于杜曲一带；唐高宗显庆年间中书令杜正伦居于神禾原与潏水之间的下杜；唐玄宗时驸马郑潜耀居郑公庄，后来唐僖宗时为诗人郑谷所居，又称郑谷庄；唐大文学家韩愈送子韩符读书处，称韩愈别庄；唐昭宗时宰相韩偓居于此，称韩偓村，又称偓村。

城南之盛，不可胜计，更引得上至帝王将相，下及黎庶百姓、文人雅士来往不绝于此。据不完全记载，唐时至此游览樊川佳景秀色，诵咏的诗人名士有李世民、文德皇后、司空曙、宋之问、李白、杜甫、白居易、王维、韩愈、柳宗元、祖咏、僧子兰、胡曾、谭用之、罗隐、钱起、刘禹锡、孟郊、岑参、杜牧、王建、崔护、杨巨源、高适、司空图、李贺、罗邺、卢纶、韦庄、郑谷、韩偓、王贞白、贾至、张乔、温庭筠、杜奕、鲍防、谢良辅、郑慨、樊旬等，为城南樊川留下了许多脍炙人口，诵之不厌的美丽诗篇，使得我们今日读之，犹如回到当年盛唐盛世美丽的城南盛景，樊川秀色，神禾风物，历历往事，好似眼前。及至宋时，长安不为都城，神禾原、樊川、御宿川景色仍为许多文人雅士所诵咏，当时寇准、韩琦、苏舜钦等足及此地留下了许多美丽的诗篇。元祐元年（1086 年），宋张礼同友人陈明微一道游历长安城南，写下了有名的《游城南记》一文。文中详细地记录了当时神禾原、樊川、御宿川唐时胜迹。物换星移胜景难再，杜曲已景非昨日，当年显赫一时的郑谷庄、裴相别居、韩公庄亦非其主，涂山寺、道安寺一片破败之象，而神禾原、樊川、御宿川山色林泉之盛，令人流连。

四、少陵原

少陵原位于浐水和潏河之间，呈东南—西北向。日月所照，雄浑高大，帝王将相和皇后妃嫔素以入此厚土为望。在它的腹地，满是坟冢。2005 年考古发现东杨万坡村一带有周人 429 座墓，出土陶石铜玉，并有灰坑和殉马坑；秦葬皇子在少陵原西畔，遂有皇子陂村；汉宣帝杜陵在三兆村一带，其许皇后陵在司马村附近；唐玄宗所爱的武惠妃敬陵在庞留村界面；夏殿村一带有唐韦氏家族群茔；司马村一带是晋唐之间杜氏家族群茔；鲍陂村一带有唐颜氏家族坟茔；在蕉村一带有唐吏部尚书萧灌之墓。虽然明代先后以南京和北京为国都，太子居之，然而朱元璋对西安颇为重视，遂分封次子朱樉为秦王，守卫此疆域。明代共有秦王 14 位，除了最后一代秦王为李自成所灭，不知道埋于何处，其他 13 位秦王皆葬少陵原，坟冢拔地而起，神道两侧对立石刻。凡帝王多有亲臣宠妾，他们死了以后，也葬少陵原以陪其主。春天在少陵原踏青，夕阳之下，见残陵乱茔，断碣卧石，不禁会生出沧桑虚无之感。公元746年，杜甫在和李白分手之后，怀着“致君尧舜上，再使风俗淳”的远大抱负，来到了政治中心长安。他选择了风景优美的少陵原下作为住处，一住就是10年，从此，他便自称“少陵野老”“杜陵布衣”。

五、白鹿原

白鹿原是一个拥有悠久历史的地名，许多历史典籍对其均有记载，其位置大致在今天西安市东南方向10公里，灞河和浐河之间。白鹿原南北宽约10公里，东西长约25公里，平均海拔600米，比附近区域略高。按现今行政区划，白鹿原分属西安市长安区、灞桥区以及蓝田县三个区县，其中三分之二的面积归为蓝田县范围内，其余三分之一归为长安区和灞桥区范围内。“原”同“塬”，是由于河流侵蚀而残留在渭河三级阶地上的梁状高地。

白鹿原上有汉文帝霸陵、薄太后墓、滕公冢。在西安建都的历代王朝，往往都以白鹿原为皇家郊游狩猎的御园。一般认为历史上的霸上，又名霸头，即在白鹿原。汉文帝与其子汉景帝统治时期合称为文景之治，奉为贤明帝王的典范。此外，汉文帝在位时，存在诸侯王国势力过大及匈奴入侵中原等问题。汉文帝对待这些问题采取的是异常谨慎而且有效的手法。对待诸侯王，文帝采取以德服人的态度，小错不纠，在中央弱势的时候成功地安抚住了各地蠢蠢欲动的诸侯，为后来景帝处理七国之乱造就了一批忠心耿耿的诸侯王和大臣。最重要的两个大动作是：安抚吴王，使得吴王在最年富力强的时候没有假借丧子之仇反叛；在齐王死后将齐国一分为七，既满足了齐王的儿子们称王的需求，为自己赢得了贤德之名，又消除了最大的一个诸侯国齐国。假如文帝谨慎稳重的做法能一直持续下去，汉朝也就不会发生后来的七国之乱，诸侯王问题亦有希望和平解决。文帝与其妻子窦皇后，其子景帝都爱好黄老之术。黄老之术假托黄帝老子思想，以道家的清静无为为治世方法。文景两世与民休息，轻刑罚减赋帑，文帝本身亦恭行仁孝，生活质朴简约，是中国历史上少有的贤君。

六、铜人原

铜人原的名称就包含着一个历史谜团。秦始皇统一中国后，为了巩固统治，下令收缴全国所有兵器，一律运往京城，铸成“十二铜人”，放置在阿房宫的宫门之外。这十二尊铜人，胸前铸有“皇帝二十六年，初兼天下，改诸侯为郡县，一法律，同度量”的篆书铭文，“重各千石，均高三丈，”每尊重量 30 吨以上。西汉王朝建立后，被移置于汉长安城的长乐宫大殿前。关于铜人的下落，历史留下了意味深长的省略号。经过魏晋南北朝中国北方历时 400 多年的长期战乱，它们失去踪迹，下落不明。和白鹿原一样，铜人原在唐代也以达官显贵墓葬众多著称。著名的天文学家僧一行，俗名张遂，是唐初功臣张公瑾的后代。唐玄宗时，把他请到京城，担任宫廷主管天文历法的高级顾问。一行主持制定的《大衍历》，是当时世界上最先进精确的历法，从唐代中叶到明朝末年，在中国沿用800 余年之久，还被传入日本、朝鲜等国长期使用。一行经过持续不懈认真细致的天文观测，并与历代天文记载比较，他发现恒星并非永恒不动，首先提出恒星存在运动现象的观点，比英国著名的天文学家哈雷在 1718 年的发现整整早了 1000 年。他也是世界上首先实测子午线长度的科学家。在他主持下，于全国 12 处分头同时实地测量，证实日影长短与地面距离没有正比关系，而是与北极星高度成正比，每隔 351 里 80 步，北极星高度相差 1 度，这实际上已经证明地球是圆形的。一行测出的子午线长度，与现代测量的子午线精确长度相比，每度只相差 17 公里。这一科学实践开创了人类通过实际测量认识地球自身的途径，使得这位杰出的科学家以大地测量天文的伟大先驱名垂史册。一行逝世后，唐玄宗十分哀伤，诏令把这位高僧隆重埋葬在铜人原，并修建灵塔，墓碑的碑文也由这位皇帝亲自书写。千年来水土流失造成的地貌变化虽然使得一行墓湮没无存，但我们同样有理由期待有朝一日终将发现。

七、龙首原

龙首原宛若一条蜿蜒而卧的巨龙，头探渭河，东临浐、灞，尾摆潏、沣，龙头高昂，众水襟绕。在历史上，龙首原似乎总是与真龙天子密不可分。历史时期的许多重要宫殿，如秦阿房宫、汉未央宫、唐大明宫都建在龙首原，先后有50多位天子雄踞龙首原。

龙首原因为原面完整、地势高大、景色秀丽，成为修建皇宫的好地方，自古就备受统治者的重视。中国历史上的秦、西汉、隋、唐这些对后世影响深远的朝代都将宫殿建造在龙首原上。秦都咸阳的主体部分虽不在龙首原上，但先后依托龙首原营建了章台宫、兴乐宫、甘泉宫、阿房宫等重要的宫殿。到了汉代，长安城被建造在龙首原北麓。汉长安城以秦代建造在龙首原上的宫殿建筑为基础扩建而成，北濒渭河，南依龙首山，处在汉城南端的未央宫则盘踞龙首山之上，称为汉长安城的制高点。自汉代以后，又有10个王朝先后以汉长安城为都，前后使用时间近800年。隋开皇二年（582年），隋文帝杨坚令宇文恺负责规划设计和督造新都城。宇文恺经过一番细致考察，最终将新都的建造地点锁定在龙首原。整个城市的设计突破了固有城市建设思想的束缚，充分考虑自然条件和经济因素的影响，结合龙首原的地形特点，充分利用了地形的变化，使建筑高低错落，参差有序，独具特色。

隋唐长安城依托龙首原南坡呈北高南低之势，位于都城北边的太极宫就接近龙首原的顶端，而后来的大明宫则正是修建在龙首原的原面上，成为长安城的制高点。在唐朝近300年历史中的绝大部分时间里，皇帝都是在大明宫居住和听政，大明宫实是唐代历史上最重要的政治中心。大明宫地势高爽，在唐代，站在大明宫含元殿上南眺，远望可以看到秦岭，近看则长安城的坊市街道尽收眼底。龙首原所处的地理位置优越。渭河西安河段的侵蚀作用主要是向北的，历史上，西安段的渭河不断地向北改移河道。龙首原自身比较平坦，高出河流漫滩，地势较高，能避免一些自然灾害，如水淹、积水等。同时，龙首原与低地的相对高差较小，取水方便。

早期的龙首原曾经川原秀丽，站在其上能俯瞰长安城。然而，由于汉、唐长安城的建筑取土，以及后来历朝历代的人为改造和自然侵蚀，龙首原曾经地势高爽的自然面貌已经不再，但沿龙首原分布的诸多都城、宫殿遗迹，如阿房宫、未央宫、建章宫、大明宫等仍依稀可见。

第五章 故垒西风
——渭河流域的遗迹文化

翻开中国的地图，就会在她的腹地很容易找到一条河流，这条河流不是很长，跟长江、黄河比起来不足道哉，但它却是支撑黄河的最大支流。她的名字叫渭河，全长只有800多公里。如果从空中鸟瞰，一条混浊的黄色丝带蜿蜒穿梭于秦岭和渭河平原，给养那里的土地和生灵，催生了一个硕果灿烂的华夏文明。没有渭河，渭河平原只是一片荒凉的土坡。渭河平原是华夏文明的发祥地。渭河平原栖息过蓝田猿人，用打制的粗糙石器简陋工具拉开了旧石器文化的序幕。半坡遗址再现了母系氏族公社丰富的生活画卷。周秦汉唐等十三个王朝的历史见证了中国历史前半叶的无上辉煌。

第一节　渭河流域的古代遗址

遗址是人类活动的遗迹。渭河流域的悠久历史文化和独特的历史地理条件，蕴含着极为丰富的古代遗存。根据历年来的田野考古调查和全省性的文物普查统计，目前陕西境内共有古遗址8957处，其中旧石器时代的91处，新石器时代的3763处，商周1124处，秦汉1517处，魏晋北朝78处，隋唐314处，宋元明清1518处。

石器时代的遗址在渭河流域分布较密。商代的遗址主要在渭河流域东部。先周和西周时期遗址，在周原和丰镐两地最集中。秦在渭河流域的遗址，最主要的是先后迁徙的都城，还有遍布于渭河两岸的宫殿遗址和四通八达的驰道等遗迹。汉长安城是汉代规模最大和最引人注目的遗址。在这里，宫阙、囿苑、佛寺、道观和其他类型的遗址星罗棋布。

一、蓝田猿人遗址

蓝田猿人遗址位于今蓝田县公王岭，距西安约50公里，是中国古人类的发源地之一。1963 年中国科学院古脊椎考古队在蓝田县陈家窝村附近发现一具古人类老年女性下颚骨化石和石器工具；1964 年在公王岭发掘中，发现蓝田猿人的头骨化石，具有比北京猿人更为原始的特征。蓝田猿人头骨化石，是继北京猿人之后，中国发现的最重要的人类化石。这一发现扩大了中国猿人的分布范围，丰富了人类物质文化记录，为研究人类起源提供了珍贵的科学资料。经测定，蓝田猿人距今约 115 万年—110 万年，按照国际学术命名规范，被命名为直立人蓝田亚种。

二、北首岭遗址

北首岭遗址是一处内涵丰富、文化遗存密集的新石器时代文化遗存，距今 7100 多年，较西安半坡遗址要早 400 多年。北首岭先民的生产活动主要是渔猎、饲养家禽，也从事农业生产。遗址中出土有陶、石质的纺轮、纺锤以及精制的骨针，说明先民们已掌握了纺织和缝纫技术。生产、生活工具除磨制石器外，还有陶器、骨器等。北首岭遗址中出土的鱼纹彩陶壶，现收藏于中国历史博物馆。北首岭遗址分房屋、窖穴、墓葬等展室，展出这里出土的遗迹、文物，已对外开放，供游人参观。

三、半坡遗址

半坡遗址是渭河流域一处典型的新石器时代仰韶文化母系氏族聚落遗址，距今 5600—6700 年之间。半坡聚落的范围为不规则圆形。居住区在中央，分南北两片，每片有一座供公共活动用的大房屋，还有若干小房子，其间分布着窖穴和牲畜圈栏。居住区有壕沟环绕，沟北是公共墓地，沟东有陶窑场。据研究，此聚落是集聚两个氏族的部落住地。半坡居民的经济生活为农业和渔猎并重。出土斧、锄、铲、刀、磨盘、磨棒等石制农具，镞、矛、网坠、鱼钩等渔猎工具。还发现粟的遗存和蔬菜籽粒，以及家畜和野生动物骨骸。常见陶器有粗砂罐、小口尖底瓶和钵。彩陶十分出色，红地黑彩，花纹简练朴素，绘人面、鱼、鹿、植物枝叶及几何形纹样。从陶器上发现22种刻画符号，有人认为可能是一种原始文字。半坡成人死后埋入公共墓地，常随葬陶器及骨珠等装饰品。发现两座同性合葬墓，分别埋着2个男子和4个女子，一般认为是母系氏族社会的葬俗。死亡儿童埋在居住区，多采用瓮棺葬。一座女孩土坑墓中随葬品精致丰富，有木板葬具，表明当时对女孩的爱重。

四、仰韶文化遗址

在潼关县境内已发现的仰韶文化遗址有两处，一处是南寨子仰韶文化遗址，位于吴村乡南寨子鱼化屯小河和潼河交汇处，南高北低，东西宽约350米，南北长约1000米。这处遗址的文物，除部分灰坑因修筑陇海铁路受损，大部分尚保存完好。另一处是张家湾仰韶文化遗址，位于港口镇张家湾圪岔路以西的二层高原上。这两处古文化遗址所在地，依山傍水，土地肥沃，具有人类聚居生存的优越条件。

五、大荔人遗址

大荔人遗址位于大荔县段家乡，1978年3月，在此发现人类青年男性头骨化石。经鉴定，化石距今20余万年，为中更新生晚期，依发现地点，定名为“大荔人”。大荔人头骨化石总的特点是粗壮、厚实、骨质较厚，头长目低。其眉脊粗壮，较北京人的稍低，比马坝人显著高突；额骨低平，其倾斜度甚至比北京人的还小；骨板较厚，有的骨板与爪哇人、北京人相近或更厚；顶骨相对较大，顶结节发育，枕骨隆凸位置下移，顶枕部较高，脑量较大，这些又都是较北京人要进步得多，与马坝人的特点相近似的地方；而其眉脊间的眉间部分最宽厚，面骨特低等则又是与其他人类化石不同的地方。

六、秦都雍城遗址

秦都雍城是春秋至战国中期近300年间秦国的政治、经济中心，位于今凤翔县城南、雍水以北。在城内的姚家岗、马家庄、铁丰发现了包括宗庙在内的三个大型宫殿区，其中在姚家岗先后出土了三批青铜建筑构件；在马家庄发现了秦国的宗庙遗址，即当年楚国大夫申包胥“哭秦庭”的所在；此外，在城南发现了秦公的墓葬区。

七、教稼台

教稼台位于杨凌区武功镇东门外，是全国唯一的一处古代农业名胜古迹，被称为世界上最早的农业科学技术研究所、中国农业发祥地。传说是4000多年前，周人的祖先后稷“教民稼穑，树艺五谷”的地方。

八、周原遗址

周原位于渭河平原西部，跨扶风、岐山两县，是周王朝早期建都之地，也是国内青铜器出土最多的地方，被誉为“青铜器之乡”。

九、西周丰镐遗址

西周丰镐遗址在西安市西南12公里的沣河两岸。丰京和镐京的建立，揭开了国内十余个王朝在陕西建都的历史。是当时全国政治、经济、文化和军事中心。为渭河流域地区的繁荣以及使渭河流域成为古代帝王之都奠定了基础。

十、栎阳城遗址

栎阳城遗址位于陕西省西安市阎良区武屯镇关庄村一带。城外东北是秦汉大型墓葬区，东南是战国至东汉墓群。栎阳城遗址还出土有铜斧、铁铲、铁块、石磨、板瓦、陶盆、瓮等文物。

十一、阿房宫遗址

阿房宫是秦始皇在统一六国之后于渭河以南修建的豪华宫殿。据史书记载，始建于公元前212年，遗址在今西安市西郊的阿房村一带。西汉司马迁在《史记》中详细记述了阿房宫的规模，唐代杜牧曾经写过《阿房宫赋》，认为此宫殿被项羽焚烧，清代画家袁耀也曾绘制过《阿房宫图》。

秦始皇在消灭六国统一全国以后，在都城咸阳大兴土木，建宫筑殿，其中所建宫殿中规模最大的就是阿房宫。据《史记・秦始皇本纪》记载，秦始皇帝三十五年（前212年），秦始皇认为都城咸阳人太多，而先王的皇宫又小，下令在故周都城丰、镐之间渭河以南的皇家园林上林苑中，仿集天下的建筑之精英灵秀，营造一座新朝宫，这座朝宫便是后来被称为阿房宫的著名宫殿。由于工程浩大，秦始皇在位时只建了一座前殿。据《史记・秦始皇本纪》记载："前殿阿房东西五百步，南北五十丈，上可以坐万人，下可以建五丈旗，周驰为阁道，自殿下直抵南山，表南山之巅以为阙，为复道，自阿房渡渭，属之咸阳。"其规模之大，劳民伤财之巨，可以想见。

十二、鸿门宴遗址

鸿门宴遗址南依骊山，北临渭河，地处潼关通长安之要道。遗址前横着1公里长的峁原，中间像刀劈似的断为两半，南北洞开，犹如城门，鸿门因此而得名。

十三、汉长安城遗址

汉长安城遗址位于西安城西北约5公里处。为了把先修的宫殿建筑都包括在内，城垣只得顺地势修筑，汉长安城成为不规则的方形。南城墙像南斗星，北城墙像北斗星，因此又称“斗城”。对汉长安城遗址的考古发掘，发现了大量极为珍贵的汉代古简及编钟等文物。

十四、隋大兴城、唐长安城遗址

隋开皇二年（582 年）起，在宇文恺的主持下，仅用一年左右的时间就建成了宫城和皇城。隋开皇三年（583 年），隋王朝迁至新都，因隋文帝早年曾被封为大兴公，故都城名大兴城。唐长安城有三组宫殿，称为“三大内”。太极宫是唐初的政治中心。大明宫是三大宫中最雄伟的一座，原名永安宫，是唐太宗李世民为其父李渊修的夏宫。兴庆宫是玄宗时代的政治中心，也是唐玄宗和杨贵妃的游乐之所。

十五、唐大明宫遗址

唐大明宫遗址位于西安市北郊龙首原上，在唐代是长安城三大宫之一，被称为“中国宫殿建筑的峰巅之作”，是李世民为太上皇李渊修建的夏宫，后改名大明宫。自唐高宗起，唐朝历代帝王大都在大明宫居住、处理朝政，它作为国家统治中心，历时达 200 余年。在历史上，大明宫的范围很大，共有 11 座城门。平面略呈梯形，已探明的殿台楼亭等遗址有 40 余处。大明宫南部为前朝，自南向北由含元殿、宣政殿和紫宸殿为中心组成；北部的内廷中心为太液池。

十六、隋唐天坛遗址

唐天坛遗址位于唐长安外郭城明德门外东 1 公里处，今陕西师范大学南侧，长延堡村东，1957 年陕西省人民政府公布为第二批重点文物保护单位。天坛，也叫“圜丘”“圆丘”，是古代帝王祭天的地方。隋唐天坛，比北京明天坛要早 800 多年，堪称“天下第一坛”。

十七、东渭桥遗址

东渭桥遗址位于陕西省高陵县耿镇白家嘴村渭河南岸2.6公里处，北接渭北，南通长安，是唐渭河三桥之一，也是都城长安城通往渭北的重要通道。东渭桥遗址是一处唐代大型桥梁遗址，对唐代都城长安与周边地区的经济文化交流起了重要作用。

十八、老牛坡遗址

老牛坡遗址位于陕西省西安市灞桥区燎原村西北，为新石器时代至殷商时期（约前4000—前1100年）遗址。老牛坡遗址是商文化西部的一处重要遗址，面积大，遗存丰富，大型建筑基址、青铜冶铸和较高等级墓葬的发现，说明这里是商王朝在渭河流域的一处中心聚落遗址。

十九、沙河桥遗址

沙河桥遗址位于咸阳市秦都区钓台镇资村西南的沙河枯河河道中，它是1989年全国十大考古发现之一，据国内著名的桥梁专家唐寰澄先生研究考证，它是目前世界上迄今所知规模最大、年代最古老的大型木结构桥梁，在人类交通史、世界桥梁史上都有着十分重要的地位。现为省级重点文物保护单位。

二十、九成宫遗址

九成宫遗址在今麟游县新城区，至今尚有烽火台、点将台、妆台、唐井等遗迹。为全国重点文物保护单位。九成宫始于隋代的仁寿宫，由建筑家宇文恺设计、营造，唐代多有增修，并更名为“九成宫”，为中国离宫之冠。经考古发掘，已发现大型宫殿基址10多处，还有大量精美的石刻艺术品。现存于遗址区的《九成宫醴泉铭》碑，由魏徵撰文，欧阳询书丹而刻，被历代奉为“楷书法则”。

二十一、潼关故城

潼关，从始建至唐代，两经迁徙，三地设防，城池多变，设施不一。东汉初期，废弃位于河南灵宝县的函谷关，汉献帝先后迁关于河南新安及弘农衡山岭，又于建安年间，迁关于潼关上南门外，即今港口镇杨家庄、城北村一带。潼关之名，始自于此。南北朝时，北周孝闵帝宇文觉在此打败东魏大将窦泰后，改潼关为“潼谷关”。

二十二、灞桥

灞桥位于西安城东 12 公里处，是一座颇有影响的古桥。春秋时期，秦穆公称霸西戎，将滋水改为灞水，并修了桥，故称“灞桥”。

唐朝时，在灞桥上设立驿站，凡送亲朋好友东去，多在此分手，有的还折柳相赠，柳与“留”谐音，意为愿亲友留下，因此，灞桥也叫“销魂桥”。时有诗云：“杨柳含烟灞岸春，年年攀折送行人。”灞桥沿岸广植柳树，春日柳絮纷飞如雪，“灞柳风雪”成为长安八景之一。

二十三、曲江寒窑

寒窑位于城南曲江池东面的一条沟内，是秦腔传统剧《五典坡》中，唐朝丞相王允的三女儿王宝钏争取婚姻自由，忠于爱情，苦守寒窑十八年，终于等得丈夫薛平贵平西胜利，荣归长安，夫妻团聚的地方。

第二节　渭河流域的帝王陵阙

“江山如此多娇，引无数英雄竞折腰。惜秦皇汉武，略输文采；唐宗宋祖，稍逊风骚……”这熟悉的名句反映了历史上著名的帝王，他们中大多数在渭河流域建功立业。数千年历史的叱咤风云，在渭河流域留下了无数的帝王陵墓，占全国现存帝王陵的近乎一半。

一、炎帝陵

炎帝陵坐落在宝鸡市南郊 7 公里处的常羊山上。炎帝是中华民族的始祖之一，在中华民族发展史上留下不可磨灭的功绩，被尊为农业之神、太阳之神、医药之神，与黄帝共同被尊奉为中华民族的人文初祖。每逢农历七月七日炎帝祭日，这里鼓乐阵阵，香烟缭绕，祭奠者络绎不绝。坐落在常羊山上的炎帝陵由陵前区、祭祀区、墓冢区三大部分组成，成为炎黄子孙谒陵祭祖的圣地。

二、周陵

周陵是西周时期周文王、周武王的陵园，位于咸阳市东北渭城区周陵镇周陵中学内，现存有周文王、周武王的陵墓，木牌坊戏楼，献殿、配殿，历代帝王祭祀碑石 40 余通及姜太公等西周陪葬墓等，是我国御制祭祀碑文最多的陵园，为“咸阳八景”之一，有“小碑林”之称。

三、西周车马坑

沣西车马坑是西周初年成王、康王时代奴隶主墓葬的车马殉葬坑。位于长安马王镇张家坡村附近。因在沣河西岸，故得名。1959 年以来，考古学家在这里先后发现 18 处西周车马坑。发掘后，保存最完好的一处，经修整复原，供游人参观。西周时期奴隶主死后，有将生前乘坐马车和车夫殉葬的习俗。该车马坑内的驾马排列整齐规则，显然是用某种方法处死后，由人摆置而成的殉葬物。

四、秦公大墓

史载，秦国秦朝包括秦始皇、秦二世、秦王子婴在内，共 36 代国君或帝王。其中 19 代国君建都雍城（今凤翔），长达 294 年。位于雍水河西面的三畤原，当时称作“北园”，距秦都雍城约 6 公里。秦公一号大墓是迄今考古发掘中殉人最多的古墓。秦公一号大墓发掘殉葬人棺 184 具，清楚地表明秦国当时的奴隶制社会性质，证明了《史记》《诗经》记载的准确性。

秦公一号大墓虽遭严重盗扰，但仍出土了 3000 余件珍贵文物，其中最重要的有中国最早的高级椁具装置“黄肠题凑”、中国最早的墓碑，还有刻有 290 多个篆文的石磬，从篆文“天子郾喜，龚桓是嗣”“高阳有灵，四方以鼏”，初步断定墓主人为秦景公，并有力地证明了秦人的族属为华夏族。此外，出土的 3000 余件极为精美的金器、玉器、铁器、石器和骨器，反映出秦人高超的工艺水平和丰富的物质文化生活，从而否定了历来认为的“秦国生产力落后”“秦国奴隶制统治薄弱”等论点，对于我们重新认识秦国历史，提供了极为珍贵的资料。

五、秦始皇陵

秦始皇陵位于西安市临潼区骊山北麓。秦始皇是中国历史上第一位皇帝，他即位之初就开始兴建陵寝，历时 37 年。其陵寝规模之大、陪葬坑之多、内涵之丰富，为历代帝王陵墓之冠，1978 年被联合国教科文组织列入“世界文化遗产名录”。秦始皇陵历史上曾多次受到大规模破坏。《史记》载：公元前 206 年项羽入关后，曾以 30 万之众“盗掘其陵墓，燔烧其宫观，三十日运物不绝”，使秦始皇陵受到严重破坏。此后，后赵的石勒和石季龙、唐末的黄巢等都破坏过秦始皇陵。

秦始皇兵马俑是世界考古史上最伟大的发现之一。法国前总理希拉克参观后说：“世界上有了七大奇迹，秦俑的发现，可以说是第八大奇迹了。不看秦俑，不能算来过中国。”从此秦俑被世界誉为“第八大奇迹”。兵马俑是我国古代的艺术宝库，是秦代写实艺术的完美体现。其形体高大，比例匀称，形象生动，神态逼真，可谓千人千面，栩栩如生。威武雄壮的军阵，再现了秦始皇当年为完成统一中国的大业而展现出的军功和军威。它堪称是一颗异彩独放的明珠，举世震惊。兵马俑是雕塑艺术的宝库，为中华民族灿烂的古老文化增添了光彩，也给世界艺术史添上了光辉的一页。

六、秦二世陵

秦二世，名胡亥。二世三年（前 207 年），权臣赵高逼秦二世自杀，以庶人礼葬于周杜国属地，即秦时的州地，在今西安市雁塔区曲江乡曲江池村南缘台地上，秦二世陵俗称“胡亥墓”。碑面阴刻“秦二世皇帝陵”6 个隶书大字，为清乾隆四十一年（1776 年）陕西巡抚毕沅所立。碑后阴刻《夜役说》，为生员周新命于清嘉庆十年（1805 年）所书。1956 年 8 月 6 日被陕西省人民政府列为第一批重点文物保护单位。

七、霸陵

霸陵是汉文帝刘恒的陵墓，位于白鹿原北缘土山上。公元前 180 年，吕后去世，丞相陈平、太尉周勃和朱虚侯刘章等粉碎了吕氏集团，迎立代王刘恒为皇帝，是为汉文帝。文帝继续推行“与民休息”的政策，重视农桑，减少赋税，加强边防建设，有效地阻止了匈奴对中原地区的侵犯，保卫了和平环境。汉文帝当政的23年间，“宫室苑囿、车骑服御，无所增益”。在厚葬成风的秦汉时代，文帝则下令“薄葬”，要求“治霸陵皆以瓦器，不得以金银铜锡为饰，不治坟。欲为省，毋烦民”。所以，他选择了“凤凰嘴”，凿山为墓室，开创了帝王“因山为陵”的先例。

八、阳陵

阳陵是西汉“文景之治”的开创者之一汉景帝刘启的陵墓，因位于当时的弋阳县内，故名“阳陵”。阳陵陵区边长410米，陵区内按西汉皇帝和皇后“同茔不同穴”的葬制，有皇帝和皇后两个墓冢，且为帝西、后东格局。帝陵封土堆为覆斗形，底部边长170米，高31米。为全国重点文物保护单位。在近200座陪葬坑和1万余座陪葬墓内，出土的一列列武士俑披坚执锐，征尘未洗；一排排仕女俑宽衣博带，美目流盼；成群成组的猪、马、牛、羊、狗、鸡等动物俑姿态生动，形象逼真，密密匝匝，累千上万，真实地再现了汉代的宫廷文化和社会生活。

九、茂陵

茂陵是西汉武帝刘彻的陵墓，位于兴平市南位乡茂陵村。此地在汉代是槐里之茂乡，汉武帝建元二年（前139年）在此建寿陵，故称茂陵。公元前87年，71岁的武帝病死葬于此。茂陵在西汉帝陵中规模最大，修建时间也最长，从武帝即位的第二年到他驾崩，长达53年。茂陵陪葬的珍宝在西汉帝陵中也是最多的。茂陵周围还有李夫人、卫青、霍去病、霍光等人的陪葬墓。

十、杜陵

杜陵位于陕西省西安市南郊的杜陵原上。杜陵是西汉宣帝刘询的陵墓。陵墓所在地原来是一片高地，汉代名“鸿固原”，潏、浐二河流经此地。汉代以来，杜陵一直是长安的游览胜地，文人学士常会集于此，登高览胜，并留下了许多诗篇，其中最著名的是李白的《杜陵绝句》：“南登杜陵上，北望五陵间。秋水明落日，流光灭远山。”

十一、董仲舒墓

董仲舒墓位于碑林博物馆之东的下马陵街北侧。董仲舒是西汉有名的儒学大师。董仲舒去世后，汉武帝亲自为他选择墓地，并在墓前修建董子祠。出于对董仲舒的尊敬，据说汉武帝每次经过他的墓园时，30 丈之外，便下马步行，“下马陵”的名称便由此产生。唐人韦述的《两京记》中对此也有记载：“汉武帝至墓前下马，故曰下马陵。”后来，下马陵也称作“蛤蟆陵”，估计与渭河平原的方言有关。

十二、蔡文姬墓

蔡文姬墓在蓝田县三里镇蔡王村。蔡文姬（一作昭姬），名琰，陈留圉（今河南杞县南）人，蔡邕女，博学有才辩，通音律。初嫁河东卫促道，夫亡，归母家。汉末大乱，为董卓部所虏。后“没于匈奴左贤王，十二年，生二子”。曹操念蔡邕无后，以金璧赎归，再嫁董祀。蔡文姬现存五言及骚体《悲愤诗》各一首，写自己的悲惨遭遇，也反映了人民在当时战乱中所受的痛苦。琴曲歌词《胡笳十八拍》，相传亦为她所作。蔡文姬墓，冢高 7 米，林木葱郁。相传，蔡王庄就是当时给蔡文姬看墓的人，一代一代发展起来的一个村庄。

十三、杨震墓

杨震，字伯卢，东汉弘农华阴（即今潼关县水峪口）人。少好学，博览群经，当时人尊称他为“关西夫子”。中年后从事教育，50 岁始入仕途，历任荆州刺史、郡太守、司徒、太尉等职。他为官清廉，刚正不阿，故遭宦官诬陷罢官，在遣归本郡途中气愤服毒，含恨死去。杨震又被誉为“四知先生”。《潼关卫志》载，唐太宗李世民路过杨震墓，曾亲作文祭奠。

杨震墓在今渭河岸边的高桥乡亭东村西北，东汉建宁元年（168 年）改葬于此。陵园设施历代屡有增建。

十四、苏武墓

苏武墓在武功县旧县城北 1.5 公里的武功乡龙门村。苏武，西汉杜陵（今西安市）人，字子卿。汉天汉元年（前 100 年）奉命出使匈奴被扣。匈奴贵族多方威胁诱降未果，把他迁到北海（今贝加尔湖）边牧羊。千百年来，苏武成为坚守中华民族崇高气节“威武不能屈”的典型。墓前有清康熙、乾隆和道光时的“汉典属国碑”“重修苏武墓门碑”等。

十五、西魏文帝元宝炬永陵

永陵位于富平县城东南约 15 公里处。高约 15.4 米。永陵是西魏文帝元宝炬与皇后乙弗氏的合葬陵。永陵东侧约 24 米处，有一高 5 米，周长约 100 米的小陪葬墓。这座陪葬墓的主人是何人，一直众说纷纭。一说是帝妹平原公主明月，一说是废帝元钦，又说是恭帝元廓。陵墓前原有大量石刻，但是在 20 世纪 50 年代的农田基建和兴修水利过程中遭破坏，现仅存一石兽。

十六、昭陵

昭陵为唐太宗李世民墓。李世民，李渊次子，母窦皇后，封秦王。通过玄武门之变，李世民被立为太子，而后继位，年号贞观，在位 23 年（626 年—649 年），死后葬昭陵。昭陵位于陕西省礼泉县东北 22.5 公里的九嵕山主峰上。

九嵕山，山势突兀，峰峦挺拔，沟壑纵横，山环水绕，有泾水环绕其后，渭河潆带其前，海拔 1888 米，南隔渭河平原，与太白、终南诸峰遥相对峙。唐太宗在位 23 年，励精图治，任用贤良，善于纳谏，发展经济，国力昌盛，出现了历史上有名的“贞观之治”，为盛唐经济、文化的高度发展奠定了基础。

十七、乾陵

乾陵位于乾县城北 6 公里的梁山上，是唐高宗李治和皇后武则天的合葬陵，因处长安西北、八卦乾位而称乾陵。另一说认为，高宗尊号“大圣天皇”，武则天尊号“则天大圣皇后”，二人的尊号中都有“天”，天就是乾，因此叫乾陵。李治和武则天均处于唐朝蓬勃发展时期，经济繁荣，乾陵内收藏一定十分丰富。虽经 1000 多年，却未被盗过，是唐代帝陵中保存较完好的一座。乾陵有 17 座陪葬墓，出土了大批珍贵文物，其中，大多数收藏于乾陵博物馆，供游人参观。

十八、桥陵

桥陵是唐睿宗李旦的陵墓，位于渭南市蒲城县西北 15 公里的丰山（又名金炽山、金栗山、苏愚山、凤凰山）上。李旦是唐高宗李治的第八子，武则天的第四子，716 年六月，李旦病逝，葬于桥陵。

桥陵建于开元盛世，规模宏大，范围包括整个金炽山，面积达 825 万平方米。桥陵石刻富于写实性，继承和发展了汉魏六朝的传统技艺，其人物造型高大精美，气势磅礴，眉清目秀，神采奕奕，既表现出镇守陵园的威力，也展示了开元盛世的景象，堪称盛唐石刻艺术的露天展览馆。

十九、顺陵

顺陵在咸阳市东北 18 公里的陈家村南（唐时称洪渎原），是唐代女皇武则天母亲杨氏的墓。杨氏死于唐咸亨元年（670 年），当时以王礼埋葬，称墓而未称陵。武则天即位后，永昌元年（689 年）追封其父为忠孝太皇，母为忠孝太后，改其墓为明义陵。天授元年（690 年）再追封其父为太祖明高皇帝，母为明高皇后，改其母义陵为顺陵。唐景云元年（710 年）和先天二年（713 年），曾两次废除陵的称号，但后人仍称为顺陵。

二十、大唐秦王陵

大唐秦王陵位于宝鸡市北原上的陵原村，是唐末秦王李茂贞及夫人刘氏的合葬陵，占地约 200 亩。唐末，秦王李茂贞派凤翔宫内工部尚书属下将作监统管陵园的营造，亲自监工，经大半年的筹备，于 907 年秋正式开工，因战事不断，建建停停，延至 920 年夏完成，924 年，李茂贞死后葬此。

二十一、大禹庙

大禹庙位于韩城市苏东乡周原村东北，建于元代大德五年（1301 年）。明万历（1573 年—1620 年）和清嘉庆（1796 年—1820 年）年间都曾重修。大禹庙是为了纪念夏禹而修建的。献殿前有两根白沙石柱，柱上刻“大元国大德五年岁次辛丑孟夏制”。庙内保存有清嘉庆年间“大禹庙”木匾一块和明万历七年（1579 年）《重修禹王庙碑记》一通。

二十二、韩城文庙

韩城文庙在韩城市东学巷内，建于元代。明洪武四年（1371 年）重修，基本上保留了元代建筑风格，是我省现存完整的元代建筑群之一，为渭河平原的现存文庙建筑之冠。文庙总建筑面积为 8100 平方米，共分 4 个院落。韩城文庙整个建筑雕梁画栋，庭院宽阔，格局规范，结构严谨，显示了我国民族传统建筑古朴、凝重、雄浑的特色，被誉为镶嵌在韩城这座历史文化名城中的一颗璀璨明珠。

二十三、仓颉庙

仓颉庙位于白水县东北史官村北1公里处。仓颉，也作苍颉，号史皇，姓侯冈，旧传为黄帝的史官，汉字的创造者，被誉为“造字圣人”。庙内有众多历代碑石，虽经战乱多有散佚，仍保存有18通，陈列于前殿之内。其中《仓圣鸟迹书碑》保存完好。东汉延熹五年的《仓颉庙碑》是金石学上的珍品（现存西安碑林博物馆）。此外，《广武将军碑》、唐《仓公碑》、宋代《大宋仓公碑》等，都很珍贵。

仓颉墓位于庙内后殿之后，开有东西两门，东门上有对联为：“画卦再开文字祖，结绳新创鸟虫书”，横批为“通德”。西门上对联是：“雨粟当年感天地，同文永世配桥陵”，横批为“类情”。

二十四、周公庙

周公庙，位于陕西省岐山县城西北6.5公里的凤凰山南麓，面积约6.2万平方米。此处依山傍水，古木参天，风景秀丽，东、西、北三面环山，唯南面为开阔地，状如簸箕。《诗经》中描述此地为“有卷者阿，飘风自南”。因此，后世人称这里为“古卷阿”。

周公庙风景名胜区规模宏大，现存古建筑30多座，唐柏、汉槐多株，植被丰茂，浓荫蔽日，是宝鸡地区规模最大、保存最完整的中国古代建筑群。自古以来，这里一直是人们游览之所，历史上韩愈、苏轼、康海等许多文人墨客曾来此游览抒怀，留下了140多首游览诗文和30多通碑石。

二十五、司马迁祠墓

司马迁祠墓位于韩城市南10公里芝川镇南的梁山东麓，东西长555

米，南北宽229米，面积4.5万平方米。它东临黄河，西枕梁山，芝水潆洄前，形势之雄，景物之盛，为韩城诸名胜之冠。据《韩城县志》记载：芝水原名陶渠水。相传汉武帝采灵芝于陶渠水之阳，改名芝水。至今吕庄村西尚有“灵芝庵”遗址。

二十六、藏龙寺

藏龙寺，又名潜龙寺，位于华县东南秦岭北麓的蟠龙山上。相传西汉末年，王莽篡权后，提出“铲除刘秀，以绝后患”。刘秀为避杀身之祸，只身逃至白崖峪。他腰酸腿困，饥饿难忍，昏倒山坡，被梨花姑娘相救，藏于山上寺庙之中。后刘秀夺得天下，在洛阳称帝，建立东汉，于是重修寺庙，取名“潜龙寺”，以为纪念。藏龙寺周围林海茫茫，郁郁葱葱，环境幽雅，风景秀丽，历史上就有“佛家圣地，神仙居处”的赞誉。

二十七、杜公祠

杜公祠位于长安区韦曲镇东的少陵原畔，距西安约12公里，是为纪念中国唐代“诗圣”杜甫而建的。杜公祠始建于明嘉靖五年（1526年），清乾隆末年被大火焚毁。后嘉庆年间，当地一些文人集资重修，但地址有所变动，规模也不如前。杜公祠现已辟为杜甫纪念馆。享殿西侧有一陈列室，室内存杜甫于750年写的《判府太中严公九日南山诗》拓片，是现存杜甫的唯一墨迹。

二十八、杨贵妃墓

杨贵妃墓，位于兴平市西12.5公里的马嵬坡。墓前有一碑楼，上刻：“唐玄宗贵妃杨氏墓”。游人至此，多留下吟诵、题刻，各抒己见。这些题刻诗作镶嵌于周围回廊上。现在，在贵妃墓后的半坡上，修了一亭，亭中用洁白的汉白玉雕了一尊高近 3 米的杨贵妃站像。杨贵妃墓，现为省级重点文物保护单位。

二十九、寇准墓

寇准墓，位于渭南市临渭区官底乡左家村南。他是北宋著名的政治家。天圣元年（1023 年）闰九月初七日，寇准去世。一年后，仁宗为他昭雪，封“莱国公”，归葬下邽。寇准为官 40 年，历四朝，他刚直不阿，清正廉洁，气节高尚，正气凛然，秉公执法，办事干练，为后人称道。原有清乾隆年间陕西巡抚毕沅立的《寇准神道碑》一通，已毁。现墓前有清乾隆年间渭南县县令邱估所立《宋寇莱公墓碑》一通。

三十、扁鹊墓

扁鹊墓位于西安市临潼区骊山东纸张乡南陈村东北，距秦始皇兵马俑博物馆约 8 公里。扁鹊，名秦越人，誉称神医。扁鹊确有其人，他发明的中医诊脉术，称为“四诊法”，技术超群，为战国时期的名医。

三十一、颜真卿墓

颜真卿墓位于西安市长安区凤栖原，即少陵原的北部。《咸宁县志》载：“赠司徒文忠公颜真卿，贞元元年（785 年）十一月祔葬万年县凤栖原之先茔。”颜真卿，字清臣，唐京兆万年（今西安）人，博学，工辞章，事亲孝，为著名书法家。他为官秉政公明，不畏权贵；平反冤狱，剪除暴戾。颜真卿擅长书法，自成一家，人称“颜体”。楷书端庄雄伟，气势开张，以古为新，以拙为巧，有盛唐蓬勃向上的气势，《多宝塔碑》和《颜氏家庙碑》等是其代表作，为历代学习楷书的范本。行书笔画遒婉，宽绰劲健，代表作有《祭侄文稿》《争座位稿》等，前者被誉为“天下第二行书”。颜真卿开创了大唐书法新风，成为一代书法宗师。

第三节　渭河流域的古代建筑

“秦中自古帝王都”，历史上的封建王朝在陕西建都的时间最长，早在汉唐时期，为了满足王侯将相和达官贵人们修建豪华府邸的需要，那时的长安就已是全国优秀建筑工匠的荟萃之地，这对后来陕西的建筑技术和民居风格产生了深远的影响。随着社会生产力的发展和文明程度的进步，陕西众多的建筑工匠在继承了古代建筑经验的基础上，又不断钻研创新，充分发挥了各自的创造才能和地方建筑材料的特性，因地制宜地创建了许多布局严谨、做工精美的建筑，形成了丰富多彩的三秦建筑风格。

渭河流域地区是中国黄河流域古老文化的发源地，也是中华文明的发祥地之一，早在石器时代就开始有了文明的形成。渭河流域地区的长安、咸阳、潼关和宝鸡等区域占据了天时、地利、人和的优势，这些造就了渭河流域传统建筑的独特建筑形态和建筑装饰风格，在我国的建筑史上占据着重要的地位，是我国建筑文化宝库中不可或缺的组成部分。

一、钟楼

钟楼位于西安城内东西南北四条大街的交会处，占地面积 1260 平方米，建筑面积约 1377.4 平方米，总高 36 米，基座高 8.6 米，每边长 35.5 米。它是国内现存钟楼中形制最大、保存最完整的一座。

钟楼建于明太祖朱元璋洪武十七年（1384 年），因楼上悬挂铁钟一口而得名。初建时，地址在今广济街口，与鼓楼对峙。钟楼为典型的明代建筑风格，重檐斗拱，攒顶高耸，屋檐微翘，华丽庄严。钟楼由基座、楼身和楼顶三部分组成。基座全部用青砖砌成，四面正中各有高、宽均为 6 米的十字交叉券洞，昔为东、南、西、北四条大街交会的通道，人流车马从券洞通过。

钟楼的设计构造体现了中国古代人民的高超智慧。外部的重檐三滴水歇山顶式，不仅增加了建筑形制的美观，而且缓和了雨水顺檐下落时对建筑的冲击。横梁之端的斗拱巧妙地运用了力学原理形成均匀负荷。四角攒尖的楼顶按对角线构筑四条垂脊，从檐角到楼顶逐渐收分，使得金顶稳重庄严，成为浑然一体的建筑艺术珍品。钟楼的二楼西墙上，嵌有《钟楼歌》和《重修钟楼记》碑，记述了这座巨大建筑经历过一次令人难以置信的整体拆迁。

钟楼的门上有精美的木刻浮雕画 64 幅。北门楹柱上有一副对联“八百里秦川文武胜地，五千年历史古今名城”，画龙点睛地道出了西安的历史地位。钟楼是一座具有典型明代建筑艺术风格和民族形式的古建筑，是国内最大、最壮丽的钟楼，也是古城西安的标志性建筑，为全国重点文物保护单位。

二、鼓楼

鼓楼在钟楼的西北，与钟楼隔广场遥遥相对，东距钟楼 250 米，东西横跨于北院门街南段，楼底门洞北通北院门，南达西大街。

原在楼北置有一面大鼓，称“闻天鼓”，每日傍晚击鼓报时，与钟楼一同起着“晨钟暮鼓”的作用，故称鼓楼。鼓楼占地 1999 平方米，建筑面积 1804 平方米，总高 33 米，基座为长方形，东西长 52 米，南北宽 37 米，基座高 9 米，琉璃瓦覆盖，用石条青砖砌筑而成，基座中间辟有高宽均 6 米的南北向券洞，供行人和车辆通行。清乾隆五年（1740 年）重修后，乾隆皇帝御书“文武盛地”四字匾额以赐，由咸宁县书生李允宽以金字摹写，悬于鼓楼南檐下，李允宽又写“声闻于天”四字匾，悬于楼北檐下。鼓楼于 1996 年被列为全国重点文物保护单位。

三、大雁塔

大雁塔位于西安大慈恩寺内，是全国著名的古代建筑，也是古都西安的象征。大雁塔建于唐高宗永徽三年（652 年），相传是玄奘法师从印度（古称天竺）取经回来，在慈恩寺翻译佛经，为保存从印度带回来的经像和舍利，上表请求朝廷建造的。大雁塔初称“慈恩寺塔”或“慈恩寺浮图”。为了与荐福寺内的雁塔相区别，人们就把慈恩寺塔叫大雁塔，荐福寺塔叫小雁塔，一直流传至今。

大雁塔初建时为 5 层，砖表土心。后因草木钻生，加之风蚀雨淋，逐渐颓坏。武则天长安元年（701 年），由王公大臣集资重建。新塔 7 层。“雁塔题名”始于唐中宗神龙年间，进士张莒登塔题名，后人効仿，相沿成习。大雁塔是中国现存最早的楼阁式砖塔，已成为西安市的标志。为全国重点文物保护单位。

四、小雁塔

小雁塔位于西安市南门外友谊西路南侧，建于唐中宗景龙元年（707 年），塔呈方形，15 层，高约 45 米，底边长 11.5 米，是义净法师为保存从印度带回来的佛经，上表请求朝廷出资修建的。小雁塔在 1200 多年漫长的岁月里，经受了风雨的侵蚀和 70 余次地震考验，历史上曾经历过 3 次“离合”，这种现象引起了人们的注意，迄今未得到十分令人满意的解释。明成化二十三年（1487 年）陕西地震，塔身裂缝从上到下宽约尺余。34 年后，明武宗正德十六年（1521 年），陕西再次地震，一夕之间塔缝合拢，复原如初。人称其为“神合”。后来有人把这件事刻在塔北门的门楣上，以彰神奇。明嘉靖三十四年（1555 年），陕西华阴县发生 8 级地震，塔顶部两层被震塌。小雁塔现存 13 级，高 43.3 米。新中国成立后，修缮小雁塔时，“神合”之谜终被揭开。原来，小雁塔的地基夯成半圆球体，这种结构符合“不倒翁”原理。修复后的小雁塔，塔顶仍按地震后的原貌用水泥膜保护，留下了 1555 年渭河平原大地震唯一的实物资料。小雁塔有一口大铁钟，钟声清脆悦耳，声传十里。古时，每日清晨，寺僧按时撞钟，钟声震撼全城。这就是著名的长安八景之一的“雁塔晨钟”。

五、西安城墙

西安明城墙是中国中世纪后期历史上最著名的城垣之一，也是中国古代城垣中保存最完整、规模最大的城垣，为全国重点文物保护单位。西安明城墙是在隋唐长安城皇城的基础上修筑成的，是隋唐王朝中央军政机构和宗庙的所在地。整个城墙气势雄伟，气象森严，构成了完整、科学、严密的防御体系。

六、三阳寺塔

三阳寺塔在高陵县东南约 1.5 公里的高陵中学内。从塔的造型结构看，当是宋、辽时建筑，据塔下明正德十六年（1521 年）碑石记载，塔原建于昭慧寺院内。该寺地处泾阳、咸阳、渭阳交界处，故亦称“三阳寺”，塔因寺而得名。经千余年，几度地震，塔身完好，气势磅礴。登塔远眺，渭北原野风光，尽收眼底。三阳寺塔现为省级重点文物保护单位。

七、水陆庵

水陆庵位于蓝田县城东 10 公里的普化镇王顺山下，原是古代悟真峪北普陀兰渚庵内的水陆殿。庵毁，以殿名之。其实水陆庵之名与其所处环境有关。庵位于蓝河水流分汊的鱼形岛上。它三面环水，旁有青山耸立，周有河水环绕，形似孤岛，故得名。水陆庵大殿内的彩色泥塑充分显示了我国古代巨匠丰富的想象力和高超的雕塑技巧。

1957 年，水陆庵被公布为陕西省重点文物保护单位。大殿门额上“水陆庵”三字大匾，为当代书法家赵朴初题写。

八、玉华寺

玉华寺遗址，在铜川市北 42 公里的玉华山风景名胜区。现为玉华宫森林公园。唐武德七年（624 年）五月，高祖李渊在玉华山凤凰谷建仁智宫。贞观二十一年（647 年），太宗李世民将仁智宫扩建，改名为玉华宫，成为唐太宗李世民的行宫。玉华寺遗址石崖的石窟中有一尊佛像，侧刻“大唐龙朔二年（662 年）三藏法师玄奘敬造释迦佛像供养”20 字，有珍贵的史料价值。玉华寺遗址存留着有关宫、寺的碑石文物，数量较多，价值较高。近年来，修建了玄奘纪念馆。馆内有玄奘坐像，并设有佛教文化陈列，供人们参观、瞻仰和研究。

九、普照寺

普照寺位于韩城市东北 10 公里昝村镇吴村，建在 10 余米高的古寨堡之南端，面积 4453 平方米。建于元延祐三年（1316 年）。主体建筑是大佛殿，殿前左右配列伽蓝庙和护法庙，殿东有土地庙，西有关公庙，殿庙之间有拱门，殿后有观音洞及禅院。普照寺是国内集元代建筑最多之地，现已建成元代建筑博物馆。2001 年 6 月 25 日，被公布为全国第五批重点文物保护单位。

十、昭仁寺

昭仁寺位于长武县城东街，系唐贞观年间（627 年—649 年）唐太宗李世民为纪念与西秦薛举、薛仁杲作战阵亡的将士而建立的寺院。1984 年，在昭仁寺建立长武县博物馆，作为地方性历史陈列。现有 3 个陈列室，陈列面积 300 多平方米，馆藏文物 2600 余件，分历史陈列、石刻艺术、建筑艺术三部分。昭仁寺大殿为全国重点文物保护单位。

十一、彬县大佛寺

彬县大佛寺，位于彬县城西 10 公里，西兰公路旁的清凉山脚下。为唐贞观二年（628 年）所建，原名应福寺，北宋仁宗时改名为庆寿寺。寺前有明镜台，台上建有五层砖木结构的楼阁，高 64 米，站在楼阁上可俯瞰寺前全景。全寺共有 107 个大小石窟，257 个佛龛，大小造像 1498 尊。大佛寺还保存唐宋以来历代游人留下的题刻 177 幅，碑碣 6 通。诗文优雅，书法中草、隶、篆、行、楷诸体皆有，游人观赏，无不赞叹。大佛寺是全国重点文物保护单位。现已建立文管所，对文物进行妥善保护。

十二、八仙庵

八仙庵，又称“八仙宫”，位于西安市东关长乐坊内，原为唐代兴庆宫的一部分，现在是古城西安最大的道教庙宇。1956 年，八仙庵被列为陕西省第一批重点文物保护单位。每逢农历四月十四、十五、十六日，八仙庵都要举行一年一度的庙会。届时四方香客，云集于此，盛况空前。

十三、重阳宫

重阳宫，位于户县西 10 公里的祖庵镇，是道教全真派祖师王重阳的修道和葬骨之地，为我国道教三大祖庭之最。金代已有道教“天下祖庭”之称，被尊为“全真圣地”。重阳宫建于元太宗十年（1238 年），南接秦岭，北临渭河，东傍涝水，房屋 5048 间，道士近万人。宫内玉皇阁高 60 余米，雄伟壮观。重阳宫原存碑石多散弃露天，1962 年收集迁至原玉皇殿旧址，成为“祖庵碑林”。元代著名书法家商挺、杨奂、姚遂、宋勃、王磐、李道谦、孙德彧等撰书的道行碑，堪称书法名碑，尤以《大元敕藏御服碑》《孙真人道行碑》为大书法家赵孟頫所书，更为珍贵。“祖庵碑林”为全国重点文物保护单位。

十四、化羊庙

化羊庙位于西安市户县东南 13 公里的化羊峪口，原有面积约 30 公顷。东有鸡头山，西有牛首山，南靠秦岭重峦，北面八百里秦川。依山傍水，林木森森。建筑完整，错落有致。古有“吾鄠（县）山水之胜，兹地为最”之赞。现有殿宇达49间。化羊庙为陕西省重点文物保护单位。化羊庙会，古今不衰。每年正月二十日、六月初十日起，两次定期举行，每次10天左右。

十五、西岳庙

西岳庙是中国历代帝王祭谒华山之地，位于陕西省华阴县城东1.5公里的岳庙镇，始建于汉武帝时期，名集灵宫，原址在华山以东的黄甫峪，东汉桓帝时迁此，改称西岳庙。历代屡毁屡建，明代已具规模，现存建筑多为明建、清修。1988年，国务院公布为全国重点文物保护单位。

十六、三原城隍庙

三原城隍庙位于三原县城内东大街。始建于明洪武八年（1375年），清咸丰二年（1852年）复修，占地面积11024平方米，建筑面积4466平方米，为陕西省现存最完整的明代建筑群之一。三原城隍庙是全国重点文物保护单位。

十七、法王庙

法王庙位于韩城市北10公里的西庄镇。法王庙是一座木结构古建筑，飞檐凌空，斗拱交错，雕刻精致，殿顶富丽堂皇的藻井、屋顶正脊部分的彩色琉璃制品装饰，龙吻、仙人走兽变异多姿，形态生动，显示出劳动人民的创造才能和独特的民族风格。法王庙建于宋真宗乾兴元年（1022年），后经各代重修。现存寝宫，系清代重修，富丽堂皇。法王庙是省级重点文物保护单位。

十八、太白庙

太白庙位于陕西省眉县汤峪口，太白山北麓，四周群山伏围，层峦叠翠，面对龙凤大山，门前山脚下有历史遗留下来的天然景观——神功石，汤峪河犹如一条玉带从门前流过。太白山乃道教三十六洞天的第十一洞天，由于它的伟岸神秘，历代封建帝王奉若神明，早在汉成帝时已有太白祠。唐时，香烟鼎盛。太白山是历代帝王祈雨之地。

十九、金台观

金台观为宝鸡道教三观（金台、银台、玉台）之首，位于宝鸡市北郊陵原山上，建于元末，为元末明初著名道士张三丰修真之所。《明史》卷二九九《张三丰传》载："张三丰，辽东懿州人，名全一，一名君宝，三丰其号也。……太祖故闻其名，洪武二十四年（1391 年）遣使觅之，不得。后居宝鸡之金台观。"金台观于明、清时曾扩建重修。

二十、化觉巷清真大寺

化觉巷清真寺位于西安市西大街鼓楼西北，俗称化觉寺。因在大学习巷清真寺东，故又称"东大寺"。化觉巷清真寺是西安伊斯兰教的活动中心，是陕西省最大的伊斯兰教寺院，也是中国四大清真寺之一。化觉巷清真寺在国际上名气很大。20 世纪 30 年代，法国编的《中国》导游手册，就把它列入其中。西班牙一位学者参观化觉巷清真寺后说："在我参观的许多国家的穆斯林寺院中，只有中国西安的清真寺能和西班牙的高河达坝清真寺相媲美。"

第六章　阴阳枢纽

——渭河流域的建筑文化

住宅是人类赖以安身立命的物质基础，也是人类借以维系伦理关系的精神依托。《宅经》上也说：“宅者，人之本。人者，以宅为家，居若安，即家代昌盛。”可见住宅是人类休养生息必须具备的重要物质，它历来受到人们的格外重视。

第一节 渭河流域的建筑民居概论

渭河流域地区拥有众多的新石器时期的文化遗址，如仰韶文化和龙山文化等。在仰韶文化遗址中有很多建筑基址遗存，西安半坡遗址、临潼姜寨遗址、宝鸡北首岭遗址等，均是新石器中期仰韶文化的代表。在距今约5000年前，我国黄河流域部分地区进入了父系氏族社会，在龙山文化时期的住房遗址中已经有了家庭私有的痕迹，出现了如西安市长安区马王镇客省庄的平面呈“吕”字形的半穴居遗址。在建筑施工方面，龙山文化的住房遗址采用夯土地基，室内地面上开始广泛使用白灰面层，墙体使用土坯砖或木骨泥墙。明清时期的渭河流域传统村落是我国传统民居建筑中的奇葩，被国外专家誉为世界建筑史上的“活化石”。

被很好地完整地保存至今的清代至民国时期的传统民居村落有：韩城党家村、咸阳旬邑县的唐村镇唐家村等。这一时期的民居具有气势宏伟、布局严谨、造型大方、注重装饰等特征，保持了质朴、敦厚的地域风貌，在国内外十分罕见，对研究清代建筑、雕刻艺术及民风民俗都有着极高的学术价值、历史价值和艺术价值。渭河流域传统民居具有历史悠久，平面布局紧凑，用地经济，室内室外空间上处理灵活，建筑选材和建造质量严格、装饰艺术水平较高等特点，是我国建筑文化的宝贵遗产。它的主要布局特点是沿着纵轴布置房屋，以厅堂层层组织院落，向纵深发展的狭长布置形式。

渭河流域民居仍属中国传统的院落式民居模式——“四合院”式建筑。渭河流域传统民居进入大门正对着影壁，影壁后是庭院，两侧为厢房，里面为正房。规模较大的宅院则按这种方式向左右和后方叠加，按居住习惯的亲疏关系形成由公共性逐渐过渡到私密性的渐进的空间层次布局。这样的布局方式反映了社会与家庭生活的交往关系。当地的居住习惯决定了正房不住人而是作为祖堂、客厅，主要居室是厦房。最具私密性的卧室则是闺房，其次是书房和会客室。具有公共性质的主要是厨房和门房。渭河流域民居按照建筑类型可分为宅院和窑洞院落两大类型。现存保护完整的渭河流域地区的宅院式传统民居仅有几例，如旬邑的唐家大院，三原县的周家大院，它们是比较典型的院落形式，包括有四合院、三合院、二合院、单排房院、双排房院及双排厦院等建筑形式。从窑洞式民居的形式看，一般有靠山式、独立式及下沉式。前者多依山就势层层筑窑，建筑十分壮观。独立式一般多利用砖石构筑墙体，覆土压顶，采光好，布置灵活。下沉式一般沿井院四壁布置，不受干扰。建筑形式别有洞天。

第二节　渭河流域的建筑艺术

渭河流域民居无论是土地利用、平面布局，还是空间处理及内部装饰都具有自己的地方特点，在装饰艺术及工艺技法方面也有独特的风格手法。

一、建筑外观

从渭河流域传统民居的建筑外观装饰造型上来看，最重要的特点是单坡屋顶，屋顶厚重古朴、大气又不失精致。多数屋面为小式瓦作，屋檐加飞椽、脊兽等装饰，多用砖石雕刻来表现。院落结构分别采用三合院、四合院等，院墙造型高大、封闭、厚重沉稳。渭河流域传统民居风水讲究辟邪，所以在墙面上大面积开窗的很少，只是用面积小而且简单的砖雕来装饰，这也是与南方的开窗有极大的不同之处。渭河流域传统民居有着以实体墙面为主的外形，不同的房屋之间组合形成错落有致的轮廓线，紧凑而又简练。黄土、青砖、青瓦，使院落甚至整个村落外观整齐，井井有条，与黄土高原的本土色彩融为一体。

渭河流域的人们在建造住宅时融合黄土地的色彩，充分利用当地材料资源，遵循整体统一的风格，所以不太追求建筑的色彩和材料上的贵重，多是通过雕刻来装饰。常常可以看到花墙、影壁、门窗、柱础等等，甚至一块方砖之上都有着各种精美绝伦的雕饰，这些均体现了宅主人的人生理想、道德追求以及对未来很多美好愿望的寄寓。运用民居建筑装饰把希望健康平安、吉祥如意、生活富裕等冀望表现出来，从而形成了渭河平原特有的厚重、朴实、亲和的民居建筑风格特征。

渭河平原常用的建筑材料有木、石、砖、石灰、苇箔、苇席等。什么样的建筑材料，决定了什么样的结构形式。渭河平原的土壤，大部分地区适宜夯筑，渭河平原的民居建筑中出现的夯土墙的建筑材料多以石、木材、黄土为原料，夯土材料最大的环保性体现在粉碎后还可以继续撒入土中，这就形成了当地的循环系统，而不会像现代建筑材料带来建筑垃圾。这类夯土墙、土坯墙多年后拆旧换新，可以成为优质的农家肥，这点又是建筑材料环保意识的很好体现。

在建筑材料选用上，因气候、地理及自然条件的差异，各地选用的材料也不同。渭南地区的土质比较疏松，沙质地较多，所以在建筑墙体材料上多选用青砖。渭河流域中部普通民居建筑材料常见到“胡基墙”。“胡基墙”最大的特点就是取材方便，制作工艺简单快捷，并且还防水防震。它防水防震和承重性都高于夯土材料建筑的夯土墙体。渭河流域属于典型黄土高原地貌，因为干旱少雨，土质比较坚硬，所以民居建筑材料普遍多采用夯土墙与胡基墙，而不用青砖作为建造民居的主要材料。

总之，在建筑装饰材料方面，由于北方气候干燥，木质密度较低，所以建筑装饰材料以砖、石为基础；又由于渭河流域当地气候地质多方面的因素，在装饰材料和装饰手法上木雕就相对南方较少，木雕容易开裂。所以砖雕和石雕装饰比较多。

二、独特的砖雕艺术

渭河流域地区特殊的地理环境，悠久的历史和丰富多彩的民俗文化，结合民间艺术家和工匠们的聪明才智，形成了自身独特的表现手法——渭河流域传统的砖石雕刻装饰图案，它的雕刻艺术源远流长，在众多传统民居建筑装饰中独放异彩，为中国传统民居雕刻装饰的蓬勃发展做出了贡献。

中国传统的民居砖石雕刻艺术有着悠久的历史，具有鲜明的民族文化及地域认同。砖石雕刻艺术在不断丰富传统的哲学和美学思想中逐步形成了一个完整的雕刻装饰体系，无论是从它的表现对象，还是历史文化都与多元化的文化有着密切的关系。砖石雕刻艺术的造型、工艺及表现形象题材，都有着当地特色风格和创造性的表达。砖石雕刻艺术，南北都有着不同的独特魅力。

不同的国家、地域都有着独特的民居建筑形式，与此同时，不同的民居建筑装饰风格，往往决定了它的建筑形式和风格的装饰。我国传统建筑极其注重对建筑物的装饰，随着不同的地形、气候、民族文化、民俗民风等等，各地传统民居建筑形成了多种形态风格，异彩纷呈。历史悠久的渭河流域传统民居建筑和建筑装饰艺术，对人类的发展做出了重要的贡献，是中华民族重要的建筑文化遗产，也是世界建筑文化的重要内容。渭河流域传统民居建筑的装饰正如其他建筑一样，显得朴实、厚重、简洁。

渭河流域传统民居宅院中的高墙、影壁、门楼等都直观地表现出了当时人们的审美追求，也体现了砖石雕刻艺术在建筑设计与施工工艺上的高水准。渭河流域传统民居砖石雕刻显露出厚重、朴实的浓浓本土韵味。砖雕一般是在烧制成型的砖块上，雕刻出各种人物故事、仙花芝草、祥禽瑞兽等形象，俗称“花活”。砖雕艺术装饰手法在渭河流域民居中主要应用于影壁、屋脊、门楼、墙壁等部位。

渭河流域传统民居建筑的砖雕雕刻风格继承卓越的唐代砖雕风格，以及兼备了山西和甘肃等地的雕刻风格，表现出了自己特有的精湛工艺和精致的构图、饱满的造型及简洁而大气的风格。其中包含有人物、动物、花卉和许多吉祥祝福期盼主题题材，具有强烈的西北本土地方特色。

砖作为建筑材料在我国历史悠久，渭河平原扶风的晚周遗址出土过铺地方砖，说明周代已出现砖，并开始用砖铺地。著名的秦砖以骊山沉泥为原料，这种土富含多种矿物质，烧制后愈加坚固，有“铅砖”之称。秦砖在模压成型的基础上，以模具加印纹饰，包括绳纹、回纹、圆形、菱形、S 形和云纹等。唐代盛行莲花纹、宝相纹等花砖铺地。留存至今的唐代花砖，以大明宫和敦煌的地砖最有价值。渭河流域砖雕此时工艺古拙质朴，尽显浑厚庄重的风格。以石头为材料进行雕刻在石器时代已经出现，与建筑一体的石雕亦类型丰富、营造合理，结构巧妙、艺术性强。在渭河流域民居装饰雕刻中除砖结构的建筑外还有石雕建筑。和木料相比，石料具有不怕火、不怕水、坚固耐久的优点；与砖相比，它具有抗腐蚀、更为坚实的优势。

渭河流域的石雕装饰也是民居装饰手法常见的形式之一，从石雕装饰所反映的内容来看，题材与砖雕一样，从人物、动物、花鸟、草虫、树木、山石和故事神话几乎无所不有，都是表现吉祥寓意的内容。渭河流域的石雕装饰主要表现在抱鼓石、柱础、石狮子、石门、上马石等建筑局部和构件上，还有众多的石质拴马桩。桩首的造型以猴、狮为大宗，还有各色形态的人物骑狮、骑马，以及鹿、麒麟、牛等，雕刻精致，形象生动，是极具民俗特色的民间艺术品。

渭河流域传统民居建筑在砖雕和石雕上使用立体感强、空间深度和具有强烈的视觉冲击力的雕刻手法——高浮雕，强调形态的空间中雕刻图案的重要性。这种雕刻手法能充分地表现出绘画内容在构图、层次关系、起伏变化、细节刻画等方面的优势，将美的形式法则和图案化的表现也融入造型中，并融入自己的主观想象，使它具有一定的装饰性，反映出一种古朴质雅的气势。以少胜多、以简代繁的写意性表现也是渭河流域传统民居建筑砖石雕刻装饰的主要表现手法之一。

砖雕历经千年演变，技艺炉火纯青，文化沉积厚重。优秀传统砖雕艺术离不开与之密切相关的青砖材料。砖雕是砖的艺术。砖雕有平雕、浮雕、立体雕、壁雕、脊雕、屏雕、扶栏雕。砖雕的用料与制作极为讲究。砖是由黏土坯料经高温烧制而成，有耐磨、耐湿、易于雕刻的特点。一件砖雕作品需要经过放样、开料、选料、磨面、打坯、出细和补损、修缮的工序。民间艺人运用凿和木槌，以锯、钻、刻、凿、磨等手法把青砖加工成各种人物、花卉、动物等寓意吉祥的图案，最终组合成建筑构件上的一种装饰。作为民居建筑材料的青砖，第一步精磨成需要的坯，第二步在坯上面用线条画出画面部位并凿出物象的深浅，第三步确定画面的远近层次，第四步精心刻画每个部位的轮廓并且精心刻画局部，凸显出先前设计好的图案。然后再镶在砖面上，如花朵、兽头等，还有部分画面运用透雕的技艺，表现出图案的最佳效果。最后可以用拼接的方法如两拼、四拼、六拼、八拼等完成整个砖雕装饰。砖雕成品之所以能经受数百年的日晒雨淋保持下来，是因为人们通过复杂的工艺流程精心制作而成的。

在传统民居建筑中，石雕主要是对台基、栏杆、踏步和建筑小品等构件，以及门前附设物如门枕石等的艺术处理。常见石雕刻的工具有契子、锤子、梅花锤、扁子、剁斧、钢条、刀子、哈子、墨斗、尺子、画签、线坠等。渭河流域民居中由于民居风俗习惯石窗雕刻较少，而石柱础及抱鼓石、拴马桩、上马石等石雕艺术颇多。渭河平原咸阳三原县周家大院的柱础石雕和渭河流域渭北地区的民居门前的拴马桩都是典型的石雕刻技艺。周家大院的石柱础中间雕刻的花朵生动逼真，花朵为占整个画面的主要纹样图案，处于雕刻画面最上层。花骨朵和叶子为辅助纹样，处在底层，相比花朵的立体感微弱，整体雕刻呈现出层次分明、造型简洁而饱满、块面感强烈的效果。拴马桩的桩首有着形态各色的人物骑狮、骑马，以及鹿、麒麟、牛等，雕刻精致、形象生动。

渭河平原民居的砖石雕刻历史悠久，它上承盛唐长安的雕刻风格，并且受到甘肃、山西等地的砖石雕刻风格影响，形成了自身独特的雕刻风格，构图饱满大气，造型古朴生动，工艺纯熟精湛。整体雕刻艺术具有独特的西北地域风格，刚柔结合，质朴清秀，整体感强。内容题材丰富，包含多种寓意吉祥的题材，如动物、人物、花卉、文字等，主要施用于照壁、檐下、廊下、门楣、窗框、屋脊。渭河流域传统民居中的砖石雕刻其内容题材多元丰富，风格粗犷、大气。中国传统建筑素有大屋顶建筑之称。屋顶主要的功能是防水，而且能够遮风避雨，与四周的墙体围合成可使用的空间。

三、渭河流域的建筑艺术

屋顶是中国传统建筑造型上非常重要的构成要素，也是建筑中最富有特色的部分，形式十分丰富，有硬山顶、悬山顶、庑殿顶、歇山顶、攒尖顶、穹隆顶等。建筑屋顶的等级可以通过它的体量、形式、色彩、装饰、质地等表现出来，工艺水平非常高。屋面上采用灰瓦再扣上筒瓦，再在屋檐上配上瓦当与滴水。而房屋的主人为了寄托美好的愿望，将一些吉祥图案雕刻在瓦当与滴水上，一般常以莲花、荷花、牡丹花等作为装饰内容，在表达美好愿望的同时也起到了较好的装饰作用。而屋脊瑞兽、吻兽亦具有观赏价值和驱灾祈福的审美理想。

（一）屋脊

屋脊是屋顶相对的斜坡或相对的两边之间顶端的交会线。在建筑屋顶上，除了正脊外，在硬山、悬山、歇山式屋顶上还有垂脊，这是与正脊垂直相交的屋脊。所谓正脊，又叫大脊、平脊，位于屋顶前后两坡相交处，是屋顶最高处的水平屋脊，正脊两端有吻兽或望兽装饰，中间可以有宝瓶等装饰物。在渭河流域民居中正脊是屋面装饰上的重点，主要是采用砖雕的形式，多以灵芝草、石榴花、莲花、牡丹花、蔓草、仙鹤、鹿、蝠、龙等动植物元素用作纹饰图案，这是渭河流域传统民居建筑中常见的一种装饰与表现手法，正脊上雕刻的花卉题材丰富多样、栩栩如生、立体感强。与正脊相交的是垂脊，也叫排山脊，常在垂脊上置以小的脊兽与正脊呼应。垂脊相比正脊的雕刻装饰要简化一些，次于正脊。但雕刻也常用图案的组合来表现出装饰内容，反映人们祈求吉祥与平安的愿望。雕刻多以仙桃为素材寓意祈求长寿，而仙桃与佛手组合在一起，因为佛的谐音为“福”，所以又寓意着多福多寿。石榴、葡萄、莲花的组合寓意着子女众多香火兴旺，也有“莲生贵子”之意。喜上眉梢的吉祥寓意多用梅花和喜鹊的组合，因为梅谐音为“眉”；吉祥与长寿大多使用松鹤延年来表现。整个屋顶装饰效果反映了渭河平原地区的建筑民俗文化和价值观念。

脊吻又称“鸱吻”“蚩尾”“祠尾”和“鱼尾”，是屋顶正脊两端的装饰物，在民居建筑中一般称为吻兽或兽吻，兽头向外。兽吻是建筑结构的一个部分，有防火之用，具有实用性和装饰性双重性能，吻兽寓意避灾降福。官位达五品以上，脊兽张口，五品以下者，则为闭口兽。所以吻兽还有着显示官位身份的作用。保存较好较完整的渭河流域民居造型大部分是清朝和民国时期修建的。例如三原孟店的传统民居建筑群其正房屋顶为渭河流域典型的硬山坡顶，厦房为单坡顶。民宅的屋脊与脊吻就地取材用黏土分段预制烧制而成。分上下两层，饰以多种纹样。其脊吻造型生动，为整体预制焙烧而成。整体砖雕十分精致，立体感十分强。

（二）瓦当

瓦当是屋檐最前端的一片瓦，是屋面筒瓦下保护屋檐防水的建筑构件，并且能够起到装饰美化屋面轮廓的作用。在渭河流域民居的屋面上常以小青瓦搭配筒瓦合缝。瓦当多为圆形，小青瓦屋顶层层叠叠，具有很强的动感和韵律，纹饰题材多以瓦当四神、翼虎、鸟兽、昆虫、植物、云纹、文字及云与字、云与动物等为主。

不同历史时期的瓦当，有着不同的特点。在瓦当面上饰以图案花纹或文字，反映出社会经济发展推动建筑艺术进步。早在西周时期就有瓦当的出现。这时的瓦面只是线的简单装饰图案，简朴无华、自然淳朴。到了秦汉时代，瓦当在建筑上的应用已经迎来了鼎盛时期。渭河平原是秦汉故都所在，秦砖汉瓦数冠全国，这一时期瓦当这一独特的艺术品更是富丽辉煌，光彩夺目。此时瓦当有圆形或半圆形的，分文字瓦和图案瓦两种类型。在汉代出现了云纹的瓦当，云纹瓦当是在秦代的瓦当变化基础上的新结构形式。到了隋唐时期由于当时佛教的盛行，瓦当的图案造型多以莲花纹为主，在尺寸上也小了很多，不能与秦汉时期相比。唐后期的瓦当在外形上有变化且图案上也有所丰富，但其艺术水平却不及秦汉时期。

（三）滴水

滴水俗称“滴子”，是屋面瓦件之一，位于建筑物屋顶仰瓦形成的瓦沟最下面。滴水的制作较为容易，材料和烧制的技术等方面也很相似，成本较低，普通人家也可以使用，因此在渭河流域民居中应用广泛。渭河流域民居滴水的装饰题材中以莲花纹样结合联珠纹雕刻居多，除此之外，还有人面纹滴水。滴水既具有实用功能又具有观赏装饰价值，对建筑装饰起到了锦上添花的效果。

（四）墙壁

墙壁是中国建筑的维护结构，是人类分割利用空间的凭借。墙壁具有实用和观赏的双重功能，按照墙体的形式可以分为建筑外墙和内墙，在民居建筑中根据不同的位置又可以分为女儿墙、樨头、漏窗墙、挑檐、院墙墙帽、廊心墙、神龛上、槛墙。人们为了避免外墙体的单调，用各种方式对其进行装饰。渭河流域民居院内内墙墙面装饰主要是浮雕饰面和在墙壁以家训刻字这两种装饰形式。题材多为寓意吉祥的人物、花卉、瑞兽等。这些装饰形式都为原本平板的墙面注入了灵魂，使之产生了浓厚的感情色彩和华丽精致的装饰效果。三原孟店村周家大院的内墙东西两侧浮雕“大禹牧牛”“唐尧放象”等砖刻浮雕，造型生动、惟妙惟肖。

“墀头”是硬山山墙上装饰的重点部位，出现在建筑墙体之上的，俗称“腿子”。墀头的功能是承重、传力的建筑构件，起到了不可忽视的结构功能作用，使其屋檐和墙身得以顺畅衔接，使得整体形象能够统一。墀头的结构主要包括四个部分：戗檐、盘头、上身、下碱。渭河流域传统民居上的墀头以砖雕装饰为主，大部分都是成双成对进行设置的。墀头的尺寸与大门的规格、门头部位的其他雕刻相呼应，雕刻手法多以地浮雕和线刻表现。装饰题材以灵草花卉、人物故事、博古瑞兽等形成如意吉祥的瑞意雕刻内容。常见的多采用高浮雕和透雕为主的雕刻手法，以及线刻和地浮雕相结合的雕刻手法，雕刻形式多样，雕塑寓意和装饰感丰富生动。

与硬山墙的墀头砖雕相比，女儿墙丰富多样的砖雕则显示了主人对美好生活的向往和追求。可以说女儿墙是最具有特色的墙壁，它最大的特点就是丰富多变的雕刻或砌筑装饰。女儿墙的装饰多饰于墙的顶端，雕刻构图饱满、层次分明、组合严密，每一幅作品都造型生动，置身其中令人不觉产生目不暇接之感。院墙是宅院最主要的维护墙体，院墙上垒砌的多姿多彩的墙帽，是保护和美化院墙的主要部分。墙帽多以抹灰或直接砌砖瓦的方法，做成官帽状、隆起的半圆状及其他漂亮的花纹形状，为院墙稍显平淡的表面增加了变化，以此来美化庭院。

漏窗墙是一种满格的装饰性透空窗，外观为不封闭的空窗，窗洞中装饰着各种镂空花纹。俗称“花墙头”“花墙洞”“花窗”。漏窗本身构成了框景效果，增加了墙面的明快和灵动。窗心图案丰富，包括几何形态、自然形态及具有文化意义等题材内容。值得注意的是漏窗很少使用在民居的外墙上，以避免泄景。如果为了增加围墙的局部观赏功能，则可以在围墙的一侧做成漏窗的样子，实际上并不透空，另一侧是普通墙面。

槛墙是前檐墙木窗装修风槛下面的墙体，位于屋门两侧隔扇窗台下的矮墙。一般百姓家用土坯或青砖砌筑而成，而大户人家通常会仿照影壁的方法，在墙体的中心精心雕刻装饰，美化环境。唐家大院的槛墙是以六方砖斜砌。影壁是独立于房屋之外的一段墙体，它的位置正对着大门，并与大门保持一定的距离。影壁按功能有内外之分，外影壁有标明大门位置的作用，使过往行人避开。影壁不论处于大门之外还是大门之内都是与进出大门的人打照面的，所以又被人们叫作“照壁”。在人们居住民俗生活习惯中，影壁成为辟邪驱魔、遮挡不吉之物、防止冲风的重要建筑屏障。

（五）门楼

门楼是住宅的门脸，“门”是住宅内部与外部沟通相连的必经之地。“门”既是建筑主体必不可少的外延结构，又是一种独立的建筑艺术。门是各地的建筑重点装饰之处。门的造型和雕饰反映了不同年代、地区建筑的特点，它的造型、装修和细部装饰，往往是民居建筑特征的综合表现。

门楼在渭河流域民居建筑中是具有很高艺术性的小建筑形式，牌楼式门楼与四角落地式门楼结构是渭河流域民居中最多见的类型。门楼靠在两排厦房的正中位置，顶部设有硬山式屋顶，覆以青瓦。正脊为花瓦脊，两端翘起，有的饰有脊兽。屋檐下一般不设戗脊、盘口，常以多层冰盘檐装饰，有的在关键部位雕刻精美的砖雕，在粗犷高大中显示出秀雅之气。

门枕石是建筑大门上的一个构件，它的位置在大门门框两边垂直边框的下方。功能是承托门扇的转轴，所以多以石料制成。门枕石简称门枕，又俗称门墩，宋代叫门砧。门枕石分别有鼓形或方形的装饰物。鼓形的称之抱鼓石，中间形成鼓形，下部做成须弥座，这种石鼓有的大有的小，有的厚有的薄，并饰以花纹、浮雕，上部透雕狮子，这样既有欢迎来客之意，又寓意狮子把门防止妖魔进宅，可谓两全其美。渭河流域民居门枕石的雕刻丰富生动又不受限制，其雕饰手法或简洁，或繁杂，狮子的形象表情雕刻得有凶狠的、有嬉戏的、有顽皮的，多种多样。雕刻的内容都是祈求平安、祥和、幸福的美好愿望，同时还被赋予了辟邪镇宅的意义。

（六）拴马桩

拴马桩是渭河平原地区民间特有的石雕刻艺术品，主要分布在渭北高原一带的农村。拴马石被人称其为“庄户人的华表”。它不仅起到民居建筑的实用性能，更对民居建筑有着装饰的作用。拴马桩被人们誉为渭河平原的“地上的兵马俑”。桩头采用石雕雕刻的形式，有表现神话故事人物的，如仙翁、寿星等。动物形象则有马、狮、猴、牛等。拴马桩石雕在整体上综合运用线刻、圆雕、浮雕手法，具有强烈的地方风格。拴马桩的雕刻艺术不仅赋予了辟邪镇宅的意义，更是人们的感情、观念和理想的表达，它代表了渭河流域传统民间的审美观，寄托了渭河流域人民对平安、祥和、幸福的美好愿望。

（七）太平缸

太平缸是重要的消防设施。太平缸还有一个用途就是养鱼，储水的大缸用来养鱼刚刚好。太平缸由陶、石材制造，有些高档的地方会用青铜铸造。太平缸一般见于民居院落的院前、门外或庭院中间，其形制有六面形体、圆形、扇形、长方形等。不同形体分别雕有雕饰，内容有人物故事、动物花卉、吉祥寓意等。

渭河流域传统民居是历史文化的写照，是濒临消失的文化瑰宝。它与人们的社会生活有着密切的关系，是当时人们精神追求的记载，反映了独有的民族意志情趣、心理祈望和一定时代的审美观念。作为传统艺术文化精神的物化形式之一，是勤劳和智慧创造出来的民间艺术，是我国传统民居建筑历史发展的技术与艺术的精华部分，值得我们去探索研究。

第三节　渭河流域的民宅

渭河平原的民宅在中国民居建筑中自成一派，风格独特。有学者说，如果说江南民居建筑精巧优美，有如牙笏轻叩，低吟“杨柳岸晓风残月”的话，那么渭河平原的民居建筑则更像铁板击节高歌“大江东去”，恢宏雄壮。渭河平原的民居虽然具有自己的地方风格和特点，但其平面关系与空间组织仍属于中国传统院落式的民居模式。它的主要布局特点是沿纵轴布置房屋，以厅堂层层组织院落，向纵深发展的狭长平面布置形式。渭河平原民居的平面模式有：独院式、纵向多进式、横向联院式以及纵横交错的大型宅院。

一、独院式

独院式是渭河平原上常见的民居平面布局形式，这类布局多沿用宅基地四周布置房间，由前向后，依次是门房、庭院、正房和后院。为了多争取使用空间，在庭院两侧布置两栋单坡顶的厦房，组成四合院。门房用途比较多，可以作居室、书房、会客或储藏间用。两边厢房一般供晚辈居住，也可作为厨房或储藏间用。正房是这类住宅的主体建筑，正房的建筑形式，多为我国传统的一明两暗的布局，明间供会客、起居及庆典用，两暗房间是主人及长辈的住房。后院用于饲养及厕所等杂用。门房和正房的开间多为 3 米左右，个别的也有加大中间开间的。进深一般为 5—7 米，厦房的开间和进深按地形要求，变化较大，一般情况下，开间多为 3 米左右，进深在独院式平面中也多为 3 米左右，这种布局，与正房开间统一，使平面布置显得整齐。独院式平面布局，不仅可以单独使用，还可以用它组成多进式或联院式的多种平面。因此，这种独院式平面已成为渭河平原地区民居的基本布局形式。

二、纵向多进式

纵向多进式布局是由独院式平面沿纵深方向重复组合而成。渭河平原地势平坦，城镇街道平直，民居宅院多沿巷道两侧布置，宅门争取面街，很少考虑方位朝向。渭河平原地区地少人多，宅基划分多以 10 米左右的三开间面宽居多，因此形成窄门面、大进深的宅基。其平面布局只能向纵深发展，形成了层层厅堂院落组成的序列空间。这种平面布置，各厅堂院落的功能比较明确，简洁适用，空间灵活，减少路网密度，节省用地，增加住户的私密性和安静的要求。纵向多进式布局的厅堂院落层次虽不尽一致，但是多数以二、三进式为主。这种平面的一般处理方法，多以前庭、内院组织各类房屋，最后部分是服务性的后院。前庭是大门进入宅院的过渡空间，具有外向性，它由门庭、厦房和过厅围合组成，供接待、婚丧、庆典及家人团聚之时用。因此对前庭的处理，无论是平面形式，空间联系，装修和绿化栽植，都有较高的使用和观赏要求。前庭的布局一般有四合院、三合院和两合院几种形式。内院位置多在过厅的后面，这是家庭内部起居、生活使用的空间，一般宾客不进入内院。由于它处在宅院的后部，便于保持安静和独立的特点，内院的布置形式多为四合院。后院设在宅院的最后部分，其大小不一，供生活服务之用，后院内一般设有厕所，并作为饲养、储藏及种植蔬菜果木等。后院在渭河平原地区民居中不能算一进庭院。渭河平原民居中的三进式平面，是在二进式平面中增加一层退厅所形成的平面布局。退厅供招待亲友用，为了使用方便，其位置都紧连过厅布置。

三、横向连院式平面

横向连院式是将几个多进式宅院，用数道墙门横向连通，为独户使用的民居类型。横向连院式宅院的各院之间，仍用高墙分隔，各院都设有独立的对外出入口，因而使各院仍保持有独立的多进式宅院的特点。各院之间的联系有通道门相通，这种布局都有正院和偏院之分。正院多居中布置，一般都具有建筑物尺度高大，庭院宽敞，建筑材料和建造质量高以及装修精致等特点。正院具有主人起居、接待宾客等功能要求。偏院居正院之侧，多为晚辈和家人生活居住的场所，其布置较灵活，院内设有居室、餐厅、厨房及花厅等用房。有的偏院布置是比较丰富、灵活的，在花厅前后设有廊、亭、山石花草及各种树木，以美化庭院。也有在偏院内开辟宅内花园的。

四、大型民宅

渭河平原地区的大型民宅，用地面积多，建筑规模大，多为昔日的高官、富户所有。这种布局是由几个甚至十几个多进式宅院联片组合而成。其规模不尽一致，多者有10余院相连为一户。目前在渭河流域各城镇中还保存着不少明清时代的经典民居，其平面关系与空间结构属于中国传统四合院式的民居模式，布局由前向后依次为：门房、庭院、正房和后院。庭院两侧两栋单坡顶厢房组成四合院。

（一）唐家大院

唐家大院已有300多年历史，它的建筑雕刻艺术，堪称中国民居和建筑史上的典范。唐家庄园为清代唐家百万富翁唐景忠的住宅，原有古建筑房屋和亭台楼阁87院，2700余间。后经战乱及其子孙变卖，大部分建筑被拆毁。现仅存下来的两进相毗连的三院和其他两院及一座完整的墓葬共计150余间，占地面积4036平方米，其中建筑面积2631平方米。房屋建筑结构严谨，雕梁画栋，颇具北方民间四合院的特色。这些房屋虽经300多年的风雨剥蚀，至今坚固如初。这座民宅建筑，对研究清代建筑结构、砖雕艺术和风土民情，都有很高的价值。“唐家有个九弯弯，一脚踢了十三万、五五郎、十五娘、孙子替爷拜花堂。”这些民间流传下来的顺口溜，说的就是清代一个极尽奢华的家族。从那细致雕琢出的深深庭院，便足以窥见在这里曾经有过的精致生活。唐家大院的建筑全部是木、石、砖结构。每座房子都用磨光的砖和精雕细刻、描龙画凤的石头砌成，砖缝用石灰、糯米汁浇注，体现了北方四合院和苏杭园林艺术相结合的独特风格。牌楼顶全是清一色的天然石料，布局严谨，造型大气，图案丰富。

唐家大院蕴涵着深厚的汉族文化底蕴，有着极高的文化价值、艺术价值。据《唐氏世系谱》记载，“三水唐家”的祖宗是唐应弼。他们财大势大，名扬西陲，商号曾遍及陕西、甘肃、四川、安徽、江苏、福建等

13 省 50 多个县，人称“汇兑中国 13 省，包捐知府道台衔；马走外省不吃人家草，人行四川不歇人家店”。院内建有戏楼、假山、花亭、鱼池等，所有门窗都刻有各种图案。神龛、板隔墙上有“八仙图”“二十四孝图”，角柱、墙壁上雕有周穆王的“八骏马”、姜子牙的“钓鱼图”，还有“牡丹、梅竹、菊花、旱莲花”等。这些雕刻，造型逼真，情态各异，给人以舒适清雅之感。精湛的雕刻技艺和不朽的艺术价值，充分体现了古代汉族劳动人民的勤劳智慧和卓越才能。

（二）周家大院

周家大院位于三原县西北方向 10 公里的鲁桥镇孟店村，始建于清嘉庆年间，是慈禧太后干女儿安吴寡妇的娘家院宅，也是周梅村的私人宅邸。该建筑具有古朴典雅、纹饰华丽、高台石阶的建筑风格，院落坐南向北，占地面积 3206 平方米，东西宽 45. 8 米，南北 70 米长。走廊很深，直向纵深延展。总体布局阔 5 间，左右对称的建筑，一眼可望后楼，敞开各进中门，给人以幽深、肃静之感。其中高台阶、大房顶，琳琅满目的砖雕、石雕、木雕，内容丰富，雕刻技艺精湛。整个建筑群布局合理、结构严谨、疏密得当，精美绝伦。一对石狮子相对雄视位于大门的入口处。一座巨型屏风放置于大门内，院内砖雕极为丰富，入门看墙上雕刻着历史典故和吉祥纹饰。进入院内，厢房看墙上两侧雕有“大禹牧牛”“唐尧放象”的精美砖雕，墙上还雕着“福禄”“寿禧”“双雀舞菊”“喜鹊闹梅”“凤凰栖牡丹”“丹鸽采莲”“凤戏牡丹”“喜上眉梢”“鹿鹤同春”“连升三级”等象征喜庆吉祥的图案。

（三）党家大院

韩城自古以来文化发达，为官者众多，所以，在传统古民居的建筑风格和房屋的装饰雕刻上就颇有文化特色。门楼就是韩城党家村民居砖雕装饰的重点部位之一，常见的以四方砖镶砌在门廊两侧耳墙上，屋檐下还常以卷草纹样雕刻装饰的挂落。通常住宅大门前有青石质地的拴马桩和上马石，门两侧则有各式各样雕刻的门墩或抱鼓石装饰，不仅有实用性又有装饰性。韩城党家村的传统民居建筑组合巧妙，营造精良，其雕刻建筑构件保存完好，更是包含了如石雕、砖雕等雕饰，有着很高的研究鉴赏价值。在民居四合院的照壁、大门外两侧墙壁、屋脊、墀头部分和上马石、拴马桩等等都有着砖雕装饰，其内涵丰富多彩，装饰图案题材以明清时期发展起来的吉祥纹样组合为代表。

第四节　渭河流域地区建造房屋的仪式

旧时民间一贯把修建住宅视为关系到家运兴衰的大事，迷信的说法认为宅基如果选得好，破土动工的时间也选在了吉日吉时，主家就会人财两旺，子孙多福。反之，如果宅基选在了正对煞气的凶位，或在岁星出现的日子开工动土，那就是俗话说的“在太岁头上动土”，主家则人多灾，财不发，甚至家运衰败，还会殃及子孙。因此，以前建筑住宅，从破土动工、上梁立柱直到落成，都要举行各种不同的仪式和活动。

按照渭河流域地区人们的传统习俗，大凡兴工动土，首先要请阴阳先生察看风水地理，认为“得风得水”之地方为吉土。清人范宜宾解释风水说：“无水则风到而气散，有水则气止而风无，故风水二字为地学之最，而其中以得水之地为上等，以藏风之地为次等。”所谓“藏风得水”，就是堪舆家所说的“左有流水谓之青龙，右有长道谓之白虎，前有池塘谓之朱雀，后有丘陵谓之玄武”。因而民间往往把依山傍水之地当作理想中的最佳住宅环境。

尽管人们在习惯上都追求傍山近水，前有所凭，后有所倚，左右完固，地基滋润的居住环境，但农村对流水、长道、池塘、丘陵的方位还有许多忌讳和讲究。民间认为凡宅后有山梁大泉者谓之“靠山厚”。宅后临深沟大壑者谓之“靠山空”；住宅四周道路环绕者谓之“没出路”，至少要一面无路；宅后靠近河流者谓之“冲运水”，会冲走家中好运。凡此几种地形均不宜动土修建住宅。旧时太白县流传有八句选择宅基的歌谣：“一忌建在荒沙滩，土薄石多根基浅；二忌紧靠山坡边，土断脉绝事难安；三忌建在流沙坡，财竭人寡祸事多；四忌建在泉上边，房底流水钱艰难。”民间认为住宅建在这些地方，会损伤其家，门户必败。

选好宅基后，还要定朝向，凡条件许可的，都要尽量使住宅坐北朝南，取藏风聚气、背阴向阳之意，也可避免太阳东升西落的直接照晒。有的由于地形限制，实在不能朝向南面的，也要尽量坐西向东，取“紫气东来”之意，认为可以招致祥瑞。

破土动工、上梁立柱或合龙口，是修建住宅的关键环节。为了平安吉利，必须选择黄道吉日，但不一定请阴阳先生选，可直接从黄历上查找，历书对每天都标明了干支代号，并对每天宜做什么、不宜做什么都做了相关的说明。农村不识字的人认为凡遇好日子，历书上解释的文字必多，故民间流传着“识字不识字，专挑长行子”的俗言，反映出人们迷信择吉日的风尚。动土这天，掌尺画线的木工和泥瓦工都要到达现场，泥瓦工先向木工问清房屋的进深、宽度和高度，然后为墙脚画线打样，并仔细量出堂屋所在的位置，以堂屋为基点举行祀土仪式。画线和祀土都要鸣放鞭炮，主人摆下刀头肉，焚香燃烛，向地上奠酒三杯，祈求土地爷保佑施工顺利、住宅安宁。祭祀毕，主人在堂屋地基破土挖坑，埋进尺余长的桃木橛子，名为“桃符”，民间认为桃木可以驱妖镇邪。相传古时恶魔害人，天神派两位神将守于桃树下，恶魔不敢近，后来桃木便被当作驱邪之物而广泛应用。陕北多修黄土窑洞，人们出于迷信心理，总怕土神震怒，造成土坍窑塌之灾，故而祀土礼更为隆重。主人要写好土神牌位，焚香烧纸、虔诚叩拜，还要请巫师诵经念咒，巫师一边摇着铃铛，一边念着咒语。念毕，取一块新砖，用砾沙画上五雷符篆，埋在窑畔上，据说妖邪就不敢作祟了。破土动工的这天，主人要宴请木工和泥瓦工，并用红纸包钱，送给掌尺画线的工匠。

上梁是施工的高潮阶段，标志着新屋的主体结构已经告成。民间认为上梁顺利与否，和建宅后的吉凶祸福相关联，因而必须选吉日，择吉时，其仪式也特别隆重，一般选在早晨或中午进行。上梁时妇女必须回避，尤其孕妇不能在场。过去上梁要写一篇上梁的祝文，口诵成套的吉祥辞令。现在上梁祝文已取消，在渭河流域东部的华县一带通行唱《上梁歌》，如“一杯酒浇梁中，今日农家盖新楼；二杯酒浇梁中，党的政策似春风；三杯酒浇梁梢，农家生活步步高”。主持建房的木工手持酒杯，主人斟酒，边唱边向梁上洒酒，谓“浇梁”或“祭梁”。梁上贴一幅红纸，上写“上梁大吉”或“吉星高照”；有的写“姜太公在此，百无禁忌”的符咒。姜太公即姜子牙，据说他有役神驱鬼的法术，写上他的名字，就是示知有降妖除魔的人在这里，以吓退魔鬼邪祟。有的要在前檐正中挂一面镜子，名为“照妖镜”。据说妖邪若接近镜子，便会自现其形，必惊骇远遁，故民间将它视为驱妖镇邪、保佑平安的吉祥物。梁上用红黑二色写立木的年月日和创建人姓名，称为“梁志牌”。梁中间挂乾三连、坤六断的八卦图。相传挂八卦图的由来与鲁班有关。据说鲁班有一次带领徒弟给人建房，由于徒弟疏忽，未量准尺寸，屋架做好后，大檩短了一尺，徒弟急得头冒冷汗，忙请师傅想办法。这时忽然一只喜鹊飞来落在檩上，鲁班一看，喜鹊的尾巴正好补齐了檩上所短的尺寸，便叫徒弟用一块短木榫接在檩上，再用一块薄木画上八卦图钉在上面，遮住榫接的痕迹。由于这个合缝的主意是受到喜鹊飞来的启示，鲁班便把所接的这块短木叫作“飞头”。后来人们认为这个八卦图既好看又有祛除灾异的作用，农村在建房时纷纷效仿，此俗就流传下来了。

立木上梁，民间视为一件喜事，格外受到人们的重视。这天一早，主人就要在柱上贴红纸对联，并备办酒席招待工匠和前来祝贺帮忙的亲友。在渭河流域西府一带，亲友们送的礼物一般都是老三样：一封糕点、一挂鞭炮、一条红布。迎接客人的是些半大不小的男孩子，他们胆子大、手脚快，每人拿一根竹竿、一匣火柴，不等客人进门，就接过鞭炮点响，从大门响到新屋下。另一个挑着红布，领着客人，红布由老年人接住，递给木匠，木匠顺手把红布搭在大梁上。有多少家亲友，就有多少条红布，挂得红艳艳的一长溜，经风一吹，来回飘荡，像一片直蹿的火焰，象征着主人的日子红火富裕。吉时将到，木匠手持五尺杆，上面缠着鞭炮，点燃后绕柱穿行。前来贺喜的宾客，都手执木劈片，拍打屋柱，叫“出煞”。屋架吊起向房顶移送时，根据“左青龙、右白虎”的俗说，东首的“青龙座”必须略高于西首的“白虎座”。屋架在墙头和柱顶安放平稳后，木工和泥瓦工分别骑于大梁的两端，向下抛撒“上梁桃”，左邻右舍看热闹的观众抢食上梁桃，据说吃了上梁桃可消灾增福，能交上好运。

民间迁居俗称“搬家”，书面语言称“乔迁”，典出《诗经·伐木》：“伐木丁丁，鸟鸣嘤嘤，出自幽谷，迁于乔木。”乔迁标志着居住条件的改善，历来被视为人生喜事之一，无论新建住宅落成或购进新屋或租得新居迁入时，都要热闹地庆贺一番。为了新宅安宁和避凶趋吉，迁居一定要选择黄道吉日，一般选在早晨或中午开始搬迁。首先要迁神堂和祖堂，安好家神才能搬家具。搬家的人不可空手进入新宅，一定要手持财物，以兆新宅进财进物。户主走在前面，拿着梯子，在鞭炮声中走进新屋，象征步步登高；家庭其他成员分别拿着粥盆、菜刀、火钳等，象征吉祥红火；众亲友端着堆成小山似的米糕、粽子等随后相送入宅，意在祝愿主人发家致富。搬完家后，亲友们送礼祝贺，主人设宴待客，人称“暖房”或“烘庄子”。唐人王建《宫词》“太仪前日暖房来”，可知唐代已有此俗。暖房一般在天黑时举行，亲友们多以送糕点或酒肉为礼，但礼品中绝少不了一串鞭炮。如果主人是迁居兼分家，亲友们还要送些锅碗瓢盆等生活用品，名为“添家”。庆贺的乡亲来得差不多了，一些年轻人点燃一支用麦秸拧成的火把，绕着屋外走上一圈，寓意驱走黑暗，接着是点燃鞭炮，绕着房前屋后放上一周，意在以正逼邪。酒宴上宾主相互举杯敬酒，少不了要说些对新居赞美祝福的吉祥话。“烘庄子”一般规模不大、人数不多，大多是在盖房时对主家出过力、帮过忙的人。大家欢聚一起，只图个热闹开心，仪式不算隆重，却增添了不少喜庆气氛。旧时农村规矩，盖房时若遇有不吉利的事，如撞伤、生病等，烘庄子的场面则要大一些。甚至放电影或请自乐班来冲喜，以求得住进新居后的吉利和获得心理上的慰藉。

第七章　耕桑传世

——渭河流域的农桑文化

农桑者，衣食之根本来源，人类生存与发展的根本前提和基本物质基础。渭河流域的农耕历史衍生出渭河平原的文化源头和最为质朴的农桑文化。渭河冲积平原不仅土地肥沃，而且河网密布，可资利用的水资源非常丰富，满足了当时人们的生活日用和农业灌溉的需要。汉代司马迁记载道：“关中自汧、雍以东至河、华，膏壤沃野千里，自虞、夏之贡以为上田。而公刘适邠，大王、王季在岐，文王作丰，武王治镐，故其民犹有先王之遗风，好稼穑，殖五谷，地重，重为邪……故关中之地，于天下三分之一，而人众不过什三；然量其富，什居其六。”西汉文学家东方朔说：“夫南山，天下之阻也，南有江淮，北有河渭，其地从汧陇以东，商雒以西，厥壤饶肥。汉兴，去三河之地，止灞、浐之西，都泾、渭之南，此所谓天下陆海之地也。”东汉御史大夫杜笃写给光武帝刘秀的《论都赋》说：“禹贡所载，厥田上上。沃野千里，原隰弥望。保殖五谷，桑麻条畅。滨据南山，带以泾、渭，号曰陆海，蠢生万类。楩楠檀柘，蔬果成实。畎渎润淤，水泉灌溉，渐泽成川，粳稻陶遂。厥土之膏，亩价一金。田田相如，鐇镬株林。火耕流种，功浅得深。鸿、渭之流，径入于河；大船万艘，转漕相过；东综沧海，西纲流沙；朔南暨声，诸夏是和。肇十有二，是为赡腴。”“是为赡腴”：古称良沃之地为“赡腴”。东汉史学家班固《两都赋》说汉都长安，“左据函谷二崤之阻，表以太华、终南之山；右界褒斜龙首之险，带以漕河、泾渭之川；华实之毛，则九州之上腴焉。”他还说：“封畿之内，厥土千里，逴荦诸夏，兼其所有。”渭河平原成了中国精耕细作的农桑文化发祥地。在渭河流域广袤肥沃的土地上，先民在渭河水的哺育下成长，学会了灌溉技术和农耕技术，创造了至今仍连绵不断的璀璨的华夏文明。渭河流域的农桑文化是人与自然和谐共荣的珍贵遗产。

第一节　渭河流域的远古农业历史

据考古发掘的史前社会和农业起源的遗迹，早在农业发生之前的历史时期，渭河流域已有人类生息繁衍。活动最早的先民是距今约 80 万年前的蓝田人。蓝田人已能制造和使用简单粗糙的石器，并从事采集和渔猎生产。还发现距今约 15 万年前的大荔人和三四万年前的黄龙人、河套人，以及在渭河平原盆地和陕北黄土高原数十处旧石器时代遗址。旧石器时期生产工具一般多为石球、石核、石片、砍砸器、刮削器、尖状器等，表明渭河流域古人类尚处在采集渔猎社会时期。各旧石器遗址中常见灰坑，坑中堆积有灰烬或火烧兽骨的用火遗迹，表明渭河流域古人类用火的历史悠久。

渭河流域农业最早起源于新石器时代初期，先民开始使用的生产工具以石锛、石耜、石刀、磨盘、纺轮等农业工具为主，同时发现大量盘、杯、碗、壶、瓶、罐、瓮等陶质生活用具。较早的具有代表性的新石器遗址有华县老官台、宝鸡北首岭等。这些遗址处于渭河平原，因为古代的渭河平原气候较为温暖，降雨适度，土壤肥沃，疏松易耕，有利于发展农、牧业生产和人类的定居生活。渭河平原先民大多选择渭河两岸的平坦台地。在考古发掘中，曾在渭河各支流的交汇处发现先民早期的居住点。

渭河流域新石器时代的原始农业大体分两个时期：第一个时期是仰韶时期。仰韶文化是距今 7000—5000 前以农业为主的原始文化。渭河流域仰韶遗址以渭河中、下游的渭河平原地区最为密集，陕北地区和陕南汉水与丹江流域也都有发现。著名的遗址有西安市半坡村、临潼县姜寨、长武县下孟村、华县护泉村与商县赵塬等。这些遗址一般均处于河流两旁的台原和坡地。仰韶村址的选择既便于生活饮水，又可免遭洪水危及庄田，周围自然环境优越宜耕，在历史上长期阡陌相连，田畴纵横。渭河流域仰韶文化遗址，定居程度颇高，其中已发掘的以西安半坡村和临潼姜寨遗址最为完整。半坡村遗址面积 5 万平方米，房屋百余间，居民 400 余口，出土的器物几乎包括了日用器具的各种品类。姜寨遗址与半坡村遗址的规模不相上下，村落布局更加井然有序。这些遗址还有大量公用地窖，姜寨发掘有 490 个，半坡村也有 200 多个，有的还存有粮食。此外半坡村、姜寨遗址还有大量生产、生活用具，已发掘出土的各达万余件。种植作物主要是谷子、黍子及白菜或芥菜类的蔬菜。渭河流域仰韶遗址中出土的兽骨中包含多种家畜骨骼，可以确认的家畜化石有猪、狗、牛、羊等。半坡村和姜寨遗址均有几处家畜圈栏，显示仰韶时期渭河平原的家畜饲养业也随着原始农业的发展而发展起来。仰韶文化器物以陶器最为著称，其红色彩陶为其文化特征。现已发现的彩陶遗址逾千处，而其中仰韶遗址占据大半。仰韶文化繁荣昌盛象征了渭河流域原始农业的发达。

第二个阶段是龙山时期。龙山文化是继仰韶文化之后发展起来的，距今约四五千年。渭河流域龙山文化遗址已发掘的遍及全省各地。著名的遗址有长安区客省庄、华阴县横阵村等。渭河流域龙山文化范围广泛，但不及仰韶遗址众多和密集。龙山时期渭河流域农业生产较仰韶时期有显著发展。从发掘的资料看，这个时期以石耜为主的垦殖工具已显示出种植面积的扩大和原始耕种技术的进步。龙山时期的耕作通常是在刀砍火烧之后，对土地加以简单整理，即由“刀耕”进入“耜耕”阶段。因此，石耜、石锛成为比石刀、石斧更重要的工具。同时石刀和有柄石镰出土极多，甚至多于种植工具的 1—3 倍。龙山时期原始农业生产力有了较大发展，农作物产量也有了增加。在发掘的遗址中，窖仓和储粮陶瓮也普遍增多，如华县梓里遗址不足 300 平方米内就发掘 16 个储藏粮食的窖穴。龙山文化也反映出在农业发展以后，原始经济结构和社会形态的变化，最重要的是农业与畜牧业、手工业的分化。从渭河平原各处龙山遗址看，原始家畜饲养发展后，畜牧饲养出现少量从舍饲到成群放牧的情况。陕南龙山遗址也保持以农为主，畜牧依附的农、牧业结构。渭河流域原始农、牧业发生社会性的分工，主要在陕北黄土高原地区，分化程度由南向北逐渐加强。这种不断崛起的畜牧部族，绝大部分从陕北仰韶农业经济中分化而来。此外还有极少数是渭河平原地区农、牧分化后迁移到陕北宜牧地区的游牧部落。所以在龙山文化后期，陕北考古文化内涵极其复杂，畜牧业特征越来越显著，先民除了经营农业之外，同时进行畜牧、渔猎和采集，增加了生产门路。

古代传说炎帝和黄帝擅长农业。炎帝生于今渭河流域岐山东的姜水，一作神农，“作耒耜，播百谷”，“尝百草之实，察酸苦之味，教民食五谷”。黄帝生于今渭河流域武功县境的姬水。《史记·五帝本纪》称黄帝“时播百谷草木，淳化鸟兽虫蛾。”黄帝元妃嫘祖发明养蚕，被称为“先蚕”。黄帝死，葬今陕西黄陵县的桥山。这些传说，在已发掘的仰韶龙山遗址基本上得到了印证。

第二节　渭河流域的传统农业

渭河流域由西向东横贯渭河平原，自然、经济条件优越，适宜发展传统农业，是中国历史上农业最发达地区之一。

一、传统农业的形成

从1955年在武功县滹沱村发现的21件商代晚期青铜器，以及在陕北绥德县墕头遗址和岐山等地的墓葬中出土的商代青铜工具，可以看出商代渭河流域农业生产已有一定发展，但真正开拓渭河流域农业的则是居于渭河平原西部的周族。

渭河平原西部土壤、气候等自然环境比较优越，适宜发展农业。历史上传说的姜姓和姬姓两个部落就曾在宝鸡一带的渭滨定居。周族是姬姓部落发展的。周族第一个部落领袖后稷，名弃，生于有邰。“弃为儿时，屹如巨人之志。其游戏，好种树麻、菽，麻、菽美。及为成人，遂好耕农……”帝尧得知后举为“农师”，“天下得其利”。帝舜嘉奖后稷教稼之功，封地有邰，号曰后稷（《史记·周本纪》）。后人称为“后稷教民稼穑”。这些传说性记载，足见周人是个以农为业的民族，其祖先在原始农业末期的经营中曾取得了很大成就。周人在有邰时，已开始整理土地，发展农业生产，并积蓄了大量粮食。20 世纪 80 年代，在杨陵地区考古发现有邰遗址及多处先周文化遗址，也证明这里确系周族发祥之地，在漆水河岸也发掘出了先周仓庾和丰富的积谷。

后稷死后，“夏后氏政衰，去稷不务”。其后公刘由邰迁豳，农业开发北移到今旬邑、彬县一带，继续从事后稷事业，致力耕种。公刘因地制宜，全面疆理土地，规划村落、居室，同时“度其原隰，彻田为粮”，大力发展农业，附近部族争随周人务耕种。周人在豳经营了数百年，豳地从而富庶，“行者有资，居者有蓄积”。经十余代的农耕生聚，至古公亶父时，周族势力渐强，与周围游牧民族间“农牧争地”矛盾日益尖锐。古公亶父为了避免戎狄的侵略，率族南迁，重返宜于农业的周原。史称“度漆、沮，逾梁山，止于岐下”。

周原地处今武功、杨凌、岐山、扶风、凤翔一带，地势开阔平坦，山川秀丽，自然条件优越。《诗经》中有“周原膴膴，堇荼如饴”的诗句。古公亶父到周原后重新规划田园村邑，修筑城郭居室，重建宗庙、大社，始立奴隶制政权机构，加强对本族和依附部族的统治。从古公亶父至文王姬昌百余年间，周原不断扩展，农业开发直达渭河之滨。为了进一步扩大统治区域，加强政治影响，文王威德并施，沿渭河两岸向东扩张。当灭亡渭河平原东部芮国后，便于沣水西岸作邑定都。接着，周人相继翦灭四邻敌国，文王晚年势力达于江、汉流域，“三分天下有其二”。陕南的上庸亦归附于周，武王伐纣时庸国因追随于周军之列，故在克商后仍得袭封旧址。

西周立都于镐，渭河平原成为王畿之地。周初，周人加大王畿之地的开发，利用渭河河谷的开阔地带发展农业。《诗经·周颂·噫嘻》载有歌颂周天子举行籍田仪式，动员农夫竭力垦殖的诗句：“噫嘻成王，既昭假尔。率时农夫，播厥百谷。骏发尔私，终三十里。亦服尔耕，十千维耦。”成千上万的奴隶，大规模的集体劳动，使渭河平原中部农业生产的深度和广度均有发展。渭河平原东部，周时成为通往洛邑以及全国的交通要道，人口增加，经济开始繁荣，农业开发不断深入。此时渭河平原农业一方面由西向东发展，另一方面从原至隰加大开发。隰处河谷，多为沼泽沮洳之地，开垦种植，必先排除地面积水，农田建设中的沟洫之制由此产生。沟洫疆理，把土地分划成整齐的田块，给奴隶主的经营提供了方便。西周“井田制”就是在沟洫基础上发展起来的土地利用和土地剥削制度。这时渭河平原的农业生产技术也出现了带有传统农业技术的萌芽。诸如稻田有了灌溉；原始的抛荒制开始变为三年或数年一番的菑、新、畬轮荒耕作制；同时也注意了田间的耘除杂草、雍土培根等作务。

西周时渭河北麓的黄土高原畜牧业全面发展，全区成为少数民族占据的游牧区。周朝虽有时发兵深入其地，甚至在鄂尔多斯高原上“城彼朔方”，均系短期军事行动，并无大规模农业开发。秦岭之南的陕南农业开发在西周无大进展。西周末期，戎狄攻破渭河平原，居于河华之地的诸侯郑桓公被杀，郑国大乱，部分人逃越秦岭，移居陕南汉水地区，称为南郑，与土著部落褒国共同开发汉中盆地。郑国人南迁时将渭河平原的农业技术带入陕南，陕南农业由此进入新的阶段，汉水上游河谷盆地后成为渭河流域又一富庶农区。

春秋战国时期，渭河流域传统农业已基本形成。西周灭亡后，平王东迁时，秦襄公由于护送平王东迁有功被封为诸侯，“赐之岐以西之地，……襄公于是始国”。秦人得到了渭河平原王畿之地，在雍城建立了第一个都城。雍城土地肥沃，“其田上上”。秦人利用周族开创的田地，在周人长期经营农业的基础上，使用铁器农具，使秦国农业得到了巨大的发展。经过100多年到秦穆公时，“开地千里，遂霸西戎”，成为春秋时期“五霸”之一。

秦献公时，秦都由雍城迁至栎阳。栎阳地处渭河平原中部，“北却戎翟，东通三晋”，交通发达，盛产粮食。秦国迁都栎阳后，秦孝公时期，励精图治，重用商鞅变法，废除奴隶制的生产关系，实行土地私有制度。秦国在实行新法中，第一道令就是《垦草令》，鼓励开垦荒地。当时秦国地广人稀，劳力不足，土地荒芜，秦国采取了招诱三晋之民入秦开荒的政策，规定外来开荒徕民，三世不服战役，免税十年，并给一定土地和住宅地，允许田宅私有等，使其专力垦殖，安居乐业。于是“山东之民，无不西矣”，给秦国增加了大批精壮劳力，从事垦荒，开发农业。同时秦国改革生产工具，推广牛耕，提高垦殖效率。秦孝公十二年（前350年），秦国都城由栎阳迁至咸阳。商鞅在咸阳进行第二次变革，“废井田，开阡陌”，使土地私有，促进了封建生产力的发展。新法“实行十年，秦民大悦，道不拾遗，山无盗贼，家给人足”，“国富民强，天下无敌”。秦惠王时出兵伐楚，夺汉水上游地600余里，置汉中郡，治设西城，辖今汉中、安康两地。从此，渭河流域大部地区为秦国所属。秦国农业的不断发展，为统一六国奠定了经济基础，于是秦以富强，卒并诸侯。

周、秦时期，陕北黄土高原先后有猃狁、戎狄、白翟等游牧民族。《史记》载：“天水、陇西、北地、上郡与渭河平原同俗，然西有羌中之利，北有戎翟之畜，畜牧为天下饶。”上郡即今陕北榆林一带。春秋战国时期，陕北黄土高原仍有游牧部落，以畜牧为主，种植业极少。这也是陕北畜牧业最盛时期。其游牧民族常倚仗熟练的骑射技术，进入农区抢掠。而周、秦在其强大时，也常对游牧族用兵获取畜品。战国时期，魏国在陕北设上郡，辖15县，开始进行农业经营，但农业所占比例不大，陕北大部地区在新兴的匈奴族控制之中。秦统一之后，秦始皇派蒙恬北伐匈奴，屯兵于上郡，实行屯垦，开荒种粮，游牧族被驱出陕北。继而修直道，筑长城，驻兵守疆，移民实边，上郡军民达60余万，陕北农业由此而兴。

二、农业鼎盛时期

自汉至唐，历时1000余年，渭河流域传统农业渐趋完善，农业生产达到盛期。西汉王朝建立后，高祖以秦亡为鉴，简政宽民，安集流亡，轻徭薄赋，奖励耕桑。早在秦统一中国时，曾“徙天下豪富于咸阳十二万户”。汉高祖时又将齐、楚大族昭氏、屈氏、景氏、怀氏、田氏五姓迁于渭河平原，与利田宅。从此渭河平原人口剧增，为农业生产和经济繁荣创造了条件。西汉文、景二帝又继续奉行重农国策，屡诏郡国天下，务农本，事耕桑，发展农业。《汉书·食货志》载：“至武帝之初七十年间，国家亡事，非遇水旱，则民人给家足，都鄙廪庾尽满，而府库余财。京师之钱累百钜万，贯朽而不可校。太仓之粟陈陈相因，充溢露积于外，腐败不可食。众庶街巷有马，阡陌之间成群……”这一记述反映了文、景皇帝时期，长安京师一带粮食充裕，经济繁荣的盛况。在此期间，陕北黄土高原的畜牧业也颇有发展，边民多以畜牧致富。

汉武帝时渭河流域传统农业全面发展，出现了历史上第一次农业生产高潮。此时渭河平原荒田尽辟，发展农田灌溉事业。在郑国渠的基础上，先后兴修了六辅渠、白渠、成国渠等大小灌溉渠道，多至“不可胜言”。同时还有航运、灌溉两利的漕渠，渭河平原形成了渠道纵横交错的水利灌溉网络。陕北地区亦有“引河及川谷以灌田”之事。汉武帝又采纳董仲舒的建议，在渭河平原广种冬麦。晚年任用赵过为搜粟都尉，推广牛耕，革新农具，发明了“耦耕”“耧车”，创行“代田法”等先进技术。汉成帝时议郎泛胜之又确立和推广“区田法”，形成了一种成套农业高产技术。

汉初刘邦为王时，据巴蜀、汉中，整军马，务农桑。相传萧何留守汉中，兴农业，修山河渠，后人称“萧何渠”，为发展水稻生产创造了条件。根据在汉水上游的考古调查，汉中地区汉代文物中有铁锛、铁铲等铁质农具和水田稻作陶质模型，还有粟类粮食出土。汉时，一直将陕南视为兴盛之地进行建设，陕南传统农业有了较大发展。

东汉以后至魏、晋、南北朝期间，渭河流域历经战祸天灾，惨遭重大破坏。东汉末年，董卓挟献帝还都长安，将战火引入渭河平原。百姓锋镝余生，多数越过秦岭，沿丹江、汉水逃往湖北荆、益等郡。流落汉中的有数万家。张鲁以天师道教义，设“义仓”“义米”赈济流亡。到了三国时期，曹操占据渭河平原，在长安附近推行屯田，以食盐收入补给渭河平原难民恢复农业。曹操改善吏治，招抚流亡，治理荒残，“数年间户口稍实，太祖征渭河平原得以为资”。流徙荆州的万家渭河平原流民，“闻本土安宁，皆企思归”。魏明帝时在同州（今大荔县）引洛水灌溉农田，又开成国渠与汉成国渠相连，自陈仓至槐里引汧水灌田，发展渭河平原农业。

西晋统一后，初数十年间，推行占田制，发展自耕小农经济，大批佃兵、田客复为州县齐民，促进了渭河平原农业恢复和人口的回升。其后由于“八王”“永嘉”之乱相继发生，北方长期战乱，渭河平原农业又遭受破坏。西晋灭亡后，黄河流域再度陷入战乱分裂局面。及至前赵刘曜迁都长安，迁上郡20万人、陇右民万余口及秦州大姓杨姜诸族以充实长安，但所迁人口中多为少数民族，对农业无所建树。后来苻坚建立前秦，立都长安，一度兵强国富。前秦组织官吏行汉化，劝课农桑，采取各种利农便民政策，并在渭河平原鼓励农民采用区种之法，推广抗旱耕作技术，使旱农耕作体系臻于成熟。同时，重开渭北灌溉之利，调发宫廷王侯和豪望富室僮隶约3万人兴修水利。经10余年农业建设，渭河平原一带一时出现小康景象，史称“苻坚之时”。

隋唐两代建都长安，渭河流域传统农业有了较快的恢复和发展。隋王朝建立后，隋文帝革新典制，重新颁布“均田令”，推行均田制，对豪强兼并土地趋势有所限制。在地狭人众的渭河平原，丁男18岁以上，受露田80亩，永业田20亩，妇人40亩，另有桑田或麻田20亩。农民得到了土地，有了生息之机，人口增加，垦田达到了较高水平。隋代十分重视造仓储粮。由于渭河平原连年大旱，农产不足京城消费，漕运常为砥柱险阻，遂在洛阳至长安间置特大粮仓，逢灾开仓赈济。据《隋书·食货志》记：“开皇十七年（597年），户口滋盛，中外仓库，无不盈积。所有赉给，不逾经费，京师帑屋既充，积于廊庑之下。”直到唐初，长安府库，隋时所存，用度未尽。

唐代初期，继续推行均田制和轻徭薄赋政策，使民休养生息。唐高祖武德年间，颁布《劝农诏》：“安辑遗民，期于宁济，劝农务本，蠲其力役。”接着重颁《均田令》，计口授田，增加土地开辟。同时唐初又实行租庸调制，用实物缴纳代替徭役，使农民有了较多的时间安排自己的劳动。其后，将均田变为庄田，租庸调法随之变为两税法。两税法加重了农民负担，但也避免了乱收税，农民得到了一定好处。

唐京师长安是全国政治中心和国际性的商业都市，人口殷繁，京师耗费巨大，粮食不足。为了解决京师粮食问题，除从关东济粮外，唐王朝很重视在渭河平原兴修水利，发展农业生产，以图增产粮食。唐高宗咸亨二年（671年）修建汧水渠道称为升原渠。自宝鸡引渭河东流，至虢镇截收汧水，到武功开六门堰与成国渠汇合，东流经兴平、咸阳入渭河。升原、成国两渠贯通渭河平原西部，全长400多里，是渭河流域古代最长的渠道工程。唐高宗时还改进汉代郑白渠，析为南、北、中三支，称三白渠。唐代还进一步开发秦岭北麓各峪口水利，修库峪、敷水、渼陂等渠塘与各大渠相配合，构成纵横交错的灌溉网络。水利的兴修，促进了渭河平原农业的发展。唐代渭河平原畜牧业也有发展，唐玄宗时，曾于岐、邠、泾、宁四州分置八马坊，其中六坊在渭河平原西部。中唐以后，渭河平原私人养马日众。眉县山内，郭子仪曾“尝用息马至万蹄”。

陕北属边疆，地广人稀，是突厥、鲜卑、党项等族活动的地方。为了拱卫边防，唐初即在陕北实行奖励耕垦政策，通过均田广授荒地，并免征田赋，鼓励多垦新田，吸引大量内地贫民前来垦殖。同时，安置了大批降附的西北民族入居并改善农业生产条件，陕北农业开发日益加深。北部长城沿线仍以畜牧为主，官营监马和私人马苑多分布于此。陕北成为唐朝一个重要的养马牧地。唐玄宗天宝年间，安史之乱以后，渭河平原大批贫苦农民逃难到陕北垦殖度日，大量开垦土地，是陕北历史上一次较大规模的改牧为农的时期。陕南处于秦巴之间，维持了较长的稳定局面。隋时，梁州经济相当富庶，称其“蓬室柴门，食必兼肉”。

三、缓慢发展时期

宋代以后，渭河平原不再是王朝的京都所在地，世族地主式微，小土地私有者普遍发展，对农业较为经心。宋初，长安城垣缩小，废市荒街，尽为垄亩，农业人口增加，渭河平原农业有了恢复。宋仁宗嘉祐年间，凤翔仓粟陈陈贮蓄，主者以腐败为忧。宋英宗治平初“长安钱多物贱，米麦斗不过百钱，粟谷半之”。苏轼来陕时曾说：“往者宝元以前，秦人之富强可知也。中户不可以亩计，而计以顷；上户不可以顷计，而计以赋。耕于野者不愿为诸侯，藏于农家者多于府库也。”然而，西北党项族建立西夏占据陕北地区，西夏与北宋于康定元年（1040 年）发生宋、夏渭河流域之战，交战于泾河、洛河中上游。而宋、夏战争四五十万驻军粮饷，主要取于渭河平原，加重了渭河流域人民的负担。

宋代渭河流域农田水利，远不如汉、唐时期发展迅速。宋初渭河平原水利设施遭受破坏，三白渠毁坏后，灌区人民以梢穰、笆篱、栈木截河做水堰，壅水入渠。据《宋史·河渠志》载：宋神宗时对于渭河流域水利特加诏示："灌溉之利，农事大本，但渭河流域、河东民素不习此，苟享其利，后必乐趋，三白为利尤大，有旧迹，可极力修治。"但后来并未兴修。直到宋徽宗大观年间，三白渠利始得复兴，称丰利渠，溉泾阳、礼泉、高陵、栎阳、云阳、三原、富平田2.5万顷。农田水利多以地方或民间所建小型灌渠为主。张载在眉县开井田、孔公二渠，游师雄于渭北泾阳、栎阳等地开修渠道，利用附近河泉溉田。陕北高原丘陵沟壑之地，也利用川谷溪水和山泉细流兴修小型水利。陕北边地农业历遭宋、夏战争摧残，几度凋敝。宋神宗时，吕惠卿上《营田疏》，言佳芦米脂良田一二千顷，宜尽垦辟，以赡民用，后获准实行。陕北以营田堡，开荒川或某某屯之类的村镇，多为宋时得名。北宋时渭河流域在渭、泾、延、鄜一带豢养军马，各州设官专司牧政，特别提倡边州少数民族养马。

金朝建立后，陕境分为三部。榆林北部仍属西夏；由此而南直至渭河平原的北宋故地，悉归金朝；陕南地区以秦岭屏蔽，归属南宋。金在扩张中，与宋、辽、夏混战不息，渭河流域百姓流离失所，沦为奴隶者不计其数。金初曾多次下诏，禁止权势之家买卖奴婢，命各地官府出绢赎免奴隶，全面建立户籍、土地、赋税、徭役等制度，加强对农业生产的管理，实行移民、屯田、戍兵三者结合的政策，把大量女真族和东北民族，有组织地迁到陕、甘一带，计口授以官田，"使其播种，以充口食"。金世宗大定八年（1168年）诏出："马者，军旅所用；牛者，农耕之资，杀牛有禁，马亦何殊，其令禁之。"金章宗明昌三年（1192年）渭河流域开辟牧场占地350多万亩。金王朝还通过渭河流域与西夏及西北各族贸易购买马匹，向民间拘括驴、骡、骆驼。金朝统治时期，渭河流域农、牧业均有恢复，蓄养了一定的经济力量。

到了元代，蒙古族初入内地时，大肆杀掠，田禾尽遭践踏，耕牛被屠杀，堤堰被捣毁。元军进入渭河平原，立即开垦屯田，以供征蜀军需。渭河平原大批良田被圈为牧场。元世祖至元十一年（1274年）推行汉制，发展农业。泾水两岸数千顷牧地分民屯种，官给田具牛种，岁获粟麦10

万石。后来又得渭河两岸闲田亦设官屯种，大批荒地牧场复垦为农田，“渭河平原之麦盛于天下”。

明朝建立后，明太祖朱元璋认为“天下山川，惟秦中号为险固”，封其子朱樉于西安为秦王。明初，清理土地，整治田赋，大力屯田，扩大耕地面积。洪武十三年（1380 年），特诏渭河流域布政司：“民间田土，许尽力开垦，有司毋得起科。”洪武二十六年（1393 年），渭河流域垦田数额约达3000 万亩。明代渭河平原水利规模最大者系引泾旧渠系的复兴。成化初年的广惠渠，正德年间的通济渠等均为引泾渠系。其余小型灌溉工程，亦远远超过宋、元时期。

明代陕北为边防要区。宪宗成化年间，明军放弃河套，退守毛乌素沙漠南缘，修筑边墙，迄今仍留有明长城的残迹。沿边地区驻有大量军队屯田。屯田士兵约占十之七八，战守士民占十之二三，每名屯兵受田百亩，种子、耕牛、农具均由朝廷供给，屯卒向本军或朝廷提供军粮或公粮。也有商屯和私屯。朝廷令商人输粮边镇，方可持证贩卖食盐，称之为“开中制度”。开中商人为免长途转输，雇民到边疆开荒种田，田税微薄，商人获利富厚，陕北边地垦田进一步加重。明代中叶以后，开中制渐弛，私占屯田日益严重，良田盐池多为军官霸占，壮夫余丁听其服役。军商屯政俱废，军粮只得仰仗内地供给，陕边各镇所需米豆刍粮大多来自山西、河南等省供给。明代后期，渭河流域常遇荒旱，人民生计困苦不堪，农业备受摧残。

第三节　渭河流域的农业技术

渭河流域农业经济发达，主要得益于农作物生产、园艺蚕桑、农业生产工具等农业技术的提高和发展。

一、农作物生产技术

农作物要丰收，栽培技术是关键。渭河流域粮食和经济作物栽培历史悠久，几千年来，渭河流域人用辛勤的汗水和智慧，发展提高栽培技术。

（一）粮食作物

距今六七千年前，渭河平原地区先民已从事粟的栽培。粟在渭河流域是发现最早随葬物中的粮食，显示先民已普遍把粟看作是死者的必需品。与稷同时栽培的黍（即糜子），也是渭河流域最古老的粮食作物之一，故黍稷并称。先周时期，渭河流域栽培的粮食作物已有粟、黍、菽（豆）、来（小麦）、牟（大麦）、稻等，水稻也有栽培。这时的渭河流域传统粮食作物已基本齐备。同时也出现了作物品种的概念，如《诗经·大雅·生民》中有“维秬维秠，维糜维芑”的诗句，“秬”和“秠”，“糜”和“芑”分别是黍和粟的两个不同品种，又如“后熟曰重，先熟曰穋”等都反映了在这一时期，周人已懂得作物品种差异和成熟迟早之分。从西周到春秋五六百年间，渭河平原的主要粮食作物是粟、黍。春秋以后，发展了菽，即豆类，出现了粟、菽的并称。战国后期，《吕氏春秋》在《任地》篇记述了大麦、小麦的收获季节。在《审时》篇记述了禾、黍、稻、菽、麦适时播种的重要，表明粮食作物栽培技术有了一定的进步。

汉代以前，渭河流域粮食作物基本上以粟、菽为主，直到汉武帝采纳董仲舒在渭河平原种宿麦的建议后，小麦在渭河平原才得到推广。汉成帝又命氾胜之任议郎，“督三辅种麦”。氾胜之推行区田法，总结了小麦等主要作物从选种、播种到收获一整套栽培技术。此后，小麦生产有了发展，故“粟、麦”“菽、麦”并提。汉代，渭河流域水稻也有了发展。渭河南岸形成了以长安为中心的水稻产区。陕南汉水、丹江流域已大量生产稻谷。魏晋以后，战乱频仍，水利失修，水稻生产下降。到了唐代，长安等畿辅之地，人口增加，粮食需要量日益增加，粮食作物生产有了进一步发展。随着面粉加工业的兴起，人多喜食面食，渭河平原小麦有了较快的发展。唐玄宗曾在皇室禁苑内种麦千亩。唐代以后，经过宋、元各朝，渭河流域传统粮食作物种类没有大的变化。到了明、清时期，先后引进了玉米、薯类等粮食作物。明代万历年间玉米传入渭河流域，初在陕南种植。清乾隆时纂修的《旬阳县志》载："江楚居民从土人租荒地，烧山播种苞谷"，后传遍汉中。渭河平原种植玉米较晚，直到清代中叶，还很少种植。薯类作物包括马铃薯、甘薯均系清代初期传入渭河流域。

（二）经济作物

渭河流域古代最早的经济作物是麻。西安半坡遗址中出土的纺轮和陶器上的麻布印纹，说明渭河流域在仰韶原始农业时期，已有麻的种植，并织麻为衣。先周时，渭河平原种麻已较普遍。《诗经·大雅·生民》《诗经·豳风·七月》等诗篇，都有对麻的记述。与此同时，在半坡遗址中，也发现有先民贮存的菜籽化石。《诗经》中有多处描述"葑"（蔓菁）、"菲"（萝卜之类）的诗句，开始用叶作菜，用根作食。元代初期，渭河平原开始引入棉花。元世祖至元十年（1273 年）成书的《农桑辑要》载："近岁以来，苎麻艺于河南，木棉种于陕右，滋茂繁盛，两方之民，深荷其利。"陕右指渭河平原及豫西地区。明代渭河平原棉花有了较大的发展。《渭河流域通志》以及《朝邑志》《高陵县志》《耀州志》等均有植棉的记载。清初棉花种植已遍及渭河平原，并渐次传至陕北黄土高原沿黄河各县及陕南汉中盆地的部分县区。清代渭河流域还引种了烟草，植于南北各地，陕北烟叶一度列为名产之一。清代花生已传入渭河流域，康熙四十九年（1710 年）《沔县志》、乾隆五十九年（1794 年）《南郑县志》以及《大荔县续志》等都有花生的记载。清代后期，花生在渭河平原及汉中盆地已普遍种植，渭河平原沿黄河各县及沙苑成为渭河流域的花生重点产区。

二、园艺蚕桑技术

园艺和蚕桑是古代农业的重要支柱，渭河流域蔬菜、果树栽培，种桑养蚕技术源远流长。

（一）蔬菜

渭河流域在古代栽培蔬菜，从半坡遗址出土文物中，发现有类似白菜或芥菜的菜籽化石。先周时期，《诗经》中也多次出现瓜、瓠、韭等栽培蔬菜的诗句。《诏定古文官书序》载：秦始皇曾命人在骊山谷中种植冬瓜，栽培成功。汉代，渭河流域蔬菜园圃业进一步发展，渭河平原农家有的经营姜、韭多达千畦以上。汉武帝时张骞通使西域，先后引入大蒜、芫荽、黄瓜等蔬菜，植于京师长安皇室离宫。

唐代长安商业贸易往来频繁，经丝绸之路引入菠菜、茄子、莴苣等蔬菜，蔬菜增加到30多种。传统的蔬菜种类基本齐全。并且，皇室已注意利用骊山、长安等地温泉冬植蔬菜，还专设温汤监专司其事。宋元时，蔬菜种类增加无几。明清之际，南美新大陆几种重要蔬菜马铃薯、辣椒、南瓜、番茄、菜豆等相继传入中国后，辗转引入渭河流域各地栽培。清末《农学合编》统计，渭河流域栽培蔬菜已有57种，除少数南方特种蔬菜外，北方一般蔬菜均有栽培。

（二）果树

渭河流域果树栽培在《诗经》一书中已有多处反映。“投我以桃，报之以李”，反映桃、李已为通常的果品。到了汉代，渭河流域果树业盛极一时，据《西京杂记》记载：武帝初建上林苑时，“群臣远方各献名果异树”，其中即有李、梨、枣、栗、桃、楂、椑、棠、梅、杏以及林檎、枇杷、橙、楟等多种。张骞从西域又带回葡萄、石榴、胡桃等，初皆种于上林苑，后推广各地。到了唐代，渭河流域果树又有发展，通过丝绸之路继续引入的有扁桃、波斯枣、齐暾树（齐果）、底称实、胡榛子等。长安宫廷内栽植橘，其结实与“江南及蜀道所进无别”。而陕南汉中一带成为枇杷产区，又发现新的果树品种猕猴桃。北方重要果树柿之名，亦始于唐代。宋代以后，传统果类已普遍种植。后至清代出现了园圃果树的育苗、移栽、繁殖、嫁接、除虫、驱鸟、防霜、收获、贮藏等生产技术，果树业有了较为全面的发展。

（三）蚕桑

渭河流域养蚕，传说始于黄帝时代。黄帝元妃西陵氏，又名嫘祖，发明养蚕。考古工作者也曾发现新石器时代的蚕事遗迹，咸阳沣西和宝鸡茹家庄西周墓出土的文物中有许多玉蚕。秦、汉时期，渭河平原三辅之地到处五谷垂颖，桑林密布。西汉成帝时，议郎氾胜之总结渭河平原种桑技术和“一亩食三箔蚕”的经验。《三辅皇图》载：汉时上林苑还设置茧馆，专管养蚕事业。唐时京都长安是丝绸之路的起点和丝织品的集散地。杜甫、白居易诗文中多处有反映长安附近广栽桑树的诗句。长安东市曾有织锦行，官营私办，纺织印染作坊兴旺发达，朝廷还设少府监专督官营纺织业。

唐代以后，渭河流域蚕业衰落。宋末元初，棉花、棉织兴起，蚕桑业受到冲击，桑树又遭历代兵燹砍伐殆尽，树桑养蚕之法尽失其传。直到清初康熙年间，汉中知府滕天绶在府境倡导蚕桑，以《劝民蚕桑示》并附“劝民栽桑歌词”通告各县，按栽桑等差奖赏乡民，考核官吏。数年之间蚕桑大举，汉中府每岁丝利不下 10 万金，影响达于陕南各县。其后到清代雍、乾年间，兴平杨屾以耕桑为首务，躬亲栽桑，宣扬蚕桑利益。乾隆六年（1741 年），他曾上书渭河流域当局，力陈蚕业实效美政。陕省遂申令各府县劝民栽桑养蚕。省城、三原、凤翔先后设蚕局、蚕馆指导推广，渭河平原蚕桑事业一度复起。渭河流域设置织局，“召集南方机匠，织成秦缎，秦锦绸、秦绫、秦缣纱，供进贡之用”。后人赞称：“双山蚕桑丰天下。”

三、农业生产工具

人类劳动是从制造工具开始的。农业生产工具的出现和发展，进而推动了农业一步一步地向前发展。

（一）原始农具

渭河流域在新石器时期各遗址中，均发现有出土的大量原始农具，主要有耒耜、刀斧、锛锄、镰刀、杵臼、磨盘等。耜是最早的原始耕具，古代常以耒耜作为原始农业的标志。《周易·系辞》说：神农氏“斫木为耜，揉木为耒，耒耜之利，以教天下”。耜由耒发展而成，是为加宽拨土面积，将耒尖削成扁阔形状，即成类似船桨的木耜。后来再把木耜头改为精磨的石片，或改用锋利的兽骨。石耜在渭河流域原始农具中数量最多，时间跨度最长，主要用于松土点种，原始农业发展后，成为耕翻造田的农具。石锛、石锄是仅次于耒耜的耕具。渭河流域龙山文化时期，石锛、石锄增多，石斧、石刀其源更早，渭河流域旧石器时代遗址已见刀斧。它本为多种用途的砍削工具，后在原始农业中用以砍伐树木，披荆斩棘，辟荒造田，故有“刀耕”之说。石镰作为收获工具在仰韶文化时期已很普遍，渭河流域龙山文化时期镰刀增多，且以半月形最为常见，有的刃部锉成锯齿状，一般镰刀都装有短柄。石刀、骨刀、蚌刀也可以用于收割。

原始粮食加工工具有石臼、石杵、石磨棒、石磨盘，可以舂去粮食作物籽粒外壳。《周易·系辞》说“断木为杵，掘地为臼”，反映了石臼出现前最原始的舂米办法，杵臼大型化后即发展成传统的石碓。

（二）传统农具

传统农具构造比原始农具精巧复杂。渭河流域在新石器时代遗址中已出现金属铜，故有“青铜之乡”之称，但铜质农具出土却很少，在渭河平原的蓝田、西安、武功、扶风、岐山及陕北绥德等地仅发现少量的商代青铜农具，有铜锛、铜斧、铜刀等。西周时期，增添了铜铲。春秋时秦人在渭河平原已开采冶炼。《汉书·食货志》载：商鞅变法，“盐铁之利，二十倍于古”。金属铁自冶炼之始即用于农业生产，渭河流域传统农具从战国时即已出现。铁农具在渭河平原东、西部均有发现，临潼秦始皇陵墓附近已有大宗出土的秦代铁农具，其种类主要有铧、䦆、铲、锸、镰等。考古发掘的铁农具汉代最多，渭河平原、陕南、陕北各县大都有成批铁农具出土，西安西郊汉上林苑故址窖藏发现农具就达85件。铁农具经汉、唐1000多年的发展，器形基本固定。宋、清以后，传统农具更趋于完善配套，“一具多用，简而不陋”的特点更为明显。

渭河流域传统农具以耕播器种类最多，小型耕具多从原始耒耜和锛锄两系统发展而来，主要有直插式的铲、锸、铫和横斫式的钽、䦆、镈、鎒等，代代相传。宋代以后此类小型耕具向轻巧发展。清代渭河平原出现的“漏锄”，锄板中间开有方形空隙，除草灵巧，且能保墒，颇能体现渭河平原农具的进步。大型耕播工具以畜力牵引的主要有犁、耙、耱、耧等，其中犁出现最早，为传统农业最基本的耕具。铁犁出现在春秋战国时期。渭河平原出土的秦国犁铧呈“V”形，扁平状，近似耜头。先秦犁具木质部分构造无据考求，米脂、绥德出土的画像石只保留了汉代犁的真像。渭河流域出土的汉铧最多，规格大体有两类；一类是舌形大铧，长宽约在30厘米左右，底面板平，上面高起，后面构成等腰三角形的銎，以承犁床；另一类为舌形小铧，长20厘米，宽5—20厘米。蒲城、长安、陇县汉铧上还装铧冠，选用优质铁铸成，入土锐利，损坏后可更换铧冠。在咸阳、西安、礼泉等地发现汉代犁壁，是犁的一个重要部件，略呈长方形，有带一定弧度的曲面，安装在铧的一侧，颇像耳朵，故又称“犁耳”。犁壁出现是耕犁史上重大发明和进步。汉、唐之际，渭河流域各地流行的耕犁种类很多，计有短辕、长辕、单辕、双辕、直辕、曲辕等。各类犁中以曲辕犁最为高超，唐时由江东传入渭河流域。晋代时，耕犁逐步向小型化发展。宋代以后，犁以短辕小铧为主，多行单牛软套，传统牛耕逐渐定型。明初，渭河平原出现一种“坚重大犁”，据《知本提纲》载：“有用一犁二牛者，有用三牛者，四牛者。”“有深耕尺余者，有深至二尺者。”

耱和耙是与犁配合使用的畜力农具。战国时渭河平原已普遍使用耰粉碎土块，状如鼓形的木榔头，渭河平原农村称“胡基鼓斗”。耙是一种浅耕农具，兼有碎土和除去田间蔓草的作用。

耧车是渭河平原古老的一种播种工具。系西汉赵过在渭河平原教导农耕时所发明。东汉崔寔在《政论》中说：“武帝以赵过为搜粟都尉时，教民耕植，其法三犁共一牛，一人将之，下种挽耧皆取备焉。日种一顷，至今三辅犹赖其利。”据魏晋壁画和三原唐墓壁画中发现的汉、唐耧车构造与今无别，其中有一盛种耧斗，装置在由耧辕、耕柄等附件构成的耧架上，斗内有一闸板出口控制下种速度，斗下接有2—4条中空耧腿，下装小铁铧，播种时由牲畜驾辕曳耧，操耧者左右摇耧。宋代以后“耧车”多有改进。

人力机械耕具的发明，曾在渭河流域农业史上几度出现。西汉推广牛耕时，陕北高原区就兴起过人力挽犁，唐时夏州（今靖边县境内）都督王方翼在这一带曾有奇异发明。《旧唐书》说他曾“造人耕之法，施关键，使人推之，百姓赖焉。”明朝宪宗成化二年（1466年）李衍总督渭河流域，因连年荒歉，耕畜严重缺乏，为了救荒兴耕，李衍“取牛耕之耒耜，反观索玩，量为增损，易其机发”，制成各种人力耕具，如坐犁、推犁、抬犁、肩犁，分别适应于山区、平原、水田耕地，时称“木牛”。《木牛图序》说：“此具其工省，其机巧，用力且均，易于举止。”明朝末叶，渭河流域泾阳人王征也曾有类似制作，并著《代耕架图说》。

渭河流域传统收获工具，以镰刀为主，各地出土的历代镰刀各式各样。其名称有铚、艾、镰等。大型收获工具有钐子与推镰，推镰是一种装有木轮的手推收割器。王祯《农书·农器图谱》著录，渭北旱塬近世仍用以收割荞麦等作物。钐子是一种功效较高的收获工具，最早记载见于唐代韩愈所撰《凤翔陇州节度使李公墓志铭》中。据铭文所记，李维简为节度使时，曾在陇州“益市耕牛、铸、镈、钐，以给农之不能自具者”。其后钐子一直在旱塬地区使用，渭河平原渭北最为普遍。

传统小型脱粒工具以连枷最为普遍，战国以前已有使用。汉代以后出现碌碡，脱粒效率有了提高，渭河平原夏收碾场多用之。粮食加工工具，在战国时已向大型化发展。临潼县武屯出土的秦国都城栎阳遗址中发现石转磨，中央有铁芯，凿有枣核形窝状磨齿，先秦称磨为“硙”。至汉代，大型舂具石碓、石碾出现，有的用手推或脚踏，有的用畜力和水力。晋代长安人杜预发明“连磨”，一次可同时转动八盘石磨。隋、唐期间，渭河平原粮食加工多用水力。

汲水工具在秦以前渭河流域已有辘轳和桔槔，汉以后凿井加深，汲水除用辘轳外，还有滑轮。渭河平原、陕南出土的汉代陶井模型多有滑轮装置。此外养蚕、缫丝和纺织工具在渭河流域也有悠久历史。

渭河流域使用畜力的工具周代已有。周初渭河平原即有给牛犊角附加横木的习俗，防止未曾驯服的小牛顶人撞物。至战国时，已普遍行使拴牛鼻棬的办法驯服耕牛。《吕氏春秋》载“使五尺竖子引其棬，而就恣以从之，顺也。”汉代赵过曾在渭河平原推广牛耕。由此传统牛耕用于农业生产。

第四节　渭河流域的农业人才

从西周以来的3000多年间，虽经多次历史变迁和无数天灾人祸，但农业生产一直在发展。勤劳勇敢的渭河流域劳动人民在生产实践中不断总结农业生产技术和经验，涌现了不少农业科技代表人物。秦时的郑国、西汉的赵过、氾胜之以及清代兴平的杨屾、三原的杨秀元等，都对渭河平原的农业生产和农业传统技术的发展与提高做出了卓越的贡献。

一、后稷

后稷，姓姬，名弃，相传生于有邰（今咸阳市杨凌区）。《史记·周本纪》载："弃为儿时，屹如巨人之志。其游戏，好种树麻、菽，麻、菽美。及为成人，遂好耕农，相地之宜，宜谷者稼穑焉，民皆法则之。帝尧闻之，举弃为农师，天下得其利，有功。帝舜曰：'弃，黎民始饥，尔后稷播时百谷。'封弃于邰，号曰后稷，别姓姬氏。"是后来兴起在渭河平原西部周族的始祖。后稷，善于农艺技术，勤于向黎民传教，有"后稷教民稼穑"的美传。经考古发掘，在杨凌区南圪塔村发现古邰城遗址，系周族发祥的中心地带。今漆水河边武功镇仍存有后稷教稼台、后稷祠等遗迹。

二、郑国

郑国，战国末期韩国水工。秦始皇帝元年（前246年），秦用郑国，凿泾水为渠。经过10年建修，灌渠竣工通水，"用注填阏之水，溉泽卤之地四万余顷，收皆亩一钟，于是关中为沃野，无凶年。"命为"郑国渠"。郑国渠的建成使渭河平原农业有了迅速发展，并对渭河平原盐碱地有压沙肥田作用。

三、赵过

赵过，汉武帝末年人。武帝征和四年（前89年）任赵过为搜粟都尉，主管农业，在渭河平原教民，实行"代田法"。赵过通过渭河平原地方官劝导农民推行代田，并指令基层官吏或善田老农，集中传授技术，先在公田之上"学耕种养苗状"，学成后再向三辅地区推行。

赵过在推行代田法过程中，适应新的需要，发明了"耦犁"和"耧车"，发展牛耕。当时陕西北部地穷牛少，犁耕代田有很大困难。赵过体恤民情，及时采纳平都（今陕西北部）令光的建议，组织无牛农民相互帮助，以人力挽犁。据《汉书·食货志》载："其耕耘，下种田器，皆有便巧。""用耦犁，二牛三人，一岁之收，常过缦田亩一斛以上，善者倍之。"历史上对赵过发明的"耦犁"有较高的评价。

四、氾胜之

氾胜之，西汉时山东曹县一带人，原姓凡氏，因秦乱时避难于氾水之滨，改姓氾氏。汉成帝（前32—前7年）时任议郎，在渭河平原地区教导农业。当时渭河平原为富庶农区，农田尽辟，水利复兴，传统农业技术全面发展，广大农民长期积累了丰富的生产经验。氾胜之重视农业实践，善于总结群众创造的各种生产经验，对于各项农事活动及其每一生产环节都有细致记载。在“溲种法”中对各种粪汁的配制、种子溲处的程序、各类作物溲种后的效果等均有记录，集成《氾胜之书》18篇，系统地总结了渭河平原传统的农业技术，成为中国农学的创始人。

五、马援

马援，西汉末年时陕西扶风茂陵人。自幼志在边郡农、牧业，虽戎马倥偬数十年，未尝忘记农、牧实边之事。后来因故亡命北地牧区，经营畜牧生产，各流细客多归附马援门下，役属客户达数百家。其后迁徙于陇汉之间，常以“丈夫为志，穷当益坚，老当益壮”为怀。开田放牧皆因地制宜，以致有牛、马、羊畜数千头，积谷达数万斛。

东汉建立后，马援归附光武帝。迁都之后，三辅地旷人稀，遂上书请求开垦上林苑地，自食其力，并为国家屯田，深得光武帝嘉许。王莽末年，西羌连年寇边，西塞残破，人皆以为“非马援莫能定”。马援初任陇西太守，果然一举驱敌于金城，破羌以西，尽收湟中等地。马援又上奏兴农固边策略，使避羌乱逃往河西一带的农牧民重归旧邑，重任地方官吏，率民修缮城堡，使人民安居乐业。马援西南征交阯，也以复兴农业善后。平定一地，随设郡县，建城郭，穿渠引水，发展农业。

六、王征

王征，明末陕西泾阳县人，字良甫，号了一。明熹宗天启二年

（1622 年）进士。任广平府推官时，修建清河水闸，溉田上千顷。他力排众议，保释受白莲教案牵连的百姓，使其归农为田。晚年告老还家，创立“仁会”，赈济饥荒，为老弱无依者送衣、送葬。

王征幼时对古籍所记奇器颇多兴趣。举进士入京师后，结识西方传教士龙华民、邓玉函等人，接触西方数学、物理学、机械学。根据邓玉函的口授，王征翻译了西方机械中“关切民生日用”和“国家兴作”的科学知识，名为《远西奇器图说录》三卷。又将自己构思和设计的机械著成《新制诸器图说》一卷，一并刊书问世，后人称为《奇器图说》。其中直接关于农业的著名奇器有“鹤饮”，其形与桔槔类似，以一根巨竹（或圆木）做成，短臂自成戽斗，长臂自为水槽，设于河渠之旁，只要上抬下压长臂，便能自汲自流。另一农器即历史上几度失传的代耕架。

七、杨屾

杨屾，字双山，兴平县桑镇人，生于清康熙三十八年（1699 年）。对耕、桑倡导殷勤，一生不应科举，曾言：“身居廊庙，不忘耕读之志；身居耕读，亦怀廊庙之心。”杨屾一生志在复兴陕西蚕桑业。那时陕西民间已不养蚕，以为风土不宜。杨屾依据《诗经》一书的《豳风》蚕桑史实，力驳“风土不宜”之说，认为“邠岐俱属秦地，先世桑蚕，载在篇什可考，岂宜于故而不及今”，便欲重新振兴渭河流域桑业。并先自栽桑树，购置蚕种，置养蚕工具及缫丝纺织器具。经过多年种、养试验，织成了精美的丝绸。他还因地制宜，利用本乡槲橡树放养柞蚕。在他的示范和积极劝导之下，渭河平原西部种桑养蚕渐多，杨屾家乡则桑荫蔽村，命名“桑镇”，沿用至今。

杨屾躬亲桑蚕既受其益，“不忍私诸一身，遂将树桑养蚕之法，织工缫丝之具，集为一书，绘图详解，名曰《豳风广义》”，劝导秦人植桑养蚕。并上陈陕西当局，陈述秦中蚕桑业可以复兴的理由和应采取的政策，并预期：“三年可以定规，五载即获成效。”于是渭河平原、陕南蚕桑一时并起，陕北也多有种、养。

杨屾是清朝鼎盛时期的农学家，一生重视农业和农业技术教育，长期从事农业职业技术教育，办学规范，成绩卓然，是古代中国杰出的农业教育家。杨屾一生绝大部分时间是在家乡设馆教学，致力农桑，从事著述。刘芳《豳风广义序》说："双山杨子……赋资聪慧，才略性成，自髫年即抛时文，矢志经济，博学好问，凡天文、音律、农医、政治，靡不备览。"杨屾生活的时代，正当清王朝康熙、雍正和乾隆的所谓"盛世"年间。这时，清王朝政权已基本巩固，专制统治处于相对稳定阶段，对知识分子实行高压和笼络的两手政策。在大兴"文字狱"的同时，又大力提倡科举考试，因而大多数知识分子都热衷于钻研如何做好八股时文，通过科举考试，以进入仕途。杨屾却与当时很多知识分子所走的道路不同，矢志于"经世致用"之学。他一生大部分时间都在探索自然与人生，研究伦理和实业。杨屾的学术成就，在当世评价即很高。一代渭河流域名士刘古愚说他的学问可与北宋著名理学家、"关学"的创始人张载媲美，说他注重实际，不拘泥成法，博览群书，而"不为书所愚"。张元际在《补印知本提纲》中说他做学问"别有心契""创造词义多与前圣未合"，然而"其书俱从造化定理靠实推求，并非无本之谈"。

八、王心敬

王心敬，字尔缉，号丰川，清康熙、乾隆年间户县人。一生勤于著述，对农田灌溉和农业生产技术颇多研究。康熙二十八年（1689 年）渭河平原连续两年大旱，王心敬忧虑灾情，凿井灌溉，度过了凶年。事后悉心总结经验，著《井利说》，宣传井灌，指导乡民掘井。时陕西巡抚崔纪受王心敬影响，大力提倡井灌。渭河平原开展井灌，自此时起。王心敬对西汉氾胜之以来的历代农业所记的区田都详加研究，又结合当时渭河平原土壤和地理条件著成《区田说》。王心敬还著有《圃田法》，采用轮作套种技术实行综合经营，粮食作物与桑、麻、蔬菜间作套种，收益数倍于一般种法。

九、杨秀元

杨秀元，清嘉靖、道光年间三原县人，原名恒孝，字一臣，斋号“半半山庄”。杨秀元成年后在本乡执教，复承父业，掌管家事，归耕务农。由于刻苦钻研农道，终成为一个精通各种农活的农业管理行家。时三原地区弃农经商之风极盛，土地弃耕现象严重。杨秀元认为，并非农业不能致富，而是经营不善。他对农业经营很注意统筹安排，全年活路，先干什么，后干什么，均能安排得井井有条。如挖苜蓿根时，他强调要同时细挖没有扎根的空白地；干种候雨，一定以干种为妥，不能带一点地墒。晚年总结经验，著《农言著实》，咸丰六年（1856 年）刻版刊行。

第八章　商贾汇通
——渭河流域的商贾文化

《周礼·天官·太宰》："六曰商贾，阜通货贿。"郑玄注："行曰商，处曰贾。"渭河流域是中华民族重要的发祥地之一，也是中华文化的重要发祥地之一。《资治通鉴》上讲："关中沃野富饶，乃帝王之居。"历史上，渭河流域曾经长期处于中国政治、经济、文化中心区域，炎帝和黄帝是整个中华民族共同尊崇的先祖，他们是商业文化的奠基人。《易经·帝系篇》中有"日中为市，致天下之民，聚天下之货，交易而退，各得其所"的记载，这就是最早的商业活动。有人认为，舜是第一商贾。在漫漫的历史长河中，渭河流域的诚商良贾在长期的实践中开创了辉煌的商业文化。

第一节　渭河流域的商业历史

渭河流域是中华民族发祥地之一，是古代文化发源地和政治经济中心之一，农业发展较快，产品交换开始较早。目前考古发现的新石器氏族公社遗址有数十处，遍布渭河流域各地，证明在五六千年以前渭河流域农牧业已有相当规模，并出现氏族之间、部落之间的物物交换。大约在公元前3000年至前2000年间，进入父系氏族社会，农业生产工具有较大改进，手工业方面如造车、制陶、酿酒、缝纫等工艺技术有了很大提高，促进了手工业与农业的逐渐分离，出现了专门生产手工业产品的生产者。此时的交换范围不断扩大，并且逐渐出现了媒介物——货币。在渭河流域临潼姜寨原始社会村落遗址中，就有商品交换媒介——贝饰的发现。

渭河流域商业活动的出现最晚不迟于3000多年前的商朝。几千年来，经历了奴隶主贵族的垄断，封建势力的长期束缚，官僚买办资本的控制，帝国主义的侵略，历经沧桑，几度兴衰，及至中华人民共和国建立后，才逐步走上正轨，进入新的繁荣昌盛时期。

一、西周至隋唐的商业

渭河流域商业起源很早，从原始社会末期和奴隶社会初期有了农业、畜牧业和手工业的分工，就产生了商品交换。商周时期，商业主要掌握在奴隶主贵族手中，是奴隶制经济的一种补充，奴隶同牲畜一样被当作商品进行买卖。春秋战国时期，商人同士、农、工一起被列为四民之一，各诸侯国先后建立了市场管理制度，自由商人突破奴隶主贵族的垄断得到发展，成为商业的主要力量。汉代，封建统治阶级虽然采取了抑商政策，但由于经济的发展，商业日渐活跃，商品流通日益渗入庶民的经济生活之中，地区间的贸易往来逐渐扩大。唐代，中国封建经济进入鼎盛时期，商业得到空前发展。

（一）西周的商业

据《礼记·月令》记载："是月也，易关市，来商旅，纳货贿，以便民事。"这是按农业的季节安排地区间贸易的情况，也反映了西周时期，地区贸易往来增多。商品交换的发展，促使城市市场日渐形成。按《周礼·地官·司市》记载："大市，日昃而市，百族为主；朝市，朝时而市，商贾为主；夕市，夕时而市，贩夫贩妇为主。"说明不同的阶层在市场上交易的时间也不同，贵族在日中，商贾在清晨，小生产者和商贩在傍晚。市场上交换奴隶、牛马、兵器、珍玩、布帛、锦文珠玉、衣服、粮食、木材、果实、禽兽鱼鳖等。

适应商品交换的扩大，货币也有了新的发展，西周的主要货币仍是贝，它的制作材料是珧（蚌壳）和骨，1958 年陕西蒲城县出土过一枚圆形仿贝，以后华阴县还出土过一种铜贝。历史上也有周景王铸大钱的记载，说明当时已有金属货币使用，但其数量有限，主要在奴隶主贵族和大商人之间流通。珠玉、布帛等实物也起着交换媒介作用。总之，西周是实物货币和铸币并用、货币交换和物物交换并行的社会。

西周初期对商业只查问但不征商税，因为当时贸易往来较少，商业又是国家役使奴隶经营，利润完全为官府收入，所以对于外地区来的货物，只有关口稽查，维持治安，而不征收关市税。但到了东周，商品流通有了明显的发展，开始有了关市之赋。《周礼·司市》就有“亡者使有，利者使阜，害者使亡，靡者使微”的市场行政管理规定。同时，对上市的商品也有严格规定，如“圭璧金璋”“命服命车”等统治阶级官用物品，“宗庙之器”“牺牲”等祭祀物品和兵器等，一律不准出售。市场管理机构叫“司市”，掌管“市之给教政刑，量度禁令”，下设各种分管的官职。通商国外，还有管理出入境、关口和存放货物邸店的“司门”“司关”“司货”等官职。商人出入国界，必有玺节，以资证明；通商互市，必有条例，以期共守。西周中期以后，周天子权力渐衰，诸侯兴起，土地变为私有，在贵族之间自由买卖日渐增多，庶族工商奴隶主势力日益壮大，在奴隶制度的母体中已经孕育着逐渐向新的生产方式转变的因素。

总之，西周时期渭河流域作为我国政治经济中心，当时的商业已经有了一定的规模。《周书》载，“农不出则乏其食，工不出则乏其事，商不出则三宝绝，虞不出则财匮少”，足以证明商业在经济生活中起了重要的作用。

（二）秦代的商业

秦始皇统一中国后，拆除了六国的关津城堑和堤防障碍，大力兴修道路，统一车轨，开通水道，便利交通。同时，还改革了货币和统一了度量衡。这些措施在客观上都起了促进商业发展的作用。秦自商鞅变法以来一直推行“重农抑商”的政策，其主要目的是要限制从事商业的人数，防止“舍本求末”，以保证农战的需要，打击的对象主要是有市籍的小商人。然而没有市籍的富商大贾却受到秦王朝的优厚待遇，对于六国的豪富商人，只把他们迁入咸阳，置于中央的直接监视之下，可以贩运货物，经营大商业。秦代所有的冶铁、铸币、织绢、陶器等大手工业作坊和制盐，以及这些产品和包括粮食在内的贩运流通，都分别掌握在官府、官僚地主和富商大贾手中。

秦国官营商业出现较早，《说苑·臣述篇》就有秦穆公元年（前659年）征发商人运盐的记载。秦献公元年（前384年），雍城、栎阳开始有市，还是以物易物为主。当时的下邽（今渭南市北）、栎阳（今临潼区北）、高陵、骊邑（今临潼区）、蓝田等都是秦郡治所在地或县，这些地方也都有大、小不同的市集。秦规定货币为两种，黄金以镒计为上币，铜钱为下币，文曰半两，重如其文。珠玉龟贝银锡之类用于器饰宝藏，不作为货币流通。秦代还统一了度量衡，升斗、尺丈各以十进位计算，百斤为石，十六两为斤。货币和度量衡的统一，对商业发展十分有利。

秦代在市场管理方面制定了一些法规。秦代的市场管理法律条例有《金布律》和《关市律》。《金布律》中规定："有买及卖也，各婴其价，小物不能各一钱者，勿婴。"这是秦代的明码标价法，意思是在买卖活动中，所有货物都要系上小木签，标明价格，除非小物品每件还不足一钱时，可以不标价。这样做就是为了防止欺骗顾客，私抬物价，便于监督，凡不明码标价者，就以违犯法律论处。

（三）西汉的商业

前202年，刘邦建立了西汉王朝，定长安为国都，但没有立即动工修筑城垣，而暂以栎阳为都。刘邦实行了"轻田租，什五而税一，量吏禄，度官用，以赋予民"的政策。刘邦对商业也采取抑制的政策，下令禁止商人衣绸锦、带武器、乘马，商贾子孙不能仕宦为吏，商人的算赋比其他人加倍等。但他"开关梁，弛山泽之禁"的措施，却有利物资交流，而且在经营范围方面也放得很宽，连获利最大的煮盐业、冶铁业、铸钱业也允许私人经营。因此取得了恢复社会生产力、活跃经济的效果。汉文帝时，社会上经商的人很多，刘邦禁止商人衣绸乘马的法令早已不兑现了。当时的大商人巧取豪夺，兼并农人，造成了农民流亡的严重社会问题，已经开始侵犯了封建政权的利益。所以，到汉武帝时采取剥夺私商一部分利润转入国库的政策，主要是实行盐、铁、酒的专卖政策和均输之制。

汉代城市市场建设已很完整，大中城市都设固定的市场，小城镇和农村也有固定的交易场所或定期的集市，边境驻军的地方还有军市。首都长安是最大的商业中心。由于这里是皇室、贵族、官僚以及从全国各地迁来的富豪集中的地方，购买力高，需要多样，市场贸易相当繁荣。汉代有一套严格的市场管理制度，市和住宅区严格分开，主管市场的官叫市令或市长，下设市吏、市椽、市啬等人员。长安的东西市规模较大，特设市令，受京兆尹节制。并有三辅都尉，还派出武职管理市场治安。市令的官署设在市楼前，市楼一般是高层建筑，也叫“旗亭”。旗亭上悬大鼓，每天击鼓开市，击鼓闭市。闭市后，一切营业活动都要停止，人们不得再在市内逗留。另外，长安还有“言不二价”的直市，太学生交换经传书籍有一月两次的槐市、柳市，城郊还有长陵小市等。在农村，人烟稠密处也有集市，如后汉张楷“隐居弘农山中，学者随之，所居成市，后华阴山南遂有公超市”。

汉代农业、手工业发达，商业行业也不断增加，在城市多为手工业兼营商业，在农村则亦农亦商。此外尚有运输商、囤积商、贩卖人口商、高利贷商等。商业行业大致可分为：粮食业、酿酒业、酱油业、屠宰业、盐业、薪炭业、竹木业、造船业、造车业、油漆业、绸布业、五金业、杂货业、皮毛业、鱼店、果菜店、牲畜场、菜园业，以及经营金玉珍玩的奢侈品行业和经营棺椁衣食人偶车马的丧葬品行业。这些行业中有批发商，有零售商；有富商大贾，也有小商贩，经营方式多种多样。

西汉时期由于国力强盛，经济比较繁荣，陆海交通较前发达，因此，边区与内地、汉族地区与少数民族地区之间的贸易往来也随之增多。举世闻名的“丝绸之路”就以长安为起点，西可直至东罗马帝国，南可达印度。张骞两次出使西域，开拓了汉朝与西方各国进行经济、文化交流的陆上要道。

（四）隋唐的商业

南北朝后，隋朝统一中国，分全国为109郡。隋文帝即位后，不断恢复生产，特别是渭河流域地区，农业生产得到迅速发展，经济呈现繁荣景象，人口增长很快。炀帝时陕西约有371万人，是全国人口的十二分之一，而渭河流域三郡竟占253万人之多。开皇二年（582年）先修大兴宫，都城因称大兴城。大兴城内有二市，东曰都会，西曰利人，分属大兴、长安两县，在皇城东南和西南对称设置，两市是城中手工业和商业集中地区。开皇六年（586年）八月关内七州大旱，国家免去农工商赋税，以度饥荒。同时，“命司农丞王亶发广通之粟三百余万石，以拯渭河流域，又废故城中周代旧粟贱粜于人，买牛、驴六千余头给贫者，令往渭河流域就食”。开皇三年（583年）前，酒盐为政府专卖，影响了百姓酿酒煮盐的积极性，故取消官营酒坊，开放盐池、盐井，任百姓酿酒煮盐，商业得到一定的发展。特别是都会、利人两市，市场繁荣，超过以往。这时的商业，主要掌握在官僚手中，如大贵族杨素“贪昌财货，营求产业”“邸店并利，田宅以千百数”。

炀帝时，由于骄奢淫逸，横征暴敛，人民陷于水深火热之中，生产遭到严重破坏，民间迫不得已求告“豪富蓄积之家”，豪门富贾发了“民难财”，而商品流通则遽然中衰。

隋炀帝大业十三年（617年），太原留守李渊与其子李世民乘农民大起义之机，起兵灭隋，于次年建立了唐王朝。在李世民继承帝位后，逐步剪除割据势力，统一全国并采取一系列措施，抑制豪强望族，加强中央集权；实行均田制和租庸调法，发展农业生产；改进科举制度，重用非士族出身的官员；抗击东突厥贵族侵扰，开辟西域交通，发展与邻国的经济文化交流。由于经济日趋繁荣，商业得到空前发展，城乡之间、地区之间、民族之间的贸易往来更加密切。城市中的市、坊设置比较完备，布局渐趋合理，管理制度日益成熟。随着交换规模的扩大，从业人员大量增加，专业进一步细划，各种同业行会相继产生，还出现大批为商业服务的邸店和牙人。在国内贸易发展的基础上，对外贸易取得长足发展。

唐时的市场主要设在大城市和州县所在地。当时，大的商业贸易中心主要是各大城市，如长安、洛阳、扬州、广州等地，特别是长安，作为唐朝政治中心，市场更是繁荣。长安城内有南北向大街11条，东西向大街14条，街道宽约百步，很是宽阔。街东为东坊，街西为西坊，东西两坊各设有大商市，称为东市和西市，是商业活动集中的地方，商肆、作坊多设在市内。除了市肆以外，市的周围又设立邸店。一般外地客商到来，须投邸店住宿，寄存货物，就店出售，这时商人多以转运货物为主，且交易多是批发而不零售。唐时，商店被称为肆，同类商店则组成行。西市制如东市，如绢行、织绉、锦行、肉行、鱼行、药行、鞧辔行、太衣行、金银行、铁行、秤行等。各行由同类商店组成，行有行头，或称行首、行老。

唐时的对外贸易比较发达，汉族与少数民族互市非常频繁。当时的对外贸易可分海路和陆路，海上以广州为中心，通入东南各国；陆路则以长安为中心，通往西部和西北部。从长安出发，经河西走廊，过塔里木盆地，到达中亚及西亚各地的“丝绸之路”。和唐朝通商的除西域少数民族地域外，还有克什米尔、阿拉伯地区等。当时，中外通商输出入货物的种类很多，输入品主要有马匹、毛皮、香料、药材、禽兽、吉贝、布匹及珠宝、犀象等奢侈品，输出品主要有丝织品、瓷器、茶叶、铜器、铁器、纸及土特产品等。唐天宝十年（751 年），造纸术已传到中亚。波斯人称铜为“萨尔寿尼”，称火硝为中国雪，瓷土为中国土，肉桂叫中国树等。到晚唐时，由于封建割据，五代十国连年战争，社会经济遭到破坏，渭河流域的商业发展也受到一定影响。

二、宋至清代的商业

宋代，商品交换场所已突破旧的坊市界线，扩展到城市的各个街巷，手工业产品的生产与交换有所发展。元代，农村商品化的进程加快，地区、民族之间的贸易往来增多。明代，商品市场不断扩大，商人的社会地位提高，相继出现了一些工商市镇和商帮会馆。清代，商品生产和商品交换进一步扩大，商业资本积累加快，出现资本主义商业的萌芽。民国时期，随着交通条件的改善，商业有了新的发展，市场一度繁荣，但由于天灾、兵灾和苛捐杂税、通货膨胀、物价暴涨的影响，使工商业停滞不前。

（一）宋代商业

北宋统一中原后，强化了中央集权，改变了晚唐以来封建割据的局面，使社会经济得以正常发展，农业、手工业的商品生产和流通较之唐代前进了一大步。从这时开始，由于经济重心南移，渭河流域的商业明显不如南方，特别是长安多次遭受战争的破坏，城市贸易远不如前代繁华，但在一些手工业产品的生产交换、地区贸易、民族贸易方面却有了新的发展。

西夏与北宋公开为敌后，双方鏖兵 20 余年，屡次交战。宋廷在采取军事行动的同时，还采取经济封锁的办法，从淳化四年（993 年）开始，禁止把青白盐输入关陕地区销售，使沿边靠贩卖青白盐为生的大量熟户无以资生。后来西夏改变策略，与北宋修好，从而取消了青白盐输出的禁令，并开设互市榷场。宋夏修好近 30 年后，夏欲撕毁和约，谋划对宋侵犯。因此，宋廷对夏实行清野固守政策。由于民间贸易中断，西夏人民生活所需的茶和布都很缺乏，夏与宋又重定和约，双方议定：西夏取消帝号，仍由宋册封为夏国王，宋廷每年给西夏银七万两，绢十五万疋，茶三万斤，重开沿边榷场市易，恢复民间贸易往来。

熙宁三年（1070 年），秦凤路经略司官员王韶见渭河流域一带边地贸易兴盛，利润尽为大商人攫取，建议在本路置市易司，“借官钱为本，稍笼商贾之利”，这就是行市易法的开端。市易法的推行，在很大程度上使豪商巨贾们垄断市场的权力受到限制，小商贩不致遭受大商人的欺压，货物价格也不会大起大落，促进了当时商品经济的正常发展。

北宋时期，对盐、茶、酒、矾等商品仍推行专卖制度，由于商品流通的发展，它已成为官府最主要的财政收入，年商税约 400 万贯，而年专利总收入为 1120 万贯。在盐的专卖上，实行官鬻通商制，就是由官府自设机构组织盐的流通，商人获得官府的许可证后方能进行盐的运销。茶是民间的日常饮料，又是民族贸易的“互市”商品，实行官收商销的间接专卖制，商人凭茶券到指定地点领货，到官卖以外地区销售。由于官商勾结虚估甚大，商人在茶中掺假，行商垄断投机，使茶券滞积，商人利薄，官府收入顿减，以后便取消专卖，允许自由贸易，官府只收税款。

（二）元代商业

忽必烈统一中国建立元朝后，结束了唐末以来国内几个政权并存的局面，奠定了以后中国长期统一的基础，在经济上以及其他方面促进了国内各民族的经济文化交流，采用“汉法”，改革“旧章”，使上层建筑基本适应经济基础的发展。农业方面以“农桑为急务”，扩大屯田网，开垦官地，安辑流亡，听民开荒。大面积种植棉花，越过长江流域，进入黄河流域，到达渭河流域的渭河平原，成为耕织结合的坚强韧带，使棉纺织品转为商品生产而进入商品流通。官营手工业比较发达，世祖灭宋以后，建立手工业局院70多所，匠户世袭，子孙不得脱籍，而民间手工业则发展很不平衡。

元时的商业与唐宋比较显得落后，发展缓慢。官营手工业产品主要是为军事和王公贵族奢侈之用，市场交易中主要是农副产品，棉花开始变为商品，产棉区“关陕闽广首得其利”。由于关陕成为棉花产地，加速了渭河流域农村经济商品化的进程。在商品经济的刺激下，政府的赋税不仅要实物，而且要征收货币，这就迫使农民不得不出售一些农产品以换取货币或用货币购买自己所不生产的商品去完纳实物税。所以，除棉花外，渭河流域的竹苇、元兴的生姜，以及酒、醋、粮等商品行销数量也较多，陕北与宁夏交界的一些地方成为商人集萃之地。

元代的官办商业占绝对优势，对盐、茶、酒仍实行官制商销的专卖引岸制。所谓引岸是指商人欲远销官盐等，须先购得盐引，每引400斤，须出代价银10两，累增至150贯，便可换得引票，成为专卖商人，才有权在政府指定地点运销。引岸法实对大商人有利，中小商人则很难染指。权势之家和僧道教士、色目商人，不仅挟势经商，而且抗税、偷漏税，包庇与己有利害关系的商人逃税，结果影响官府财政收入，加重一般穷人的税收负担，最后又转嫁到人民身上，阻碍了商业的正常发展，陷人民于更加悲惨的境地。

（三）明代商业

元末农民起义推翻了元朝统治。战乱之后荒地较多，明政府奖励垦荒，实行军屯、民屯和商屯制度，开垦荒地边地，渭河流域荒地的开垦一直到万历年间仍在进行。同时重视发展手工业，改变了元代手工业多由官方垄断的局面，民间手工业数量大增，手工业工场作坊不断涌现，手工技术也有提高，商品种类和质量均较前代大为增加和提高。随着农业、手工业的发展，扩大商品流通的保证条件大为改善。表现在交通运输有了明显进步，为大宗贸易服务的仓储机构日益增多，商业簿记、商用数字也有发展。与国内商品流通的发展相适应，渭河流域市场也发生了较大变化。

在商品经济发达的地区，相继出现了一些工商市镇，有些市镇还成为专业化的名特产品交易市场。交换的不仅是剩余农产品，而且有商品化的农产品和手工业产品，民生日用、奉生送死的生活用品交易日盛。交换的对手既有农民，也有商人。由于纺织业的发展，染料作物也日益扩展。染料红花的生产，渭河流域有较大的种植地区和交易市场。如泾阳石桥镇，“旧有红花市，每五六月间，贾商辐辏，往来如织”。三原之鲁桥镇、永寿之监军镇，均以粮食集散地闻名于渭北和陕陇。长安之引镇、周至之终南，均以地处终南山口而成著名的木材市场。

明代中叶以后，随着从商人数增多，商业活动频繁，商业资本实力的增强，商人社会地位的提高，于是出现了商业行帮和会馆。渭河流域商帮和渭河流域会馆在明代颇有名气，它由地方性的同乡组织发展成为客商联谊聚会的场所，主要是保护同乡同行或同乡数行的利益，增强同乡同业商人的竞争力量，与客商聚会洽谈生意。明代渭河流域商人虽比不上秦汉时代的渭河流域大贾，也比不上同时代的北之晋商、南之徽商，然而渭河流域商人仍是一个实力不弱的地方商人。当时，渭河流域商人已成为全国性的商人集团，经营范围大致以渭河流域为中心，奔走于西北、西南，输茶于陇青，贩盐于淮川，运布于苏湖，销烟于江浙，号称“陕西商帮”。

（四）清代商业

清王朝建立于公元1644年。由于明末连年战争，使社会经济遭到严重破坏，人口骤减，生产下降，造成市场萎缩，商业萧条，阶级矛盾和民族矛盾日益尖锐。清政府为了巩固其封建统治，采取“更名田”、减赋税、奖励垦荒等措施，以安定社会，恢复生产，促使经济的复苏。这一时期，全国农业生产欣欣向荣，出现“山谷崎岖之地，已无弃土，尽皆耕种”的局面；手工业的商品生产显著增长，出现资本主义萌芽。尽管其发展水平很低，地区间也不平衡，但对商品流通的扩大和国内统一市场的形成，起了积极的促进作用。

第二节　渭河流域的丝路文化

丝绸之路简称丝路，是指西汉时由张骞出使西域开辟的以长安为起点，经甘肃、新疆，到中亚、西亚，并联结地中海各国的陆上通道。由这条路西运的货物中以丝绸制品的影响最大，故得此名。其基本走向定于两汉时期，包括南道、中道、北道三条路线。丝绸之路是历史上横贯欧亚大陆的贸易交通线，在历史上促进了欧亚非各国和中国的友好往来。

一、张骞出使西域

西汉建元二年（前139年），张骞率领堂邑父和百余名精通骑射的士卒、向导从长安出发，取道陇西前行，开始了举世闻名的通西域之行。这是丝绸之路历史上的一个重大事件，具有深远的历史意义。

在张骞出使西域以前，渭河流域及其他地区的丝绸等物已远销西域各国，但中间却经过许多国家和民族的辗转贩运。张骞第二次出使西域时，从乌孙分遣副使往大宛、康居、安息、身毒等国，后来，这些国家纷纷遣使至长安报聘，建立直接的政治、经济、文化联系。同时西汉王朝不断派遣使者到西域各国进行政治和贸易活动，“一岁中使者多者十余”。与此同时，各国使者和商人也不断前来长安。

渭河平原的长安是丝绸之路的起始点。张骞两次出使前后20余年，“跋历山川，蹈越险阻”，足迹遍及数十国，旅程数万里。司马迁和班固都把他开辟的中西国际大通道的壮举誉为“凿空”。史学家用“凿空”二字记述了张骞西域之行的显赫功业。

自古迄今无数文人礼赞的汉中郡城固人张骞，确实是中国古代卓越的探险家、旅行家与外交家。他开拓汉朝通往西域的南北道路。西汉从西域各国得到了葡萄、石榴、西瓜、大葱、胡萝卜、蚕豆、黄瓜之类的东西，尤其是高头大马，让西汉武帝甚是欢喜。而汉朝的丝绸、漆器、玉器、铜器等精美工艺品和打井、冶铁技术先后都传到了西域。这样一来，极大地丰富了我国各族人民物质文化生活，促进了经济的共同发展，对于我国统一的多民族国家的形成和巩固有着深远影响。

二、丝绸之路

19世纪下半叶，德国地理学家李希霍芬在他1877年出版的《中国》中就将这条陆上交通路线称为“丝绸之路”，此后中外史学家都赞成此说，沿用至今。广义的丝绸之路指从上古开始陆续形成的，遍及欧亚大陆甚至包括北非和东非在内的长途商业贸易和文化交流线路的总称。除了上述的路线之外，还包括在南北朝时期形成，在宋代发挥巨大作用的海上丝绸之路和与西北丝绸之路同时出现，在宋初取代西北丝绸之路成为陆上交流通道的南方丝绸之路。虽然丝绸之路是沿线各国共同促进经贸发展的产物，但很多人认为，中国的张骞两次通西域，开辟了中外交流的新纪元，并成功将东西方之间最后的珠帘掀开。这条路线被作为“国道”踩了出来，各国使者、商人沿着张骞开通的道路，来往络绎不绝。丝绸之路是一条具有深远历史意义的国际通道，通过这条古道，把古老的中国文化、印度文化、波斯文化、阿拉伯文化和古希腊、古罗马文化连接起来，促进了东西方文明的交流。

（一）丝绸之路所经路线

丝绸之路北线由长安（东汉时由洛阳至渭河流域）沿渭河至虢县（今宝鸡），过汧县（今陇县），越六盘山，沿祖厉河，在靖远渡黄河至姑臧（今武威），路程较短，沿途供给条件差，是早期的路线。南线由长安沿渭河过陇关、上邽（今天水）、狄道（今临洮）、枹罕（今河州），由永靖渡黄河，穿西宁，越大斗拔谷至张掖。中线与南线在上邽分道，过陇山，至金城郡，渡黄河，溯庄浪河，翻乌鞘岭至姑臧。南线补给条件虽好，但绕道较长，因此中线后来成为主要干线。南北中三线会合后，由张掖经酒泉、瓜州至敦煌。中段：敦煌至葱岭或怛罗斯。

自玉门关、阳关出西域有两道：从鄯善，傍南山北，波河西行，至莎车为南道，南道西越葱岭则出大月氏、安息。自车师前王庭（今吐鲁番），随北山，波河西行至疏勒（今喀什）为北道。北道西越葱岭则出大宛、康居、奄蔡（黑海、咸海间）。由于南北两道穿行在白龙堆、哈拉顺和塔克拉玛干大沙漠，条件恶劣，道路艰难。东汉时在北道之北另开一道，隋唐时成为一条重要通道，称新北道。原来的汉北道改称中道。新北道由敦煌西北行，经伊吾（哈密）、蒲类海（今巴里坤湖）、北庭（吉木萨尔）、轮台（半泉）、弓月城（霍城）、碎叶（托克玛克）至怛罗斯。丝路西段涉及范围较广，包括中亚、南亚、西亚和欧洲，历史上的国家众多，民族关系复杂，因而路线常有变化，大体可分为南、中、北三道。

（二）文化交流

造纸术曾经为中国古代科技领先于世界做出了巨大的贡献，然而这种技术似乎只有东亚及南亚部分国家才有发达的造纸工业。随着丝绸之路的开辟，纸制品开始在西域以及更远的地方出现。人们已在楼兰遗迹的考古中发现了2世纪的古纸。而中亚地区虽然也是用纸，但没有发现造纸工业的证据。很多人认为造纸术的西传为欧洲及中亚带来了一次巨大的变革，而最初这场变革却是残酷的：唐朝与新兴的阿巴斯王朝在中亚的势力摩擦不断。在对中亚政治格局具有强大影响力的怛罗斯战役中，阿拉伯人将中国战俘沿着丝绸之路带回撒马尔罕，而这些战俘中就有长于造纸术的中国工匠。最终造纸术就这样传播到世界各地。

中国古代印刷术也是沿着丝路逐渐西传的技术之一。在敦煌、吐鲁番等地，已经发现了用于雕版印刷的木刻板和部分纸制品。其中唐代的《金刚经》雕版残本如今仍保存于英国。这说明印刷术在唐代至少已传播至中亚。13 世纪时期，不少欧洲旅行者沿丝绸之路来到中国，并将这种技术带回欧洲。15 世纪时，欧洲人谷腾堡利用印刷术印出了一部《圣经》。1466 年，第一个印刷厂在意大利出现，令这种便于文化传播的技术很快传遍了整个欧洲。

（三）宗教交流

关于佛教传入西域地区，目前尚有许多说法。但是国内外学术界基本看法是：佛教早在公元前 2 世纪以后，晚在公元前 1 世纪末已传入西域了。除了佛教，拜火教、摩尼教和景教也随着丝绸之路来到中国，得到了很多人的信仰，并沿着丝绸之路的分支，传播到韩国、日本与其他亚洲国家。

拜火教是中国人对波斯琐罗亚斯德教的称呼，该教沿丝路向东方传播，被认为是最早传入西域的宗教。拜火教曾是波斯的国教，在阿拉伯帝国兴起后被迫东移。有记载当时西域各国都信仰琐罗亚斯德教，在中国受到当时南北朝时期的北方各国皇帝的支持，唐朝时也有许多祆祠以备“胡商祈福”，地方统治者为控制拜火教的发展，设立萨薄一职，试图将宗教纳入国家管理体系中。但该教宋朝以后则基本消失。其宗教风俗则被维吾尔族、塔吉克族保留，成为一种民族文化的风俗。

景教则是叙利亚基督教聂斯脱里教派的一个分支。史料记载，景教在唐代初期博得皇帝好感，李世民曾批准教徒在长安兴建寺庙一所，初称“波斯寺”，后更名为“罗马寺”“大秦寺”。公元 755 年安史之乱爆发后，景教徒伊斯曾协助郭子仪平乱，后被赐紫衣袈裟。从 635 年开始，景教在中国顺利发展了 150 年，与祆教及摩尼教并称唐代“三夷教”。在会昌法难之后，景教慢慢走向衰弱，但一直延续到明朝天主教进入中国时。

第三节　秦商

渭河平原积累的先进的政治文明、经济文明和优越的自然地理环境曾经造就一代又一代名闻天下的巨商大贾，而且最终还形成了一个源远流长的商业帮派——秦商。

一、秦商的发展过程

秦统一六国后，建都渭河之北的咸阳。在咸阳城设“咸阳市”，作为商贩贸易的最大场所，还设置直市、平市、奴市、军市等专业市场。秦对国外商人采用“轻税”政策，使各地贩运更加频繁。在北方修筑了从云阳达九原的“直道”，新修了从咸阳到成都的“栈道”。同时统一货币，统一度量衡，车同轨，书同文，客观上有利于商品经济的增长，使秦商在进入封建社会后获得了第一次发展机会。后来秦因为暴政在秦二世时灭亡。

汉继承秦制，商品经济又有了新的发展。汉王朝多次强制迁徙六国旧贵族及高赀商人的后裔到长安周边地区，使秦商的力量获得了巨大的增长，有力地冲击了自然经济的束缚。汉王朝建都长安，使“长安商人”第一次名副其实地流播于世。

隋唐时期，社会经济的强盛，商品经济和市场的发展，使秦商以“天子脚下，首善之民”的优势获得了第二次发展浪潮。隋炀帝大业元年“迁天下富商大贾数万于东京”，培植了秦商的社会基础。进入唐代后，唐太宗励精图治，选贤任能，使中国封建社会经济发展到一个新的高峰。长安成为当时最大的国际商贸中心，城区面积 84 平方公里，人口近百万。秦商以“帝都商人”的雄姿，在唐帝国的广大区域内左右逢源，将大唐商人的雄姿展现得淋漓尽致。在通商贸易中，渭河平原涌现出了许多富可敌国的大商贾，明朝以前的秦商，位居三大商帮之首，在历史上曾被称为“国商”。

明政府为巩固边防，在渭河流域实行“食盐开中”政策，直接促使了渭河流域商品经济的发展和市场网络的形成。同时，为了安抚边外少数民族，在渭河流域实行“茶马交易”的特殊政策，为渭河平原商品经济的发展提供了新的历史契机。秦商抓住了明清中央对渭河流域实行特殊经济政策的历史机遇，以西北川贵蒙藏为势力范围，输茶于陇西，贩盐于江淮，运布于苏湖，销皮于江南，在中国中西部贸易通商领域迅速崛起，号称“关秦商人”或“西客”，成为明清商品经济和市场网络中活动的主体，出现了秦商发展的第三次高潮。

明清时期形成的秦商，以泾阳、三原为中心，以沟通东西部贸易为己任，树立起了“秦商”或“西商”的形象，称雄中国500年，而且还一度名列我国明清时期十大商帮的前列，和晋商、徽商齐名。江苏扬州是明清秦商的起身之地，在“食盐开中”的政策下，秦商输粮换引，赴扬州贩盐，使秦商在明代中前期成为扬州的第一大商帮，“淮盐以西商为大宗”，淮扬盐场的秦商势力重于徽商和晋商。清初为恢复川盐生产，清政府实行“招商引领，计口受食”的食盐产销政策，为秦商“弃淮入川”提供了难得的机遇，大量秦商携资入川，开拓商贸经营的新天地。

二、秦商的历史特点

渭河平原代表的是以精耕农业为核心的农耕经济，与之相对的是以青藏高原、黄土高原、鄂尔多斯高原为代表的以游牧为生的畜牧经济。两种经济结构本身都有着明显的产品单一性和对对方产品强烈需求的急迫性。拿高原上的少数民族来说，他们以游牧为生，食牛羊肉，喝牛羊奶，需要饮茶来化解油腻和帮助消化，可他们处于高寒地区，本身并不产茶叶，这便使得他们对内地农耕民族的茶叶有着无法遏制的巨大需求。他们对这些不能生产的生活品的巨大需求，使他们必须想方设法地从中原获得茶叶和丝绸。相对应的，中原农耕民族在冷兵器时代，战马是最基本的作战工具和军备物资，而良马都在西部的高原和草原上，从秦汉时期的大宛马、汗血马，到明代的西凉马，以渭河流域为界呈现着“天下腾蛟可用者不逾陕西”的局面。在这种情况下，中原的农耕民族为了加强国防力量，抵御边疆少数民族彪悍马队的侵扰，也需要从草原获得优质良马。

在这种地缘经济结构所形成的产品单一性极为突出的情况下，二元化的地缘经济结构使得这一地区成为交换性最强的地区，也是极容易产生大商人的地区。因为这种经济结构之间的差异所造成的交换性，决定了他们的交换量一定是满足一个地区、一个国家甚至一个民族的巨大需求。这便决定了秦商不可能做小打小闹的小本生意，他们一开始就是代表着国家从事着大规模的商品经营。

秦商来自沃野千里的渭河流域平原，这里天苍野茫，一望无垠，成就了秦人博大耿直、慷慨豪爽的性格特点，使他们做生意，大处着手，不拘小节，富有浓郁的雄性文化气场。秦汉以来的秦商，一个个莫不气势若虹，张扬夸耀，秦国的巴寡妇清，家财巨万，一次性给秦始皇陵提供的水银就高达100吨，陇上巨富乌氏倮家里的牲畜多得数不过来，只好用山谷来量。

到唐代，秦商更成为“帝国商人”，做的是全国的大生意。长安商人王元宝是长安城里从事房产和商贸最富有的商人。据说他用金银装饰居屋，墙壁上涂以珍贵的红泥，时人称为“王家富窟”，其“器玩服用，僭于王公”。有一次，玄宗问他：“你到底有多少钱?”元宝慢悠悠地说：“皇宫的后面有一座终南山，我用一匹绢捆一棵树，树捆完了，我的绢还没有用光。”绢在唐代可以当货币使用，一匹绢在开元年间可换得10多石粟，元宝之富可以想见。唐明皇见状，不由得感叹地说：“我闻至富可敌贵。朕天下之贵，元宝天下之富。”

到明清时期，秦商多做加工、贩运的长途调剂生意，一般生意做得都很大，做事明快，出手大方，在明清中国商界被冠之以“陕棒槌”的雅号。明代秦商到江南做棉布生意，一个商人动辄携银千万两乃至千百万两，购布上千万匹，被江南人们视之为财神爷，而且不纠缠价格的高低，明代松江府嘉兴镇就有“机声扎扎连夜操，关中贾来价更高”的歌谣。清代以后，秦商转向豫楚收购棉布，他们一个人就携带一大板柜银两，白天在板柜上吃饭，晚上在板柜上睡觉，当地的湖北人惊讶地称他们为“一大二土”。在襄阳两河口他们修筑的会馆华丽无比，当地流传的一首歌谣形象地说：“陕西会馆铁旗杆，山西会馆金銮殿，江西会馆像个瓷器店。”

三、秦商的荣辱观与创业精神

渭河流域是华夏文化的发祥地，因此秦商最大的特点就在于很好地传承了华夏民族优秀的传统文化。秦商的核心价值观可用八个字总结：厚重质直、忠义仁勇。“厚重”讲的是秦文化的积淀，“质直”体现了秦人的性格特点，纯朴耿直。“忠义仁勇”表现了中国的优秀文化，传统秦商所具备的“仁义、诚信”等特点是经过历史验证认可的，而这一特点，也是当前社会商业活动中所需要具备的素质。

从秦商的“老规程”“老话”中可以看出，老秦商的荣辱观既符合渭河人的性情，也符合工商业活动的需要。“生意要勤快，切勿懒惰，懒惰百事废；用度要节俭，切勿奢华，奢华则钱财竭”。老秦商将艰苦创业、艰苦奋斗、勤俭节约、艰苦朴素、反对铺张浪费提高到兴衰成败的高度，这种精神和传统是中华民族的优良传统之一，也是秦人的突出特点之一。以智求财，深谋远虑是秦人求财的老传统。老秦商具有“关陇军人”的宏大气魄，比较善于研究市场变化的规律，从大处着眼，谋大局，首先取得战略优势。秦商不欺不诈，随行就市，按质论价，正因为如此，秦商被誉为“人硬、货硬、脾气硬”的“三硬商人”。

不辞劳苦、奋斗经营的创业精神和恪守本职、坚韧不拔的敬业精神是秦商取得成功的根本所在。人生最苦为行商，异地求财，客地经商，困难和艰辛自不在话下。清代乾隆年间，成都的秦商欲修筑“陕西会馆”，却遭到当地人的阻挠，说会馆可盖，但不许动用当地一抔黄土，以免风水外泄。秦商毅然回到自己的故乡西安同州府，经千里巴蜀古道，硬是背着一口袋一口袋家乡的黄土，在四川盖了华丽的陕西会馆。明末清初，渭河流域大商人孙豹人在扬州做盐商，三年之间三至千金，后来一边业贾，一边读书，成为渭河流域有名诗人。康熙二十八年（1689 年）召试博学鸿儒科考，授官内阁中书衔，豹人固辞，曰：“吾侨居广陵（扬州）数十年饕餮待我，使我官京师，不令举家饿死乎?”遂辞官归商，宁不吏也贾，很是表现了秦商的敬业精神。

诚实经营，恪守贾道的求实诚信精神体现了秦商“长线远鹤，功在持久”的稳健经营作风。三原商人梁选橡业贾淮扬时，守支盐场历来有制，“按资次支给”，有险狡之徒规利往外别创一法名曰“超掣”，即通过贿赂上下而超越原定顺序率先支盐，因其获利寻常以倍，“一时乡人争先为超掣，咸来邀公，公不可，曰‘善贾者不获近利，善保者不身尝法，以若所为利即厚孰于资斧，吾何必舍吾自然而图未必然。且盐与他贾异名，虽两交而实关三尺，吾谨守之，视若曹之败也’。未几，首事险狡以乱制服法，公乃始大”。很是表现了秦商作风正派，操业自重的人格。

四、秦商留下的历史遗产

秦商500 年的商贸活动，为我们留下了极其丰富的历史遗产，这些遗产包括：第一，他们创造了以渭河北部泾阳、三原为中心覆盖渭河流域和整个西部的市场网络体系。这个网络体系促成了西部地区500 年经济的正常运转，其标志就是每月阴历二十八、二十九两日，西北各地商家将银两纷纷缴解各地座庄，再由座庄将银两押回渭河流域泾阳、三原总号的“标期”，从而带动了整个西部地区经济的动态发展。第二，他们创造了遍布渭河北部地区的商宅大院。秦商梦寐以求的就是在家乡筑建荫庇子孙的高房大院，这是他们商业成就的物象反映。这样的高房大院当年遍布渭北川道。著名的有：泾阳孟店的周家大院、三原的安吴堡吴家大院、泾阳王桥的于家大院、武功的路家大院、旬邑的唐家大院、渭南板桥的常家大院、各店的焦家大院、程曹村的曹家大院、韩城的党家大院等。这些商宅大院对我们构建渭河流域商家的“大院文化”，提供了实物资料。第三，秦商与山西商人共同创造了“合伙制”的经营体制。秦商靠“财东与掌柜的分权制经营体制”将自己的生意做强做大。这是中国历史上最早和最成功的企业制度创新。八百里秦川沃野千里，从而形成了秦人忠厚为本，诚实不欺，不尚空言的高尚品格。做生意丁是丁，卯是卯，不投机取巧，不拐骗坑人，而是以稳健持重著称于商界。诚信经营、仁义耿直是秦商的本色性格。

第九章　祖源圣地

——渭河流域的宗教文化

宗教作为古代社会中最具文化气息的一种精神现象，始终是渭河流域引以为荣的灿烂资源。经过2000多年的发展，这里不但成长起自己的宗教文化，而且广泛接纳来自世界各地的宗教。于是，除了道教和儒教之外，佛教最先来到这里，伊斯兰教也在唐代最先进入渭河流域，天主教在早期更是以长安为中心向全国辐射。渭河流域宗教的这种特色为后世中国宗教的发展走向与表现特征奠定了坚实的基础。

渭河流域的宗教既具有丰富的内容，也具有非常悠久的历史。根据考古学家的研究，早在原始社会时期，渭河流域就产生了最早的宗教萌芽。半坡村的墓葬和陶器上的图案都显示了当时已经有了对天、地的敬畏和对神灵的崇拜等宗教信仰。到了黄帝时代，原始的宗教信仰和宗教活动已经相当发达，并由此形成对后世影响极大的黄帝思想与黄帝崇拜活动。从那时起，渭河流域的宗教便迈入厚重、多样、复杂的发展阶段。而在西周时期，这里又成为国家宗教的核心地区，不但使这片土地深刻地浸润于这种宗教文化的氛围之中，而且也因为政治和文化中心的地位而在全国的宗教文化中起到举足轻重的作用。

西汉初期，身居长安的统治者尊崇黄老学说，清净无为的思想从这里向全国推行。黄老思想中的“无为寡欲”思想具有宗教的意义，并成为后世道教的思想核心。汉武帝在长安开始实行独尊儒家的文化策略，由长安开始的这一文化战略影响了中国2000多年的文化进程和政治结构。而就在西汉苦心经营起来的经学体系面临停滞和怀疑的时候，早期的道教和印度的佛教已经开始把目光投向渭河流域这块文化宝地。于是在西汉末年，佛教就正式进入长安，这标志着中国内地佛教步伐的开始。东汉后期，道教的萌芽形态也从四川迁播陕南，形成了中国最早的完整而实践性极强的道教形态。于是，渭河流域的宗教文化开始了一个崭新的阶段。此后，经过魏晋南北朝时期的发展，到隋唐时代渭河流域宗教趋于鼎盛阶段，成为中国乃至整个世界宗教文化的中心，为人类文明发展史留下了灿烂的一笔。

第一节　渭河流域的宗教概论

渭河流域宗教可以划分为几个时期：第一个时期是原始宗教时期。渭河流域半坡等地的原始遗址显示这个时期已经存在最早的宗教萌芽，灵魂不灭、万物有灵以及巫术等原始宗教现象广泛流行，而原始社会末期的宗教信仰与神话传说，在渭河流域已经成为凝聚早期华夏民族的重要纽带，祖先崇拜潮流中的黄帝崇拜以及自然崇拜、神仙崇拜等各种原始信仰在渭河流域均获得发展，使渭河流域成为中国宗教的最早发源地之一。第二个时期是商周国家宗教时期。商朝时期渭河流域处于边缘地带，到了西周，这里成为全国的政治、军事和文化中心，国家宗教体系从这里建立起来，并由此向全国推广，周天子作为至高无上的天帝的儿子，掌握最高的宗教神权，至高无上的天帝崇拜成为这个时期占统治地位的宗教形态。第三个时期是秦汉到隋唐的宗教多元繁荣时期。在这个阶段，渭河流域宗教经历了秦汉时期的求仙，两汉之际佛教的传入，东汉末年道教的形成，三国时代西行求法的肇始，西晋时代的第一次大规模译经，前后秦时代道安和鸠摩罗什僧团的佛教推广，尤其是隋唐时期在国家支持下的佛教道教的迅速发展以及其他宗教的多元并存，使渭河流域宗教达到鼎盛阶段。那个时期的渭河流域宗教，不但种类繁多，而且持续兴盛，并始终居于全国乃至整个东方世界的中心地位。第四个时期是宋元明清三教融合、日趋衰落时期。这个时期的渭河流域因为失去政治和文化中心的地位，而在宗教领域出现总体上的衰落趋势，渭河流域宗教在全国的地位已经不能同隋唐时代相比。但另一方面，这个时期渭河流域宗教对底层社会的渗透和影响更加浓厚。第五个时期是民国时期渭河流域宗教的有限复兴以及陕甘宁边区宗教信仰自由政策的推行。

总体上来看，渭河流域宗教在这个时期又有所发展，表现在：天主教和基督教势力的不断扩张，大量的教堂在三秦大地上矗立起来，西方人建立的宗教组织不断增加；佛教的复兴运动大力推进，讲经弘法活动和寺院的维修等有所发展；道教在民间的影响持续加强；民间宗教的势力也在扩增；伊斯兰教在清朝的重击之后开始复兴。但由于日本的侵略以及随之而来的内战，宗教复兴的趋势受到明显的阻滞。

从横向来看，渭河流域宗教具有如下几个特征：

第一，渭河流域宗教历史悠久。渭河流域是中国历史上最早形成宗教的地方之一。半坡原始人村落中心的空地被考古学家解释为从事宗教活动的场地，人面鱼纹像被解释为图腾崇拜。道教的核心经典《道德经》在这里诞生，最早的道教形态——五斗米道在这里建立起成熟的政教合一制度。佛教最早在秦代传入这里，西汉末年佛教最早为中国人所接受也发生在这里。伊斯兰教也是在唐代从这里开始了在中国的漫长历史。天主教、基督教在中国的历史最早于唐代也是从这里开始。

第二，渭河流域宗教种类繁多。可以说，凡是中国历史上存在过的宗教，渭河流域都存在过。主要有：原始宗教、古代国家宗教、道教、佛教、儒教、伊斯兰教、天主教、基督教、摩尼教、袄教、民间宗教、民间信仰等。这些宗教之中的不同教派在渭河流域也都曾存在并留下自己的深刻印记，尤其是佛教、道教、伊斯兰教、天主教、基督教等宗教的教派，在渭河流域丰富多彩。如今，渭河流域境内既有全国普遍存在的五大宗教，也有各种形式的民间信仰。

第三，渭河流域宗教对外联系密切。这不但表现在渭河流域各个宗教与省外各个宗教的交流自古以来就十分密切，成为全国宗教的一个有机组成部分，共同塑造了中华宗教的格局与特色，而且表现在渭河流域宗教密切的海外联系方面。从源头上来看，渭河流域成为佛教、伊斯兰教、天主教、基督教最早传入中国之地，在这些宗教的中外交流方面写下了特别的一笔。在后来的历史发展过程中，渭河流域宗教与海外的联系一直非常紧密，特别是佛教，在隋唐时期，渭河流域成为印度僧人来华传教、日本和韩国僧人来华求法的中心，大量外国人云集这里，大量的经典在这里翻译出来，并从这里传播开来，这里成为当之无愧的世界佛教交流中心。道教虽然是中国土生土长的宗教，但后来也向东亚各国传播，并对朝鲜、韩国、越南、日本等国家产生很大影响。渭河流域伊斯兰教和天主教、基督教的对外联系也十分密切。改革开放以来，渭河流域宗教领域的对外联系更是在一个新的层面上，以崭新的形态全面展开。

第四，渭河流域宗教地位突出。这是指渭河流域宗教在中国乃至整个世界宗教发展历史上具有特别重要的地位。例如，佛教、道教、伊斯兰教、天主教、基督教等最早是从这里迈开在中国的漫长历史；道教在这里诞生了它的核心经典，成为天下道家道教的总源头，全真教派由这里创立，形成源源不断的传承；佛教在这里成为进入中国的第一站，此后在西晋、东晋、北朝、隋、唐各代一直是全国乃至世界的佛教中心，这里翻译出几乎全部汉文佛教经典中一半以上的经典，诞生了八大宗派中的六大宗派，并在这里获得皇室的高度支持。佛教中国化是在这里逐渐形成的，又从这里传播到东亚各国。天主教、基督教以唐代景教的进入为传入中国的最早标志，大秦景教流行中国碑的发现昭示了渭河流域在中国天主教、基督教发展历史上的重要地位。

第二节　渭河流域的佛教

渭河流域有着悠久的佛教文化和浓厚的佛学氛围，陕西的关中地区素有佛教的“第二故乡”之称，不仅在中国佛教史上具有重要地位，而且在世界佛教史上也有着特殊地位。

一、佛教的传入

佛教产生于公元前6至5世纪的古印度，创始人为迦毗罗卫国净饭王的太子释迦牟尼。公元前 3 世纪时，印度孔雀帝国的阿育王皈依佛教，并通过国家的力量，组织大规模的传教队伍，向世界各地传播佛教。

印度佛教传入中国内地最早是从渭河流域肇端的。佛教界和部分学者认为，法门寺佛舍利塔就是这个时候由阿育王派遣的传教者建立起来的，只是因为秦始皇实行政治专制和文化钳制政策，焚书坑儒，法家以外的其他学说均难生存，供奉佛舍利的圣冢也默默无闻。西汉时期，直通中亚的丝绸之路由于政治军事的力量而畅通，张骞出使西域，得知佛国的存在，此后丝绸之路更加畅通，这便为佛教进入渭河流域和全国提供了基础。

学术界、佛教界绝大部分人认可的佛教传入渭河流域，也是最早传入中国的时间，是在西汉哀帝时。那时，位于现在中亚地区的大月氏国的使者伊存来到汉朝，给当时长安城里的博士弟子秦景宪口授《浮屠经》，这是关于佛教基本教义和佛教基本制度的经典。这件事发生在公元前 2 年，这是佛教思想教义传入渭河流域的开始。三国时期，朱士行作为第一个出家的中国人，从长安出发，西行取经，从而成为中国历史上最早的西行取经人。朱士行从长安西行出关，越过沙漠，辗转到了大乘经典集中地的于阗。在那里，他获得《放光般若经》的梵本。因受到当地小乘佛教信徒的阻挠，未能将经本很快送出。直到西晋太康三年（282 年）才由他的弟子弗如檀送回内地。而朱士行本人则终身留在西域，80 岁病死。朱士行从长安西行求法的举动既表明了当时长安地区的佛教有了进一步的发展，也彰显了长安在沟通内地与西域方面的重要地位。

二、两晋南北朝时期

从西晋时代开始，渭河流域佛教再次在中国佛教历史上呈现出显著的影响。这其中最著名的史实要算竺法护在这里的译经活动。史载，竺法护曾在长安西寺译经，他还在这里翻译了《金刚藏菩萨行经》一卷。此前，竺法护曾于西晋泰始二年（266 年）十一月八日至十二月三十日在长安青门内白马寺翻译《须真天子经》两卷，传言者为安文惠、帛元信，笔受者为聂承远、张玄泊、孙休达。东晋孝武帝太元四年（379 年），苻坚遣苻丕攻占襄阳，延请道安入住长安五重寺弘扬佛法，并主持翻译事业，前来学习和帮助翻译的有几千人。道安在这里共译出《中阿含经》《增一阿含经》《三法度论》等经典，并提出“五失本、三不易”的翻译理论，为后来的译经工作指出了正确的道路。道安还在这里提倡出家人以释迦为姓，一改魏晋沙门依师为姓，姓各不同的状况，从此开启了中国僧人姓释的历史。后秦时期，因为鸠摩罗什的到来，长安继前秦之后继续保持全国佛教传译中心的地位。

南北朝时期的渭河流域佛教虽然不像西晋和前后秦时代那样成为全国其他地区难以比拟的佛教中心，但从宏观上来看，其一直保持着发展上升的势头，堪称全国佛教中心之一。在这期间，渭河流域佛教第一次遭受“灭法”的沉重打击，随后在曲折中继续发展。北魏太武帝锐志武功，因沙门免兵役、徭役和免纳租调，致使大量人口游离于国家控制之外，加之太武帝为了争取汉族地主阶级的支持，尊崇儒家学说与道教，而将佛教视为“西戎虚诞，妄生妖孽”的外来之教加以排斥。至文成帝嗣位，即明令重兴佛教，准许诸州城郡县于众居处各建寺一所，并允许平民出家，寺塔经像渐渐修复，渭河流域佛教也逐渐复兴。孝文帝时鼓励佛教发展，迎像、度僧、立寺、设斋、起塔等佛事纷纷兴起，成实、涅槃、毗昙等佛教礼仪也开始盛行，渭河流域佛教迅速复兴起来。

西魏都城在长安，渭河流域佛教借助政治中心的地位迅速崛起。西魏文帝及丞相宇文泰都崇佛，文帝曾建立大中兴寺，并以道臻为魏国大统，道臻即大立科条，以兴佛法。宇文泰也提倡佛教，他曾在长安建立六座寺院，并命沙门昙显等依经撰《菩萨藏众经要》及《百二十法门》作为传播佛教的资料。取代西魏而兴的北周王朝，也以长安为首都。起初北周皇帝亦颇崇佛，随着佛教的发展，佛寺聚集了大量土地与财富，僧尼人口占到全国总人口的十分之一，严重影响了国家的租调收入与劳动力调用，引起世俗地主与僧侣地主之间的矛盾不断激化，加之在思想文化方面，很多官员与文人从治国安邦、维护纲常名教的目的出发，相继发表了很多激烈的排斥佛教的言论，对朝廷的宗教政策产生很大的影响。武帝重儒术，信谶纬，由于还俗僧卫元嵩和道士张宾的建议，意欲取消佛教，但因为佛、道二教争执不下，于是命令把佛、道二教一并废除，沙门、道士还俗，财物散给臣下，寺观塔庙分给王公，当时僧、道还俗的有200余万人。宣帝嗣位后恢复佛教，于长安和洛阳二京立陟岵寺，选择旧日有名望的沙门220人，在寺行道，并命智藏等为菩萨僧，任长安陟岵寺寺主。五月，静帝在长安继位，左丞相杨坚辅政，命全国恢复佛、道二教，渭河流域佛教从此又发展起来。

三、隋唐时期

隋唐时代的渭河流域佛教不但是渭河流域佛教历史上最辉煌的时期，也是全国佛教乃至整个世界佛教发展史上非常灿烂的一页。

隋代建都在大兴（今西安市），随着隋代在政治上的南北统一，渭河流域再次成为全国的佛教中心。隋文帝以佛教作为巩固其统治的重要手段。他首先下令修复毁废的寺院，允许人们出家，又令每户出钱营造经像，京师长安及并州、相州、洛州等诸大都邑由官家缮写大量经书，分别收藏在寺院及秘阁之内，从而天下风从，民间的佛经比儒家的六经多出数倍。在建寺方面，他于即位初年，即改北周宣帝所建立的陟岵寺为大兴善寺。此外，文帝在建国初年，仿北齐的制度，设置昭玄大统、昭玄统、昭玄都及外国僧主等僧官，以管理僧尼的事务。他于开皇元年（581年）授名僧僧猛为隋国大统三藏法师，七年（587年）又命昙迁为昭玄大沙门统，至十一年（591年）又诏灵裕为国统。文帝对于佛教义学的提倡，是以长安为中心建立传教系统，选聘当时各学派著名的学者，集中在都邑，分为五众：一、涅槃众；二、地论众；三、大论众；四、讲律众；五、禅门众。每众立一“众主”，领导教学。隋炀帝也笃好佛教。他为文帝造西禅定寺，在长安造清禅、日严、香台等寺，又舍九宫为九寺，并在泰陵、庄陵两处造寺。

隋代译经也是以长安为中心展开的。首开译经的是北天竺乌长国的那连提黎耶舍，他应文帝之请，驻长安大兴善寺，译出《大庄严法门经》

等8部23卷。同时，毗尼多流支也在长安译出《大乘方广总持经》《象头精舍经》。隋代渭河流域还兴起一些在家佛教信众的组织，有一种称为“义邑”的信仰团体，还有一种和它类似的“法社”。义邑的成员有时多到一两千人，和它相类似的法社，则是贵族或在家人士和若干僧尼的团体。故义邑需要有佛教素质较高的“邑师”主持指导，而在法社除“俗讲”等外，则无此需要。另外，当时还有一种供设斋食的集会，即所谓“斋会”，在纪念、庆祝、祈愿等时节举行。

在佛教文学艺术方面，隋代的渭河流域也是全国的中心。当时，长安一带用佛教理趣入诗的有文帝、炀帝、费长房、卢思道等的作品。沙门彦琮、行矩、慧影等的文学撰作也很出名。隋代的佛画家，有杨契丹、尉迟跋质那、昙摩拙叉等。隋代渭河流域的佛教建筑，以文帝所造大兴善寺、东禅定寺，炀帝所造西禅定寺最为宏伟。

隋代渭河流域佛教不但在全国拥有中心的地位，而且对四邻诸国也产生深刻影响，特别是当时的高句丽、百济、新罗及日本。炀帝初年，四邻诸国来学佛法的僧徒云集长安。日本摄政者圣德太子于大业三年（607年）遣使者小野妹子来朝，并且带了沙门数十人来学佛法。第二年又特选僧旻、请安、惠隐、广齐四人跟随小野妹子前来。炀帝把这些外来留学的僧徒安置在鸿胪寺的四方馆，并且先后召终南山悟真寺净业、玉泉寺静藏、长安大庄严寺神迥、弘福寺灵润入鸿胪馆担任教授。这些措施对于后来各国佛教的流行产生很大影响。

唐朝在建立初期，虽然奉行尊道政策，对佛教有一定的抑制，但很重视对佛教的整顿和利用。太宗即位之后，重兴译经事业，并在旧战场各地建造寺院，促进了佛教的发展。文成公主从长安入藏，带去佛像、佛经等，使汉地佛教深入藏地。玄奘从印度求法回来，朝廷为他在长安组织了大规模的译场。到了武则天时期，为了利用佛教为其政治利益服务，一代女皇大兴佛教。尽管当时的政治中心在洛阳，但渭河流域的佛教依然获得迅速发展。玄宗时虽曾一度整顿和淘汰僧尼，但因为善无畏、金刚智、不空等人在长安大力弘扬密宗，有助于巩固政权，佛教再次得到帝王的信任，不但促使密宗的形成，而且推动了当时佛教的发展达于极盛，仅佛教寺院就比唐初增加了一半。安史之乱使渭河流域佛教遭受严重摧残。渭河流域佛教经此打击，一蹶不振。

唐代的渭河流域也是中国佛教宗派的主要发源地。佛教宗派的兴起一方面是因为佛教的传播日广，要适应各阶层信徒的要求，就不能不有各种教理和修持的体系；另一方面也是因为寺院的经济基础日益庞大，佛教徒采取了用宗派形式加强组织，以维持其既得的利益。除了天台宗和禅宗以外，中国汉传佛教八大宗派中的六大宗派发源于渭河流域。起源于后秦时代的三论宗，经过后代的不断发展，隋代时期已具雏形，其实际创始人吉藏晚年居住长安，完成了三论宗主要理论体系的创建。

慈恩宗是由玄奘和其门徒在长安建立起来的。因为该宗主张万法唯识，所以又名唯识宗；又因为该宗注重对法相的分析，所以又名法相宗；还因为玄奘及其主要弟子长期居住在慈恩寺，所以又名慈恩宗。该宗遵奉印度无著、世亲相承而下直到护法、戒贤的瑜伽一系学说，以《瑜伽师地论》及其附属论书为典据，主张众生种姓各别，又用“唯识所现”来解释世界。律宗也兴起于长安。道宣继承北朝慧光到智首的律学系统，在长安专事《四分律》的弘扬。因为他后来居住在终南山净业寺和丰德寺，所以一般称呼他这一系传承的律学宗派为南山宗。华严宗最初由法顺创立于长安，接着有智俨在终南山一带著述《搜玄记》《孔目章》等，对《华严经》做了纲要性的解释，奠定了该宗的基本体系，历史上称智俨为华严宗二祖。被称为三祖的法藏因为参加了《华严经》的新译，理解经文更为透彻，进一步充实了该宗的学说，从而正式建成了宗派，后人即以他的法号“贤首”作为该宗的名称。密宗作为中国汉传佛教八大宗派中的一个特殊宗派，是由善无畏、金刚智来长安之后创立的。他们在印度时修学的地点不同，分别传承了胎藏界和金刚界的法门，到达长安之后，则互相授受，从而融合成更丰富完整的体系。当时，日本也一再派遣学僧来华传习，归国后传播此宗。但在中国，不空以后，经惠果、义操、义真等数传，该宗就逐渐走向衰颓。净土宗立宗的端绪可上溯到北魏时代的昙鸾。唐初道绰继承其说，继续倡导。他的弟子善导来长安传教，净土信仰由此才在渭河流域站稳脚跟。善导著有《观经疏》，建立了该宗的基本体系，被后世视为该宗的真正创立。其后怀感、少康等人相承不绝。

此外，隋代信行禅师在长安创立三阶教，在一度被禁后，因其门徒甚多，又受到隋代重臣萧瑀、高炯等的维护，得以保全实力，延续到唐代，又在长安恢复了相当的盛况。到了武周证圣元年（695 年），才明令判为异端，此后朝廷又相继多次限制打击。尽管如此，三阶教的潜势力依然在长安地区存在，直至唐末。

到了唐朝末年，除了上述各宗派的教义继续传播并发挥影响外，还有直接和群众生活相联系的种种民俗性佛教活动。当时渭河流域民间佛教徒的崇拜对象一般有弥勒、弥陀、观音、文殊等佛、菩萨。佛舍利崇拜也在唐代盛极一时，尤其是关中西部的法门寺，在唐代成为皇家寺院，朝廷多次迎奉佛指舍利，影响盛极一时。当时全国佛教有四大朝拜圣地，其中渭河流域就占两处：一是扶风的法门寺，二是长安城南的终南山。

唐代渭河流域佛教对国外也产生深刻影响，尤其是朝鲜半岛和日本。当时很多新罗和日本的学僧来到长安留学，得到各宗大师的传承，归国以后开宗立说。新罗在唐初来长安的有义湘，他在终南山学法于智俨，而太贤、道伦则受学于玄奘之门，后来还有惠日在长安从惠果传胎藏密法。日本学僧入唐求学之风尤盛，唐初就有道昭、智达、智通来长安从玄奘受学，其后又有智凤、玄昉来长安从智周受学，归国后分为南寺、北寺两传法相之学，而成立专宗，代代相传。日僧道光先入唐在长安学南山律，后来，在长安受戒学律的鉴真律师赴日传戒，成立了日本律宗。空海入唐在长安青龙寺从惠果受两部秘法，归国后创立日本真言宗。唐代渭河流域的佛教对日本产生的影响一直持续到今天。

四、宋元明清时期

唐朝灭亡之后，长安便失去了国都的地位。政治中心东移，长安文化中心的地位也随之丧失，所以，唐代之后的渭河流域佛教进入了平凡发展的时期，主要表现在高僧缺乏、寺院衰落、义学不振、文化艺术创作趋于冷落等方面，但佛教的活动与影响民众的力量依然存在，佛教寺院的维护、佛教造像的维修与再建、佛教信众的延续等都代代相续。

五代后梁时期的朱温在离开长安时，拆掉长安宫殿寺观的木料，自渭河运往河南开封使用，长安佛教因此而遭受沉重的打击。宋政权建立之后，一反北周抑佛的政策，给佛教以适当保护，以巩固其统治地位。渭河流域的寺院在这个时期获得有限的恢复。徽宗时由于笃信道教，一度命令佛教和道教合流，改寺院为道观，并使佛号、僧尼名称都道教化，这给佛教以很大的打击，渭河流域佛教也深受影响。

宋室南渡之后，渭河流域为金朝统治。金朝为女真族建立的政权。女真族在其开国以前就已有了佛教信仰的流行。女真建国后，佛教风习依旧盛行，特别是占领宋都汴京之后，更受到了宋地佛教的影响。因此，从全国来看，佛教在金代有所发展，渭河流域佛教则继续保持低落中的延续状态。

元世祖忽必烈即位前，邀请西藏的名僧八思巴东来，即位后，奉为帝师，命掌理全国佛教兼统领藏族地区的政教。汉族僧徒与河西回鹘僧，仍受到礼遇。元初佛教界一些著名人物或为朝廷所尊信，或居政府的要职，对于当时佛教的护持，起了相当重要的作用。元代管理佛教的机构，最初设总制院，即以国师为领导，后又设功德使司。渭河流域佛教在当时也被纳入这一管理体系之中。

明代政权建立之初，有鉴于元代崇奉喇嘛教的流弊，转而支持汉地传统的佛教各宗派，因此喇嘛教在内地渐衰，而禅、净、律、天台、贤首诸宗逐渐恢复发展，渭河流域佛教各宗也有了微弱复兴的迹象。其中禅宗和净土宗在渭河流域最为流行。明太祖登基之后，便对佛教有意加以整顿。清代渭河流域佛教与明代的态势基本相同。清朝政府仿照明代僧官制度，在京设立僧录司，所有僧官都经礼部考选，吏部委任。各州、府、县的僧官则由各省布政司遴选，报送礼部授职。所有僧官的职别名称，都和明代无异。

五、祖庭之地

佛教有八大宗，其中六宗（三论宗、法相宗、华严宗、净土宗、密宗、律宗）源于渭河南岸的西安。

（一）玄奘在慈恩寺创立法相宗

玄奘，原名陈祎，今河南偃师人，通称三藏法师，俗称唐僧，是佛教法相宗（也称法相唯识宗）创始人。唐代佛教盛行，玄奘于唐贞观三年（629 年）西出玉门关到印度那烂陀寺从戒受学，游历各地，名震印度。玄奘在中国佛教史上是个有多重贡献的高僧，在世界文化史上都有着极其重要的地位。他遍学了传入中国的各家经论，但也看到其间所隐含的相异之处，特别是在同一个瑜伽行派的体系里，在中国佛教中又形成摄论学派和地论学派的重大差别，而在地论学派里，又分化出南北二道。隋唐诸宗，立宗的趋势是侧重一点而融合各家，玄奘也想解决这些分歧，他选择的也是西行求法的道路，希望在印度能找到统一国内诸家异说的经典。玄奘带回并译出大量经典。组织法相唯识理论，而有法相宗的创立。法相宗，因慈恩寺是其创立的祖庭，又称慈恩宗。法相宗，又作慈恩宗、瑜伽宗、应理圆实宗、普为乘教宗、唯识中道宗、唯识宗、有相宗、相宗、五性宗。广义而言，泛指俱舍宗、唯识宗等以分别判决诸法性相为教义要旨之宗派，然一般多指唯识宗，或以之为唯识宗之代称。为中国佛教十三宗之一，日本八宗之一。以唐代玄奘为宗祖，是中国众多佛教派系中以法相立宗的大乘佛法派系，也是直接修证和修炼佛法的融理论与实践于一体的最高佛学宗派。

（二）三论宗

鸠摩罗什在草堂寺创立三论宗：鸠摩罗什，西域龟兹国人，祖籍印度。鸠摩罗什创立三论宗，三论宗以诸法性空中道实相为理论核心，以“破邪显正”为传教切入点，破邪与显正是辩证的统一。三论宗祖庭——草堂寺，距西安约 50 公里，位于陕西省户县圭峰山北麓，东临沣水，南对终南山圭峰、观音、紫阁、大顶诸峰，景色秀丽。该寺约创建于距今 1500 多年的东晋末年，不仅是佛教的著名古刹，也是三论宗祖庭，还是名闻关中的古迹胜境。因其以草苫为寺中一堂屋顶，故名。北周时毁，唐宋以后多次重建。今有大殿三间及鸠摩罗什舍利塔等。

（三）净土宗

善导在香积寺创立净土宗。善导，山东临淄人，游历密州、庐山，后转入长安，创立净土宗，提倡以念佛名为号，口念“阿弥陀佛”，为净土宗标志。唐代诗人白居易写下《念佛诗》有“普劝法界众，但念阿弥陀”的诗句，因此长安香积寺成为净土宗的祖庭。净土宗的经典被称为“三经一论”，即《无量寿经》《观无量寿经》《阿弥陀经》和《往生论》。

（四）华严宗

杜顺在华严寺创立华严宗。杜顺，万年县（今西安市）人，18 岁出家，受业于因圣寺，受到唐太宗的礼遇，著有《华严法界观门》《华严五教止观》。华严宗二祖为智俨，天水人；三祖为法藏，祖父由康居国迁来长安；四祖澄观，浙江绍兴人；五祖崇密，四川西充人。五祖一脉相承，相继发展。华严宗的理论核心是《华严十地品》，第六品为“地品”中的三界唯心，在此基础上构成三方支架，即六相圆融，十玄无碍，法界缘起。华严寺为世界佛教界公认的华严宗祖庭，建于隋唐之际。时有会圣院、澄襟院、真如塔院等主体建筑，道场庄严，规模宏大。华严宗五代祖师、一行大师、善无畏三藏等高僧被下诏敕住，管理寺院及全国佛教，影响深远，一度成为“世界佛教中心”。

（五）密宗

惠果在青龙寺创立密宗。惠果法师，即惠果阿者黎，唐代密宗僧人，因常住青龙寺东塔院，也称青龙和尚，俗姓马，陕西省西安人。9 岁随昙贞学佛经，17 岁向不空求授密教真言，22 岁又于善之畏弟子空超阿者黎处受胎藏、苏悉地等法，师事不空 20 余年，尽学不空所传瑜伽未能门，穷尽三密四曼秘奥，唐太宗登位后，赦为内道场护持僧，后又备受德宗、顺宗的礼遇，被称为三朝国师。他在青龙寺塔院设灌顶道场，受他灌顶者比比皆是，上至花阳公主，下至庶民百姓。日本僧人入唐求法，受学惠果，后来成日本真言宗的开山鼻祖，对日本文化教育做出巨大贡献，被誉为日本的“孔子”。密宗有三密，口密是口诵真言，身密是手结契印，意密意观菩萨心。认为世界万物由地、水、火、风、空、识“六大”构成，“六大”是如来佛的法身，是密宗产生的本源。

（六）律宗

道宣在净业寺创立律宗。道宣，自幼聪慧，9 岁能作赋，15 岁出家，20 岁受戒，先后依止智首律师，钻研律学，道宣以大乘教《四分律》广弘律学一脉，其中《四分律删繁补阙事钞》《四分律删繁随机羯磨疏》《四分律含注式戒本疏》被称为“南山三大部”，在中国佛教史上占有极为重要的地位，所著《关中创立戒坛图经》成为后世戒坛之模范。道宣弟子千人，著名的有大慈、文纲等，后由道宣再传弟子鉴真，将律学传到日本，成为日本律宗的祖师。

第三节　渭河流域的道教

道教是我国五大宗教中唯一的本土宗教，渭河流域是中国道教的发祥地，渭河流域道教是中国道教的重要组成部分。

一、道教思想的来源

道教思想的来源主要为：

第一，神仙信仰。在史前时期，今渭河流域大地的先民，就已有了灵魂不灭的观念，后来又逐步出现祖先崇拜、英雄崇拜和自然崇拜，占卜、祈祷、驱邪等巫术仪式广泛流行。在今渭河流域地区最有代表性的神仙信仰是信西王母、伏羲、女娲、黄帝、老子。

第二，长生方术。春秋战国至秦汉时期，胎息、行气、导引之类的养生健身术和服食药物之类的医药术出现于民间，追求长生不老的神仙方术以及以此为业的方士也应运而生。秦汉之际，方士凭借“长生不死”之术步入宫廷。至汉武帝时，建立起一整套神仙信仰的体系及制度。汉武帝元封二年（前109年），武帝在长安建蜚廉桂观，在甘泉宫建益延寿观，同年，又在南郊太乙谷口建太乙宫、在终南楼观北建望仙宫、在华山下建华岳观、在华阴等地建望仙观，又在终南山子午谷内建玄都坛。后世道教称道士修炼之处名宫、观、台等，实源于此。武帝死后，方士受到冷落，但“长生不死”之术仍为帝王及大众所喜好，神仙方术因此而延绵不绝。

第三，黄老学术。黄帝是中华民族的人文初祖之一，主要活动在今渭河流域境内，并归葬于此。至战国及秦汉以后，一些学者据历代流传下来的黄帝言论，撰成大量托名黄帝的著作，影响较大的有《黄帝内经》《黄帝针灸法》《黄帝脉书》《黄帝阴符经》等。老子曾任东周守藏室之史。后因周室内乱，辞官入函谷关，关令尹喜请为著书，遂在楼观撰成《道德经》。老子代表的楚文化，入秦以后与秦地流传的黄帝思想结合，形成黄老之学。黄老学分为政治哲学与养生方术两个方面，故又为方士所用。由战国至秦代，黄老学术广泛流行于今渭河流域地区。老子崇尚的“清净无为”曾一度成为西汉初的治国思想。

第四，祭祀仪式。秦地的祭祀制度形成较早。春秋时已开始祭祀五岳、四渎，民间则普遍祭祀日、月、星、辰、山、河、风、雷以及门、灶诸神。至秦汉之时，崇祖之风更盛，祭祀之神多达百种，成为后世道教神谱的主要来源。而祭祀诸神的仪式也成为道教仪范形成的来源之一。由于上述思想来源的影响，加之汉武帝推行“罢黜百家，独尊儒术”的政策，黄老学术遂转向民间发展。

二、两晋南北朝及隋代时期的道教

两晋南北朝时期，渭河流域分属南北二朝统治，关中地区的许多大士族是信奉天师道的世家，如冯翊寇氏、京兆韦氏等。北魏时，嵩山道士寇谦之改革天师道，使道教有了新的发展。经寇谦之改革后的天师道，受到朝廷的大力支持，寇被封为“天师”并在京城设立天师道场。太平真君七年（446 年），太武帝下令灭佛，奉道教为国教。北齐天保六年（555 年），道教与佛教论争失败，文宣帝下诏废道，道士皆削发为僧。但关中属西魏控制区，道教未遭禁断，并因楼观派的活跃而得以延续，奠定了唐代道教在渭河流域大发展的基础。

楼观道是直接继承黄老道并与后起的五斗米道、南北天师道结合而形成的道派。这一道派的活动范围包括华山、长安城周边及西部的关陇一带。至北魏时，受寇谦之改革天师道的影响，逐渐成为成熟道派。其教团组织、宫观建设、经典构置颇具规模，并在统治者及民间有了较大影响。隋文帝时期，关中地区的道教有了进一步发展。开皇二年（582 年）将北周所立通观道由长安故城移入新城崇业坊，与佛教兴善寺并列，改名玄都观。并在长安各城坊建灵感、清都、澄虚等道士观和至德女冠观，修整楼观庙宇，刻立正、草、隶、篆四体《道德经》碑置于庙中。开皇十六年（596 年）在宝鸡吴山建吴山庙及会仙、圣寿二观。开皇中还诏令大修楼观宫观，度道士 120 名。隋初还在玄都观集义学道士研究三教之学，整理道教教义。所编《玄门大义》乃当时道教教义之百科全书。

三、唐代时期的道教

唐代，由于朝廷长期奉行崇道抑佛政策，尽管因基础相对薄弱其活动规模始终不及佛教，但道教的显赫地位使得有唐一代成为渭河流域道教的巅峰。隋末，天下大乱，社会上政治流言纷起，楼观道士预言了隋的灭亡并参与了反隋的活动。李渊在晋阳起兵反隋，其女平阳公主在终南山宜寿宫（今周至县境）组建娘子军时，岐晖当即呼李渊为“真主”“真君”，并以观中赀粮接济娘子军。李渊入关时，他又带 80 余名道士前往蒲津关迎接。道士们的这些举措，为李氏集团夺取军事上的胜利以及日后崇道政策的施行起了很大作用。唐王朝的崇道，包含两方面的内容。

首先是对道家思想的推崇，如将《老子》《庄子》列入学子必读书目，将清净无为思想贯彻于国家政治；其次是对道教予以扶持，其特点是大力散布老子神话和追求神仙方术。

乾封元年（666 年），高宗追号老子为太上玄元皇帝，令天下各州建老子庙，各度道士 7 人。上元元年（674 年），武则天迎合李唐宗室的崇道热潮，上书高宗，要求王公百官都习《老子》，成为一项制度。武则天称帝之初，仍沿前制，并追尊老子之母为先天太后。至天授二年（691 年），始改李氏的国策，实行佛先道后。长寿二年（693 年），命举子等罢习《老子》，改习武则天自撰的《臣轨》，以后又取消老子“玄元皇帝”称号，复称老君。玄宗李隆基幼时对武则天利用佛教称帝专权十分不满，即位后恢复崇道抑佛政策。他大力推行清净无为的治国方略，简政轻刑，节欲戒奢，为实现“开元之治”起了重要作用。

武宗李炎即位前就好道术，开成五年（840 年），召集道士赵归真等 81 人入宫修金箓道场，又任命赵归真为左右街道门教授先生。登基后迅速将崇道活动再度推向高潮。唐僖宗时，由于王仙芝、黄巢起义，为挽救危亡，不得不求助于圣祖老子，又编造了一些老子显灵的神话，最终也没能保住李氏王朝的江山。关中地区的道教，也随着唐朝的灭亡，由巅峰迅速跌落。有唐一代，渭河流域境内修建道教宫观 102 处，其中长安城 52 处。活动于渭河流域的著名道士有孙思邈、叶法善、司马承祯、吴筠等，睿宗之女金仙、玉真二公主及数名公主入道，其中玉真公主最为著名。

四、五代至明清时期的道教

唐代以后，随着国都东移，长安作为全国政治经济文化活动中心的地位已一去不复返，道教在唐代盛极一时的地位失去了存在的基础。同时，随着道教和儒、释二教的融合和自身的分化、组合，道教出现了许多新的特点。五代时，因战乱不止，许多饱学之士纷纷隐遁于华山至终南山一带的秦岭山中，学仙修道，并形成将儒释道三教合流的关中道教哲学流派。长期隐居于华山的陈抟更是内丹学发展史上承上启下的关键人物，为丹道炼养融入浓厚的哲理色彩，并据《太极图》模式，奠定了内丹炼养中得窍、炼己、和合、得药、脱胎、还虚等五个阶段。

北宋时，朝廷拟以黄老思想为治国之策，并效法李唐王朝，编制了“翊圣保德真君”降显的神话，又一次兴起崇道高潮，至真宗时达到最盛。“翊圣”降显的神话，即发源于渭河流域。太宗即位后，在终南山修建规模宏大的上清太平宫供奉“翊圣”。“翊圣”成为宋王朝供奉的尊神，国家凡有重大政治军事活动和水旱灾害，皇帝都要派人前往终南山上清宫祭祷。大中祥符元年（1008 年）后，真宗大规模崇奉道教，诏令全国各地修建天庆观。徽宗宠信道士林灵素，下令改佛为大觉金仙，寺为宫观，僧尼为德士，并令各地建神霄万寿宫。渭河流域境内在唐末五代被毁坏的宫观有所恢复，并增建了一批宫观。到北宋末年，除楼观、华山等地保留的唐以前宫观外，渭河流域境内的宫观达到45 处，南宋初关中又增加了3 处。

自南宋建炎元年至绍兴元年（1127 年—1131 年），金军3 次攻陕，经反复争夺，宋军退守至秦岭以南，宋金以秦岭为界分而治之。大定年间，在关中地区兴起了一个新的道派，即全真道。其创始人王中孚（重阳）及其弟子马钰（丹阳）、丘处机（长春）等以长安西部地区为中心，进行了数十年的艰苦传道，使全真道势力遍及关陇，进而传播至北方广大地区。先于全真道而创立于沧州的真大道，也有信徒活动于关中地区，其第九祖普济大师张清志就是乾州人，长期活动于华山、太白山一带，并在长安、扶风等地建有真大道宫观。经过全真和真大两个道派的努力，连同北宋所建，到金末，渭河流域秦岭以北地区共有道观91 处。

金正大八年、元太宗三年（1231 年），蒙古军进攻关中，各地宫观多遭损毁，终南山祖庭灵虚观被焚毁。由于丘处机的努力，全真道受到蒙古统治者的特殊礼遇，因而在战争结束后，道教活动得以迅速恢复。元太宗六年（1234 年），全真道掌教尹志平授李无欲任渭河流域道门提点，令其入关复兴祖庭；八年（1236 年）春，尹志平又亲自入陕规划指导。在李无欲率领下，灵虚观得到全面修复，并对唐宋以来的著名宫观进行修复。不到10 年时间，就在关中形成了以祖庭重阳宫为中心的全真道宫观群。宋理宗嘉熙二年（1238 年），继任全真道掌教李志常奏请改灵虚观为重阳宫，最终获准。元代中叶以后，道教诸派渐归于全真、正一两大派，而渭河流域境内除少数真大道宫观外，基本上属于全真道。元末，全真道失宠，道教地位再次下降，渭河流域境内的道教活动也较前消沉。

明清两代，道教由注重个人清修的宫观道教转向与民间信仰合流。从明初起，正一天师成为全国道教的统领和代表，金元时期被全真道一统天下的渭河流域，也传入了正一道。明初开始广泛修建的城隍庙，大多为正一道士所居。自陕南至陕北的广大区域，正一道士还散居民间从事各种宗教活动。明中叶后，以崇奉真武大帝为主尊的真武庙、祖师殿、玄天宫遍及渭河流域各地，武当道士的足迹也从汉水上游的陕南越过秦岭，深入关中地区。到明末，渭河流域境内建立的道观共计220处，数量超过历代各个时期，但其中规模宏大的较少。

渭河平原地区的道教在明清时期发生了一个巨大的转变，即出现了世俗化倾向，在很大的程度上与民间的信仰合流。主要表现在两个方面，一是兴起对城隍的信仰，二是庙会的繁荣。这与正一道接替全真道统驭该区有很大的关系。正一道在渭河平原地区一般是以民间信仰的面目出现，绝大多数的道士都是散居的火居道士。他们居家婚育，兼有一定的社会职业，主要的职能是主持斋醮、择吉相宅、驱邪避秽、阴阳风水等，实质上是向社会提供民俗性的宗教服务。有的正一道士所为往往与巫者为伍，难以分辨。正一道也有自己的宫观，大多依托城隍庙。城隍的职能是保护地方平安，亦包括冥界县乡官吏的管理。加之城隍庙都位于城镇繁华地区，所以成为香火最盛的宗教活动场所，不仅吸引了大量的普通民众，地方官员也频繁涉足。故在明清时期，渭河平原地区的大型道教宫观较前代大为减少，但与道教信仰有关的民间祭祀小庙则大大增加。这类民间小庙旧时称为“社庙”，发端于明嘉靖年间世宗皇帝带头兴起的斋醮热，地方官府上行下效，利用水旱虫灾之机，建庙设坛，导致社庙大量产生。在明代兴建的基础上，清乾隆之后又得以大肆地维修和扩建，使之成为民众社区生活的重要组成部分。

渭河平原地区的道观和与道教有关的祠庙有200余座，遍布渭河平原地区的各个市、县、镇。其中有名的道教建筑有宝鸡金台观、扶风清真观、合阳玄武青石殿、华山纯阳观、华山翠云宫、华山东道院、华山全真观、华山群仙观、华山太虚庵、华山无量观、华山仙姑观、华山云台观、华山玉女祠、华山玉泉院、华山镇岳宫、华山紫云宫、华县玉泉洞、华阴华岳观、华阴西岳庙、户县重阳宫、景福山龙门洞道院、麟游仙游观、陇县药王洞道院、岐山武侯祠、岐山周公庙永仙观、药王山太玄洞、药王山南庵、周至楼观台、西安八仙宫、西安城隍庙、西安东岳庙、骊山老母殿、三原城隍庙、韩城城隍庙等。

道教是我国唯一的一个源自本土文化而产生发展的民族性宗教，其宗教教义主要源于道家思想，在发展的过程中又杂糅了儒家、佛家和阴阳五行等思想，有着浓郁的民族性。在道教发展的历史进程中，道教文化不断地与中国的民俗文化互相影响、相互融合，形成它独特的文化魅力。古渭河平原地区是道教起源和发展的重要地区之一，从东汉末年道教正规教团的正式形成，到唐代李氏王朝为加强自身的封建统治而立道教为国教并大力扶持其发展，道教的发展基本上是呈上升的趋势，并在唐代达到极盛。唐末，由于社会动乱和政治中心的东移，渭河平原道教的极盛局面一去不复返，虽然在宋元时期小有恢复，但与前朝的发展已不能同日而语。到了明清时期，道教的发展更是呈现出明显的衰退趋势，最终退出宫廷走入民间，与我国传统的民俗文化相融合，模糊了道教和民俗的文化界限，使其逐渐走向世俗化。

第四节　渭河宗教与文人诗作

华严寺位于长安城南少陵原，下瞰樊川，寺中有华严双塔，是城郊登高览胜、远眺终南的绝佳去处。北宋建隆元年（960 年）闰二月，张礼一行人等沿着唐人游览路线到华严寺中观景，张礼在游记《游城南记》

记载："东上朱坡，憩息华严寺，下瞰终南之胜；雾岩、玉案、圭峰、紫阁，粟在目前，不待足履而尽得也。"华严寺确是观览终南山美景的有利位置，因此多为唐人吟咏，如今留有10首诗歌。其实，唐人对华严寺的吟咏诗篇应当更多，张礼叙述自己游寺时，寺僧子齐为他们"出诗凡数百篇，皆咏寺焉"。岑参有诗《题华严寺瑕公禅房》：

寺南几十峰，峰翠晴可掬。朝从老僧饭，昨日崖口宿。锡杖倚枯松，绳床映深竹。东谿草堂路，来往行自熟。生事在云山，谁能复羁束。

寺院南面正对终南，苍翠的秀色仿佛抬手可掬，这是华严寺临近终南的区位优势所在。"东谿草堂路，往来行自熟"，说明华严寺离岑参的高冠草堂别业非常之近，前来题咏本是顺道之事，十分方便。长安城东南地区寺院美丽的景色、便捷的交通，使诗人产生了洒脱惬意的心境。终南山是长安文化延展的后院，与文人活动密切相关，佛寺也不例外。山中佛寺布局同样使其与长安文人产生密切交集，进而激发了他们的佛寺诗歌创作的激情。

唐人素有在终南山中经营别业的风习，从唐人所作诗文来看，终南山区佛寺往往与文人的山中别业相邻，如王维辋川别业附近即有不少寺院，其《山中与裴迪秀才书》言："足下方温经，猥不敢相烦，辄便往山中，憩感配寺，与山僧饭讫而去。"可见感配寺离王维的住所并不远，使他得以常去感配寺享受休憩用斋的闲适生活。因王维住所接近佛寺，常路过佛寺，也就自然把寺院题材带入诗歌中去，如《蓝田山石门精舍》《过感化寺昙兴上人山院》《游化感寺》等诗都是王维隐居终南顺道走访佛寺所作的诗歌。王维在《过感化寺昙兴上人山院》中写道：

暮持筇竹杖，相待谿虎头。
催客闻山响，归房逐水流。
野花丛发好，谷鸟一声幽。
夜坐空林寂，松风直似秋。

李端亦有诗《题山中别业》，诗言："旧宅在山中，闲门与寺通。往来黄叶路，交结白头翁。晚笋难成竹，秋花不满丛。生涯只粗粝，吾岂讳言穷。"可见李端山中旧居的院门正与终南山寺的寺门相通，因此他写有大量的佛寺诗歌。峰顶的云际寺，交通颇不便利，宋代便遭废弃，但在唐代接近当时的终南游览胜地紫阁峰与渼陂，游人仍络绎不绝地前来观览休憩，于是成为唐人留诗最多的终南山寺院。杜甫在《渼陂行》中叙述“岑参兄弟皆好奇，携我远来游渼陂……船舷暝戛云际寺，水面月出蓝田关”。渼陂是岑参兄弟作意好奇前去探险的地方，结果诗人途中遇到了大风雨，抬头仰望，杜甫看到了更为高险的云际寺。风雨中险峭的云际寺与波浪翻滚的渼陂相互映衬，构成了惊险的终南游观历程。关于云际寺的美景与高险，喻凫有诗《游云际寺》：

涧壑吼风雷，香门绝顶开。
阁寒僧不下，钟定虎常来。
鸟啄林稍果，鼯跳竹里苔。
心源无一事，尘界拟休回。

读诗可知云际寺位居山顶，高险峭拔，但其地风景绝美，湍急的瀑布、高耸的山势、生机勃勃的动植物都对文人产生了很大的吸引力，同时特别重要的一点就是佛教信仰对文人的感召力很强。唐人崇佛甚深，即便寺院地处高山密林，但他们为了信仰，不惮千里迢迢长途跋涉上山入寺，越是幽深险远的寺院就越能满足他们超世拔俗的需要，于是这些风景优美的深山佛寺亦得到了唐人的持续关注。

清源寺本是王维辋川别业，后舍为寺，正处蓝田驿道旁，是长安人外出东行的必经之地，白居易在长庆二年（822 年）往杭州途中曾在清源寺住宿，写下《宿清源寺》：

往谪浔阳去，夜憩辋溪曲。
今为钱塘行，重经兹寺宿。
尔来几何岁，溪草二八绿。
不见旧房僧，苍然新树木。
虚空走日月，世界迁陵谷。
我生寄其间，孰能逃倚伏？
随缘又南去，好住东廊竹。

白居易两次出关，两次都住宿在蓝田驿道旁的清源寺，第一次出关被贬浔阳，第二次出关则是主动要求外放杭州。清源寺为诗人提供了旅途中暂时休憩之地，诗人也因寺院生出世事无常、随缘自适的人生感悟，这是地利方便的终南山区佛寺给予诗人的禅悟之情。诗人两次宿寺，因景成诗，体现出终南山佛寺诗歌题材兴盛的交通区位因素。

有唐一代，很少有诗人未曾入于长安、在长安作诗的，渭河之南的长安是全国诗歌创作最为集中繁盛的地区。与此相对应，佛寺题材诗的创作数量也位居全国之冠，终唐之世，几乎所有重要的诗人和活跃的诗人群体都在渭河之南的长安留下了佛寺题材诗篇，如李白、杜甫、岑参、王维、白居易、韩愈以及大历诗人群、咸通诗人群等，他们的活动风习又恰与长安佛寺息息相关。

元稹亦有诗《使东川·梁州梦》，写自己在梦中与白居易共游慈恩寺，恰好当天白居易与朋友共同在慈恩寺游玩，白居易弟白行简感慨元白二人的心灵感应，将此事记入《三梦记》：

元和四年，河南元微之为监察御史，奉使剑外。去逾旬，子与仲兄乐天，陇西李杓直同游曲江。诣慈恩佛舍，遍历僧院，淹留移时。日已晚，同诣杓直修行里第，命酒对酬，甚欢畅。兄停杯久之，曰："微之当达梁矣。"命题一篇于屋壁。其词曰："春来无计破春愁，醉折花枝作酒筹。忽忆故人天际去，计程今日到梁州。"实二十一日也。十许日，会梁州使适至，获微之书一函，后寄《纪梦诗》一篇，其词曰："梦君兄弟曲江头，也入慈恩院里游。属吏唤人排马去，觉来身在古梁州。"日月与游寺题诗日月率同，盖所谓此有所为而彼梦之者矣。白居易也曾在梦中与友人同游长安寺院，其《梦亡友刘太白同游彰敬寺》一诗写到梦中与去世的好友刘敦质同游彰敬寺："三千里外卧江州，十五年前哭老刘。昨夜梦中彰敬寺，死生魂魄暂同游。"悼亡故友，感情深挚。

离京诗人屡屡梦见与朋友共游长安佛寺，说明寺院是长安文人经常联络感情之地，从而成为诗人抒写友情的常见题材，便大兴游观之风。然对文人来说，除一般的宴饮享受之外，文人还寻求更为清雅的游观活动，唐人以为"诗无僧字格还卑"，与佛教有关活动实被看作高雅之事，入寺观览也不例外。长安文人在寺院中主要进行艺术品鉴和风物观赏两类活动，在寺院诗中有大量体现。

听琴也是文人在佛寺中经常进行的艺术活动，长安佛寺僧人多才多艺，正合文人雅趣。如卢纶《重同畅当奘公院闻琴》写的就是在寺院中听僧奏琴的乐事：“误以音声祈远公，请将徽轸付秋风。漾漾硖流吹不尽，月华如在白波中。”卢纶与畅当入寺听琴，仿如从耳畔琴声重新目睹庐山慧远的风采，又想象寺外月光中广大的山色潜流，寺院禅理与琴音共同延续了诗人的想象力，使诗意含蕴不尽。文人有时也会自己在寺院中抚琴，如岑参《携琴酒寻阎防崇济寺所居僧院》写道：“弹琴醒暮酒，卷幔引诸峰。事惬林中语，人幽物外踪。”长安寺院的清静环境构造了一个更幽雅的艺术氛围。

赏画也是长安文人佛寺集会的重要内容，佛寺为弘扬佛法，以生动壁画劝导民众回心向佛，而长安寺院正是全国佛教壁画最多的地区。魏严坚据《历代名画记》《寺塔记》《长安志》《唐两京城坊考》统计出可考的长安城内有壁画佛寺共计 64 座，画者包括吴道子、阎立本、杨庭光、展子虔、王维等66 位丹青圣手。寺院中的佛画珍品深深吸引着文人，每一游赏便往往观赏画作，即兴赋诗，如段成式、张希复、郑符在武宗癸亥三年“约一旬寻寺”，就是为寻访寺中壁画珍品，留下 20 首《游长安诸寺联句》，几乎篇篇都吟咏到长安佛寺壁画。如晚唐温庭筠游清源寺时，感慨“诗阁晓窗藏雪岭，画堂秋水接蓝溪……妙迹奇名竟何在，下方烟暝草萋萋”。清源寺壁上是王维所作《辋川图》，笔力雄健，温庭筠入清源寺游赏很大动因是为追慕王维画。

长安文人常在寺院诗中表达却除名累的特殊快意。长安寺院诗在隐逸情怀的表达中，除具一般山水田园隐逸诗那般悠然自得的宁静心态之外，还有一种乍脱红尘的惊喜情态，抒发兴奋、昂扬与激动心情，抒发忽获自由的神清气爽。宋之问《秋晚游普耀寺》诗：“薄暮曲江头，仁祠暂可留。山形无隐霁，野色遍呈秋。荷覆香泉密，藤缘宝树幽。平生厌尘事，过此忽悠悠。”韩翃《题玉山观禅师兰若》：“玉山宴坐移年月，锡杖承恩诣丹阙。先朝亲与会龙华，紫禁鸣钟白日斜。宫女焚香把经卷，天人就席礼袈裟。禅床久卧虎溪水，兰若初开凤城里。不出嚣尘见远公，道成何必青莲宫。朝持药钵千家近，暮倚绳床一室空。掖垣挥翰君称美，远客陪游问真理。薄宦深知误此心，回心愿学雷居士。”雍陶《安国寺赠广宣上人》：“马急人忙尘路喧，几从朝出到黄昏。今来合掌听师语，一似敲冰清耳根。”姚合《过昙花宝上人院》：“九陌最幽寺，吾师院复深。烟霜同覆屋，松竹杂成林。鸟语境弥寂，客来机自沈。早知能到此，应不戴朝簪。”

韦应物的《慈恩精舍南池作》：“清境岂云远，炎氛忽如遗。重门布绿阴，菡萏满广池。石发散清浅，林光动涟漪。缘崖摘紫房，扣槛集灵龟。浥浥余露气，馥馥幽襟披。积喧忻物旷，耽玩觉景驰。明晨复趋府，幽赏当反思。”许玫《题雁塔》：“宝轮金地压人寰，独坐苍冥启玉关。北岭风烟开魏阙，南轩气象镇商山。灞陵车马垂杨里，京国城池落照间。暂放尘心游物外，六街钟鼓又催还。”文人在寺院寻隐的同时始终不忘自己的官吏身份，这就是长安文人在长安佛寺诗中隐逸心态的真实写照，因长安寺院周边的帝都景观时刻都在提醒他们官场政治的存在，激起他们的入世心。

第十章　以教为本

——渭河流域的教育文化

自从有了人类社会的存在，就有了人类最初的教育。中国古代从孔子办学开始，就有了私人教育系统，此后的“私塾”教育一直贯穿历史各个朝代。从汉朝开始，有了“官学”，但主要为培养选拔官吏，最初的启蒙还需要私塾。宋代以后著名文人办“书院”，这种类似孔子教学场所的风气开始不断壮大。

第一节　渭河流域的教育文化概述

在中国古代文献中，教育一词最早见于《孟子·尽心上》：“得天下英才而教育之。”《说文解字》释：“教，上所施下所效。”“育，养子使作善也。”教育就是教诲培育的意思。教育是人类文化传播的首要手段，教育是人类社会永恒的历史范畴。渭河流域是人类文明发祥地之一，有着丰厚的教育实践历史，教育文化源远流长。

一、周秦汉唐时期的教育

周秦汉唐是中国教育历史发展的极其重要的阶段。我国有比较详细记载的学校教育从周代始。周时期，就有乡学和国学的分别，已初步建立起学校教育制度。东周时期，王权衰微，诸侯分裂割据，学术官守制度遭到了严重的破坏，现实政治的需要要求为教育的发展开辟新的途径，私学便应运而生。私学的产生和一度繁荣，主要发生在东部地区，渭河流域地区在东周初期尚处于戎狄少数民族的包围之中，文教之事还难以与关东各诸侯国比肩。不过，尽管如此，渭河流域此时也有了私学，最著名的就是孔子的弟子、七十二贤之一的燕伋在千阳办学，培养家乡子弟的故事。

伴随着秦人向东不断开拓的步伐，秦国在逐渐据有今渭河流域全境的过程中逐渐开始了自己的文教建设。秦文公十三年（前 753 年）将疆土拓展到汧渭之会处时，渭河流域地区教育发展迎来新开端。穆公时代，秦统治者的文化水平有了很大的提高，秦国在教育方面还设置了“著人”。进入战国初期，当关东六国私学蓬勃发展，出现“百家争鸣”的繁荣局面时，关西的秦人则受严酷的生存环境和国内政局纷扰，在文化教育上仍没有任何可以和关东诸国相媲美的地方。秦孝公即位，在文教领域，商鞅采取强有力的策略，废除百家争鸣，禁绝各家私学，将百家归一于法，提出“以法为教”“以吏为师”的法治教育主张，使法家的法治成为秦国的主导思想。同时，秦国在设置“学室”培养“吏”的时候，还在县、乡等基层组织设“三老”，用以协助地方政府部门进行文教活动。这些都体现出与关东诸国私学繁荣发展局面所不同的特色。

汉承秦制的同时，也吸取了秦迅速灭亡的教训，在各个方面都有所改易和发展。如文教方面，汉惠帝时，除《挟书令》，推行黄老之术。经过汉初七八十年的经营，汉武帝采纳了大儒董仲舒提出的“养士之大者，莫大乎太学”的建议，并在长安设立中央官学机构——太学，大力推行儒家文化，任用六艺贤能之士，发展文教事业，逐步建立起一套完备的学校教育制度，私学教育也很发达。汉代儒家德治教育的核心是“以教为本”，在教育内容上则以“三纲五常”为中心。汉代实施了兴太学、设郡国学，广育人才的重大文教改革。汉武帝时期推行的“以教为本”的儒家德治教育措施，有力地推动了汉代官学和私学的发展，从而也使汉代渭河流域地区乃至于整个汉代的教育得到了空前的发展，呈现出一派繁荣的景象。

三国两晋南北朝自公元220 年曹丕建魏称帝至公元581 年杨坚灭陈建隋，历时360 余年。渭河流域地区因其特殊的地理位置，成为兵家必争之地和东西方、南北方各种文化的交会点及民族大融合的中心，这使得渭河流域此时期的教育具有鲜明的时代性和地域性的特点。在教育思想上，统治者都比较强调教育的育才功能和儒学的教化作用。在私学上一改汉代的限制政策，对之持积极的鼓励和支持态度。在教育制度上，统治渭河流域的各政权都继承汉代学制设立中央官学和地方郡国学校。在教学内容上，打破了汉代以后儒学独尊的局面。从总体上来看，三国两晋南北朝时期，渭河流域教育在各统治者崇文政策下有一定发展。特别要说明的是，在少数民族政权前赵、前秦、后秦统治者的提倡和大力支持下，渭河流域私学昌盛。

隋唐时期，渭河流域的教育事业进入一个稳定发展的时期。隋建国后，适应统一国家的需要，建立了完备的国家教育制度，在中央设置了国子寺，专门管理教育事业，这是我国历史上第一次专门设立的教育行政主管机构。唐代是中国古代科举制度发展和定型期，对中国后来教育制度和思想的发展，产生了深远影响。隋唐时期，渭河流域地区形成了完备的中央官学、地方官学、地方私学三大教育体系。

隋初，就在地方设立了州、县学，教化百姓，虽然一度废弛，但到隋炀帝时，地方官学再度发展。唐建国伊始，唐高祖李渊即在重建中央官学的同时，也开始重建地方官学。隋唐时期的渭河流域地区，私学教育除了传统的经学教育、文学，很多专业技术也在私学传承中得以延续。隋唐长安还是当时佛教、道教传播中心。因此，以各世家大族为中心的家学教育、以终南山为中心的隐逸读书教育、以长安城及终南山各大寺院为中心的寺院教育都极为兴盛，构成了当时渭河流域地区充满活力的民间私学教育。

这一时期，长安的外国留学生教育也很发达。新罗、日本、吐蕃、渤海等国纷纷派遣留学生和留学僧在长安学习。唐代教育制度向周边国家的辐射，使得东亚诸国在吸收唐文化的同时，也模仿唐制建立起自己比较系统的学制，形成了影响深远的儒家文化圈。

二、宋以后时期的教育

宋以后，随着政治中心的东移，经济重心的南移，渭河流域地处边防，其政治、经济、文化，包括教育等各方面都呈现出与以往不同的特点。入宋以后，渭河流域成为宋和辽、西夏等少数民族政权作战的前沿，军事性特征大大增强。宋金时期渭河流域书院和其他各地相比少之又少。渭河流域的科举，参加贡举的人多，而被录取的进士较少。宋代私学设置相当普遍，而私学除传授传统的儒学外，还有关学、道教的传授。宋金时期渭河流域最有成就的教育家数张载，是北宋著名的唯物主义哲学家。他在潜心研究和精心教学的过程中，继承发扬了古代教育家的宝贵经验和优良传统，提出了自己独特的教育思想，这些思想对宋代甚至以后的各代都有深远影响。同时张载创建了关学，渭河流域此时的私学也便成为关学研究和传播的基地，一批关学学者由此而生，对宋代思想文化的发展做出了重要贡献。张载的学生主要有吕大临、吕大钧、吕大忠、苏昞、范育、薛昌朝、钟师道、游师雄、潘拯、李复、田腴、邵彦明、张舜民等。

至元明清，渭河流域地方教育与当时全国情况大体一致，地方教育的目的是为科举服务。渭河流域地方教育系统主要由地方官学和地方私学两个系统组成。地方私学在渭河流域比较发达，各种形式的蒙学教育遍布。渭河流域地区素重教育，故各式私学数量既多且广。尤其是书院教育，是比较能体现渭河流域地方教育发展特色的一类教育。宋之后，渭河流域失去了首都的地位，其政治经济地位也随之下降，但在维系祖国西北和西南广大地区、保证西部稳定、屏障中原安全等方面，具有举足轻重的地位。蒙学教育在当时渭河流域整个教育领域中占有最重要的地位，可以说蒙学教育代表了当时渭河流域地方教育的最高成就。书院教学始终贯彻“德教为先”“躬行实践”等极具地方特色的关学思想，培养了许多实用性的人才。

三、清末时期的教育

从鸦片战争后至中日甲午战争前的半个世纪里，渭河流域的官学依旧围绕科举考试进行，直接以应对科举考试为目的。渭河流域的书院情况同全国一样，政府不仅控制了其经费，而且控制了院长任命权，往昔独立自主地延师讲学、精研学问的风气亦不复存在。除了官学和书院，渭河流域民间还存在有大量的“学塾”。

伴随着“西学东渐”和“经世致用”思潮的推动，渭河流域教育界的一些开明知识分子，针对日益空疏腐朽的封建传统教育，也提出了变更的主张，要求改革八股取士制度，大兴“经世致用”之学。清末著名理学家、教育家，三原人贺瑞麟一生“不为举业”，对书院以八股时文教育学生以及科举制度进行了坚决的抵制和批判。著名爱国教育家刘古愚从青年时就对关学前辈张载、李二曲、杨双山等颇为敬仰，深受其“经世致用”思想的熏陶，认为“救世外无学问，致用外无经术”。在他的一生教育活动中，始终坚持经世致用的思想和实践。刘古愚提倡“教育救国”，并认为只有同时举办近代新式企业，教育救国才能见诸实效。在他看来，教育救国论与实业救国论是车之两轮，只有同时并举，中国才有希望。因此刘古愚认为“虚词之弊”是“今日之大患”，主张“每治一学，辄欲施之实用，非是则弗治”。

洋务派“自强新政”的施行，渭河流域开始出现教授新学的新型书院，最著名的就是设于泾阳县城的“陕甘味经书院”。先后任味经书院山长的有史兆熊、柏景伟、刘古愚等。书院始终以实学为主和学以致用的原则。味经书院开设经学、史学、道学、政学、天文、地舆、算法、掌故等课程，增加了自然科学的内容，这使它成为渭河流域最早讲授西方新学的学堂。味经书院在学术研究和人才培养方面做出了突出成绩，一大批新型人才从这里产生，如近代著名数学家张秉枢、爱国教育家杨松轩、水利学家李仪祉、民国时期政治家于右任、著名记者和报人张季鸾等都出自味经书院。味经书院为近代渭河流域文化教育的发展和社会进步做出了重要贡献。

戊戌变法前后，渭河流域教育出现了许多新的变化，既表现为在旧书院中生长了新的办学形式，也出现了一些代表着一种新的办学思想而建立起来的新式学堂，渭河流域教育在此时才真正地开始向近代化迈进。戊戌变法时期，渭河流域所兴办的新式学堂，基本上都以“中学为体、西学为用”作为办学的方针，使得在保留了“中学”的前提下，也为“西学”提供了容身之地。同时，采用启发理解、实习操作为主的教学方法，保证了培养实用人才的功效，这在渭河流域教育史上是一个重大进步。

第二节　渭河流域的官学教育文化

官学是指我国古代朝廷直接举办和管辖，以及历代官府按照行政区域在地方所办的学校系统，包括中央官学和地方官学，共同构成了我国古代最主要的官学教育制度。

一、夏商周时期的官学教育

中国中央的教育行政官吏始自虞舜时，称为“司徒”。夏代承袭了这个制度。而在地方上，夏代则有“瞽”“啬夫”等。所谓“瞽”，是指地方上担任教化的官员，以乐教民。按夏代学校的“上庠”和“下庠”之分，执教于“上庠”贵族学校的教师是国老，执教于“下庠”平民学校的教师则是庶老。在“上庠”，国老的教育对象是贵族子弟；而在“下庠”，庶老的教育对象则是一般平民及其子弟。

商代在它统治的600多年里，社会的政治、经济、文化进一步发展。商文化曾在渭河流域传播。按其文化特征可分为三个区域，即渭河流域地区、陕北、汉中盆地，其类型各不相同。商代已有甲骨文、陶文、金文以及石刻文等，产生学校的条件已经完全成熟。这一时期，除“庠”“序”外，又出现了“学”和“瞽”等学校名称。

在教育管理思想和体制方面，商代重视神道设教，教育要受宗教的支配。因而中央教育行政官“司徒”位在宗教官“大史”“大祝”“大卜”等之下。而在地方上，商承夏制，教化官仍以“瞽”来担任。商代有“右学”“左学”之说，故其教师也有国老、庶老之分。在教育对象上，商代也有国学、庶学之分。不过，与夏代相比，它有两大特点：一是女子入学机会较多，可以说与男子享有平等的权利；二是外族入学者多，当时邻国多遣子弟就学于殷。

西周是中国奴隶社会的鼎盛时期。在教育方面，西周集前代之大成，汇合各种学校，构成一套组织完备的学校教育体系。西周建都于渭河流域丰镐，500 年间分封诸侯，颁布政令，制定各项典章制度，遴选人才，实施教化。《礼记·王制》载：西周王城中的“小学在宫南之左，大学在郊。天子曰辟雍。诸侯曰泮宫”。远在 3000 年前，在渭河流域丰镐建立的西周王朝，其官学已有“国学”和“乡学”两大系统。“国学”有小学和大学两级；大学内已有五学的规模，具有分科设教的意图和各项设置，这在世界教育史上是罕见的。在教育行政制度上，教育官与宗教官并行。西周重视礼教，于是就把教育行政职事交给掌管礼的宗伯来担任。宗伯是西周教育行政的最高行政长官。西周也有司徒一职，但已不专管教育，还兼任管理农业生产和训练军队之职。在地方教育行政方面，周代的制度比夏、商两代更加完备，地方行政长官兼任教育行政长官，办理教育事务。随着学校教育的发展，周代教师的名目更多，分工更细。但其基本特点是学术官守、亦官亦师，官师不分、政教合一。

二、秦汉时期渭河流域的官学教育

公元前 221 年，秦灭六国，建立起中国历史上第一个统一的多民族的中央集权制封建国家，定都于渭河流域北岸的咸阳。秦朝废分封，实行郡县制，统一度量衡等，推行一系列有利于统一的法令。但是，秦始皇武力统一天下之后，为巩固统治，实行的是文化专制主义，很少敦文教，尚学术。秦代的教育主要有以下几个特点：第一，“书同文”和“行同伦”。第二，“设三老以掌教化”。“三老”是一种乡官，可直接根据秦王朝的意图对一般人民进行法治、耕战教育和尊贵卑贱的思想教化。第三，设博士制度。博士的职责是：掌通古今史事，侍问咨询，议礼议政，充任吏师，教授弟子。第四，颁《挟书令》和“禁私学以吏为师”。秦始皇颁布《挟书令》，禁止传播儒家思想及有关儒学的书籍，同时禁止办私学，要求士人为学须“以吏为师”，由政府统一实施法治教育。

公元前202年，西汉王朝建立，建都于渭河南岸的长安汉城。汉代统治者采取了与秦朝截然不同的文教政策，致使西汉王朝在200多年间，京都汉城学者辐辏，冠盖云集，政府重视教化，创办学校，优待士人，在当时创造出了辉煌灿烂的文化业绩。

汉代的文教政策，主要有以下内容：第一，“罢黜百家，独尊儒术”。汉儒大师董仲舒从加强中央集权的立场出发，认为要保证政治法纪的大一统，首先必须是思想的统一。汉代的国家政策和文化教育皆以儒术为根本，儒学便成为统一的治国指导思想。国家根据这一指导思想培养和选拔人才，对人民进行思想教化。第二，开创太学，改革选士制度。汉代设置太学，置博士弟子，以培养教育人才。同时诏令郡县察举孝廉秀才，以选拔有用人才，充实官吏队伍，为统治者服务。第三，整理古籍，厘定文字。汉代官学得以迅速发展。官学制度初具规模，分为中央官学和地方官学两种。在教育管理体制上，无论是中央官学，还是地方官学，汉代都设有专行主管教育的行政机构和官员。在中央，教育长官由太常兼任，地方学校由各级行政长官兼管。

三、三国两晋南北朝时期的官学教育

三国两晋南北朝时期是继汉开唐、承前启后的历史过渡时期，也是中国历史上第二次民族大迁徙的动荡时期。北方各少数民族入主中原，渭河流域地区成了来自四面八方势力争斗的目标和战场。统治阶级选择了先进的儒家文化来教育被统治各族，同时也大力提倡佛、道文化以教化社会，巩固统治。渭河流域民族大融合带来了渭河流域教育思想、教育制度、教育内容和教学方法的一系列变化，使渭河流域教育在整体上表现为一种融合趋势。

三国时期，统治者为争夺势力范围和巩固政权，都注意兴办学校，培养人才，推行社会教化。曹魏时渭河流域中央官学的地位被湮没，而地方官学和私学则有所发展。地方官员有的创造条件，鼓励吏民读书求学。有些文化水平很高的官员一边做官一边亲自讲学。诸葛亮非常重视文化教育，他认为，“夫学须静也，才须学也。非学无以广才，非志无以成学”，人才的培养离不开教育。他大力延揽人才，重用博学好儒之士，还积极向他人推荐人才。

西晋立国初，在恢复经济、发展生产的同时即重视文化教育事业。晋武帝整顿太学，淘汰不合格的太学生和博士教官。武帝除太学外又设立了国子学。渭河流域的一些地方长官也多从实行社会教化的目的出发，重视地方教育事业。京兆杜陵人杜预在镇荆州时“勤于讲武，修立泮宫，江汉怀德，化被万里”。他还于立功之后“耽思经籍”，撰写了《春秋左氏经传集解》《释例》《盟会图》《春秋长历》等书。还有一些官员或陈书上表，请求广开纳才之路，或爱惜人才，大力荐举重用人才。杜预重视学校教育，看到儒学在兴教化方面的重大作用，要求人们遵道、遵人、贵业、重选，使学校之纲得以兴举，防止“日有陵迟而不觉”的现象出现。与东晋同时的十六国各少数民族国家也崇儒立学，重视教育。其中建都长安、主要活动范围在渭河流域境内的前赵、前秦、后秦也实行了一系列教育措施，促进了十六国时期渭河流域地区文化教育事业的发展。

南北朝时期的北魏、西魏、北周都直接统辖了渭河流域地区。北魏初定中原后，“以经术为先，立太学，置五经博士生员千有余人”。太武帝立太学，命令各州郡荐举才学，征聘名儒学者数百人到都城备选为官。孝文、宣武两朝，官学教育、儒家经学传播至于高潮。太武帝锐意改革，“务弘强国富民之道”，“崇教化”，“明选举”，实行“罢门资之制”政策，否定魏晋以来选官用人的九品中正制度。三国、两晋、南北朝时期，渭河流域地区既是民族大融合的中心地区，也是佛教传入中国的主要枢纽地区。统治者为实行社会教化而对佛教信仰的提倡和支持，使佛教在渭河流域地区很快传播开来。

四、隋唐时期的官学教育

隋文帝杨坚定都长安，在中央政府内设国子寺，不隶属于太常，内设祭酒一人，专门掌管教育事业，属下有主簿、录事各一人，统领各官学。这是中国历史上明确设立专门教育行政部门和设置专门教育长官之始，是中国古代教育史上的一个进步。隋朝在中央除设有国子学、太学、四门学，还设有书学、算学和律学。隋文帝废除了“九品中正”的选士制度，始置进士科，这是中国科举制度创立的开始。由此改变了中国的选士制度，隋以前是以荐举为主，考试为辅；取士“重门第”，取士权为豪门士族地主阶级所垄断。隋唐以后是以考试为主，荐举为辅，取士“重才学”，取士权集中到封建政府中央的吏部，最后由皇帝控制。

唐代继承汉以来的崇儒政策并进一步发展完备。唐太宗李世民登基后，就选择儒学作为封建统治的主要思想工具，积极从儒学中寻求治国方针、政策的理论根据，因而在文教方面颁行了“重振儒术”的文教政策，主要是：第一，尊孔。为提高儒学的地位，置周公祠，以孔子为先圣，颜回为先师。玄宗时追封孔子为文宣王，并赠孔门弟子数十人为公、侯、伯。唐太宗贞观之后，全国学校无不遍设孔子牌位。从此官学祭孔沿袭成习。第二，提高儒士的地位。李世民未即位时，就召集名儒 18 人为学士，共议天下大事。即位后，广征天下儒士以为学官，并以掌握儒术为用人之标准。第三，皇帝亲临国学观释奠。唐太宗李世民亦屡次到国学观释奠，命祭酒孔颖达讲《孝经》，对祭酒、博士及优等生分别赐帛。第四，重视儒经的整理与研究。唐太宗李世民命国子祭酒孔颖达等撰定《五经正义》，令天下传习，以统一思想。

渭河之滨的唐朝首都长安是全国政治、经济、文化中心。唐代经过百余年的经营和发展，渭河流域乃至全国的学校教育制度已相当完备，达到空前昌盛程度，在中国和世界学校发展史上占有重要地位。唐代在京都长安设有中央一级的“六学”“二馆”，即国子学、太学、四门学、书学、算学、律学及崇文馆和弘文馆。六学直属于国子监，长官称国子祭酒，其中国子学、太学和四门学系大学性质，书学、算学和律学系专科性质。唐代府州县学已较普遍。渭河流域境内，尤其是渭河平原地区，府有府学，州有州学，县有县学，学校制度也相当完备，皆系中小学性质。在教育管理体制方面，唐设国子监管理大学。国子监既是高等学府，又是教育行政管理机构。

五、宋元明清时期的官学教育

从北宋开始，国都东移，离渭河流域远去，一个支撑了周、秦、汉、唐几个盛世的政治经济文化的中心日渐消亡。中央一级的官学机构在渭河流域已不复存在，地方官学仍在延续与发展。

宋元以后渭河流域的西安府、凤翔府建有府学，邠州、乾州、陇州、绥德等州建有州学，礼泉、武功、淳化、岐山、扶风等县建立了县学。明清时期，渭河流域的府州县学学生有童生、生员两种。童生先于本州县参加岁试，合格者再续应府试、院试，录取后称“秀才”，始可入学为“生员”。童生、生员均有数额规定。额内生员称“廪生”，即公费生，可领取廪饩银；在增广名额内的称“增生”，无廪饩银，但可补廪生缺额；各学皆有附学生员，无定额。学额时有变动，有固定学额，也有暂时增加的学额。地方儒学还须向国子监贡送学生，所送学生称贡生。清代贡生分为岁、恩、拔、副、优“五贡”。岁贡生是“五贡”中的正规生，其中又有正贡、陪贡之分。其他四贡不常举。

第三节　渭河流域的私学教育文化

在古代社会，私学教育是与官学教育相对而存在的，在中国教育史上占有重要的地位。

一、渭河流域私学的发展

私学不由国家投资兴办，大多由私人或私人机构创办。西周时“学在官府”，学术、学校皆为官府垄断。周室东迁，“天子失官，学在四夷”，私学应运而生。关东“百家争鸣”，私学林立，教育家孔子是私学的创始人之一。周敬王时代，渭河流域千阳县人燕伋遵父命抵鲁从学孔子。后燕伋返里，于千阳县裴家台设教18年，是为渭河流域私学之肇端。周贞定王二十四年（前445年）至周烈王七年（前369年），孔子高徒子夏曾到魏国西河讲学，并于今关山一带设馆授徒。公元前3世纪中叶，荀况至秦国都城向秦王游说。

秦汉时期，咸阳、长安为京畿之地，首善之区，教育格外受到重视。其后各朝文风丕盛，除地方官学外，私学屡代不衰。西汉时，平陵（今咸阳市秦都区西北）人吴章治《尚书》经为博士，系“当世名儒”，其“教授尤盛”，有弟子千余人。杜陵（今长安县东南）人田何传授《易》，“为易者宗”；韦贤传《诗》，“由是鲁诗有韦氏学”。东汉时，安陵（今咸阳市渭城区东北）人班固之妹班昭教授马融等诵读《汉书》，是为中国古代第一位女教育家。后来成为著名经学家的茂陵（今兴平市东北）人马融于东汉延光三年至和平元年（124年—150年）在扶风县绛帐（今绛帐镇火车站以南），设帐授徒，有门徒4万余人。

三国时期，私学昌盛。有些是由客居当地的外来名士创办，有些是由当地一些热心文教事业的才学之士创办。长安宿儒栾文博在长安教书，门徒数千。西晋时期，束哲、李密、范平、刘兆、续咸等专心治学。有些私学规模较大，学生多至千人。在私学中，既有蒙学性质的，也有深造性质的，适应不同文化程度的人的学习需要。这一时期渭河流域出现了著名的私学家傅玄。北周的崇儒兴教政策使私学得到相应发展。魏晋时渭河流域比较著名的私学家有梁祚、徐遵明、薛慎、寇俊、沈重、樊深、乐逊等，特别是徐遵明和乐逊对当时文化传播起到了重大作用。

隋唐后，官学发展形成系统，但蒙养教育没有具体设施，一些退职官吏、科举落第的知识分子又为蒙养教育提供了师资，私学得到了进一步发展。如唐朝宰相杨炎之父杨播（凤翔人）弃官归里，在家从教，讲学论经，为人敬佩。北宋理学家、教育家张载（眉县人），因与朝臣意见不合，辞职归里，一边著述，一边从教，生徒甚众。吕大临、吕大钧、游师雄、李复等名儒、名将皆出其门下。

元明清三代，渭河流域官办府、州、县学相继设立，官立、私立书院先后出现。与此同时，私塾、义学成为乡村教育的主体。在这些学校中，私立的称村校、蒙馆、冬学等，清代统称私塾。私人集资或用宗祠地方等公益金办学、免费招收贫寒弟子的称义学。富有之家聘师授课子孙的称家塾或专馆。

清末兴学堂后，因大部分民众生活艰辛，无力让子弟上学堂读书，渭河流域私塾仍遍及乡村。当时有的县奉命对私塾进行改良，办“改良私塾”。有的县改私塾为“简易识字学塾”。民国初年，渭河流域各县仍保留着许多私塾。当时渭河北岸的咸阳地区乾县一些大村甚至几处设馆，仅县城内即有私塾 20 余所。兴平县民国初年，公、私立小学虽有发展，但私塾在乡村仍受欢迎，

二、渭河流域的私学办学形式

在我国古代教育中，私学与官学一直是相互融洽、相互补充的。私塾和经馆是我国古代私学的两种主要私学办学形式。

（一）私塾

私塾是程度较低的私学，或称为“书馆”（汉晋时期），“乡学”“村校”“家塾”“义学”“坐馆”“私塾”“义学”“义塾”等。这一类别的学校是古代私学的主要形式。按其办学形式分，还可分为门馆、东馆、联馆等几类。

第一种叫门馆，亦曰家馆。一些科甲人员或落第士人，或退休官吏，学识渊博，富有声望而又有志于教育事业者，在家设馆授徒。还有学有所成的名师大儒为了宣讲自己的学说而聚徒讲学。如隋唐著名学者颜师古以考订五经著名。颜师古在长安城内长达 10 年之久聚徒讲学。清乾隆、嘉庆年间，淳化县贡生罗汝信在自己家中设馆几十年，聚童子为小学之教。他执教严谨，事必躬亲，廉洁清苦，在当地很有影响。

第二种叫东馆，又曰家塾。富绅大贾，或为播扬声名，或为亲朋子弟就读方便，在家划宅设馆，延师教授。清乾隆年间，长武知县樊士峰延聘扶风举人李泰交设帐官署，教授其子弟。清同治、光绪年间，咸阳举人刘古愚先后应五次家塾之聘，尤以应咸阳进士李寅家塾之聘，教授其子李岳瑞最为知名。凤翔县在清朝雍正前后，城内富户周家、邓家，昭明堡郑家均设家塾。

第三种是联馆，又曰“族塾”或“村塾”。由一村、数村或集镇大村的民众，利用庙宇、祠堂等地设塾。公推深孚众望的家长做学东，牵头延请塾师，择定馆址，襄理学务。学童一般七八人至二三十人不等。此种一村或数村筹资联办的私学，在中国封建社会后期，为数较多。

古代私塾教师的特点是来去自由，学由师设，随师而动，有师则存，无师则消，自主性很大。塾师地位在民间颇受尊崇，有“一日为师，终身如父”之说，与“天”“地”“君”“亲”并提。四时八节，学生必向先生敬奉节礼，以谢师恩。民间有“清明一斤油，端阳一份礼，冬至三斤肉，腊八一升米”的说法，可见当时私塾教师较普通民众地位为高。

（二）经馆

第二类私学程度较高，或称为“精舍”“精庐”，或称为“经馆”。这类私学以传授高深学问为主，以经师讲学为基本形式。经馆的经师大多是名士硕儒，有的边做官边授徒，有的先以课士闻名，后被征召授官，但仍从事教授工作，有的辞官后专心著书讲学，也有终生隐逸山泽间，聚徒授经。汉代的董仲舒、马融，唐代的颜师古，宋代的张载，明代的吕泾野、冯从吾，清代的李二曲、刘古愚等都曾担任过经师。东汉著名经学大师马融在绛帐设学，生徒众多。因受课堂范围限制，能够直接听到经学大师讲学的，只有少数程度高、资格深的学生。大师便让这些优秀学生再去教新来的学生或程度低的学生。相传东汉著名学者郑玄三年未谋师面，仅靠“弟子传以久次相授业”而成就学问之基的高徒。在著述讲学中，经学大师们不慕名利，表现出良好的教风与学风。

三、私学教学内容与方法

渭河流域古代私学的教学内容随时代不同而有所区别。在私学初创时期，儒家私学是以孔子编订的《诗》《书》《礼》《易》《乐》《春秋》为教学内容，并以此教授学生。春秋以后，私学的教学内容有所分类。在蒙养阶段，主要进行一些识字、写字、背书等内容的教学活动，兼有道德的培养。汉代以前，蒙养阶段的私学没有一致的、通用的教材，讲授内容多由塾师自行决定。自汉代开始，教学内容渐趋统一。汉初书馆的塾师们把秦李斯等所作字书三篇合编成一篇，仍称《仓颉篇》，后人又把扬雄、班固整理续编的《仓颉篇》，与扬雄所作《训纂编》、贾鲂所作《滂熹篇》合并，称为《三苍》。汉元帝时史游仿照司马相如的《凡将篇》体裁作《急就篇》，此书成为现存最早的蒙书。该书在汉代流传最广，对后世也产生了极大的影响。从东汉至隋唐，也编写了多种蒙学教材，如汉蔡邕撰《劝学》一卷，晋束皙撰《发蒙记》一卷，晋顾恺之撰《启蒙记》三卷。唐代颜师古为《急就篇》作注，渭河流域广为流行。唐人杜嗣光著的《兔园册府》，李瀚编的《蒙求》，乡间塾师们编的《太公家教》也在渭河流域流行。两宋以后识字课本增多，渭河流域各地富家子弟认识相当数目文字之后，读《名物蒙求》《龙文鞭影》《幼学须知》《神童诗》《千家诗》等；一般农、商、手工业者子弟读完《三字经》《百家姓》或《弟子规》以后，主要读些“杂字”书和格言成语汇编，如《昔时贤文》之类以应日用。明清之际，在继承和发展前人编写蒙学教材经验的基础上，开始出现按分类专题编写的现象。

古代蒙学教材的主要内容：第一，各种综合常识，如《三字经》《百家姓》《千字文》，侧重于教儿童识字，掌握文字工具。第二，进行诗文教学，以各种训蒙诗对儿童进行文辞和美感教育。第三，进行历史常识教学，或简述历史的发展，或选辑历史故事或历史人物的嘉言善行，既向儿童传授历史知识，又对他们进行封建伦理道德的说教。第四，进行有关名物制度和自然常识的教学，其内容涉及天文、地理、鸟兽、草木、人事、衣着、农艺、饮食、器具等常识，以扩大儿童的知识面。第五，向儿童传授伦理道德知识以及为人处世、待人接物的准则。

程度较高的私学以讲授“经书”为主，如《孝经》《论语》等。一般以孔子的“六经”为主要教材，学生须精通一经或数经。其内容与官学相差无几。科举制推行后，为使学生学习后能入仕做官，大多数程度较高的私学在学生学习到一定程度后，便给学生教授有关科举应考的知识、文章，如训练学生习八股、做试帖等。

在渭河流域古代私学中，由于没有官学体制的束缚，教学方法则较为灵活。宋以前，私学教学基本上没有特定的制度和计划，大都由塾师随自己教学所需而定，教学方法也因教师而异。在程度较低的私学中，大都注重培养学生的记诵、书法能力。一般书馆和乡塾对经书的要求不高，仅达到“粗知文义”或“略通大意”即可，因此每日功课多是背书、读诗、讲新书、作对子等项目。在程度较高的私学中，教学则以专经为主，读经讲经是主要课业。唐代以后，由于科技教育的发展，私学中还出现了直观教学方法，如唐代耀县大医学家孙思邈在传授医术时，精心制作了三幅大型彩色针灸挂图，称《明查图》，便于弟子掌握扎针位置。

第四节　渭河流域的书院和学者

书院是一种介于官学和私学之间的特殊教育机构，有专门的学者负责教授知识，聚众讲学，为我国古代教育的发展做出了贡献。

一、渭河流域存在过的著名书院

书院始于唐而盛于宋，原为宫廷修书、藏书之所。至宋时，书院逐渐成为理学家或其他学者讲学之所，其目的在于自由研究学问，修养身心。渭河流域的著名书院有：

（一）丽正修书院

原名集贤书院，为唐代宫廷修书、藏书之所。开元中建于朝省。据《新唐书·百官志》注：开元五年（717 年）乾元殿写四部，置乾元院使，有刊正官四人，以一人为判事；押院中使一人，掌出入宣奏，领中官监守院门；知书官八人，分掌四库书。开元六年（718 年），乾元院更名丽正修书院，置使及检校官，改修书官为丽正殿直学士。开元八年（720 年），加文学直，又加修撰、校理、刊正校勘官。开元十一年（723 年），置丽正院修书学士；光顺门外，亦置学院。开元十二年（724 年），东都明福门外亦置丽正修书院。开元十三年（725 年），改丽正修书院为集贤殿书院。又据《唐六典》载，集贤殿书院“有学士、直学士、侍讲学士、修撰官、校理官、知书官等。集贤院学士，掌刊辑在古今之经籍，以辨明邦国之大典，而备顾问应对。凡天下图书之遗逸，贤才之隐滞，则承旨而征求焉。其有筹策之可施于时，著述之所行于代者，较其才艺，考其学术，而申表之。凡承旨撰文章，校理经籍，月终则课于内，岁终则考最于外”。虽名书院，尚非士子肄业之所。

（二）鲁斋书院

鲁斋书院位于渭河流域咸宁县（今西安市城郊）。元延祐二年（1315 年），御史赵世延议建书院，邑人王延瑞应议拆住宅创建而成。有夫子燕居殿，设讲堂和格物、致知、正心、诚意四斋。祀著名学者许衡，“以志先生之志，学先生之学”，以成为开物成务之材勉励诸生。事闻，赐名鲁斋书院，谕渭河流域省给田、命官、设禁。清嘉庆八年（1803 年）并入养正书院。邑人王纯敬捐资于原学舍立义学一所。光绪三年（1877 年），复建书院，建正殿三楹，文昌庙一座，因经费不足而止。光绪七年（1881 年），盐法道黄翔东捐资续建而成，延贺复斋主讲，阐扬关学，听讲者百余人。

（三）学古书院

学古书院是元延祐七年（1320 年），三原县人李之敬出资五万贯在县城西北隅创建而成。首聘泾阳县名儒程瑁为主讲。程氏精研典籍，继承了汉儒的朴实学风，有名于当时，因其号“悦古”，人称“悦古先生”。书院初建，即有百余学者负笈求学。白慎独、张宏、胡贡诸名士，皆先后来院讲学。元至正十八年（1358 年）停办。明弘治元年（1488 年），邑人、吏部尚书王恕力主恢复，因渭河流域按察使娄谦、西安知府徐政的支持，遂得重建。此后开办达 400 余年，至民国四年（1915 年）方停办。其间，渭河流域硕儒李馔主讲书院时，得督学张岳崧支持首捐千金，购置图书；贺瑞麟主讲书院时，扩建藏书阁，采购图书 700 余卷以实之，使得书院图书设备更为充实。此书院在渭河流域不仅创办历史久远，而且存在时间最长。

（四）味经书院

味经书院在渭河流域泾阳县，同治十二年（1873 年），陕甘学政许振袆奏准创建。奏称味经之设，不同他院者三，以实学为主，不课时文，诸生研究《钦定七经》及《通鉴》诸史和《大学衍义》《衍义补》《文献通考》等书，引之识义理稽故实，使之知学古之为贵。山长日登讲台，逐条讲贯，察其课程，阅其札记，别其勤惰，严其出入，使之知植品之为先，择一方面，以之专理一方之学，权不归官。创建之初，延候选同知举人史梦轩为院长，制定数约，规定课程，教学称盛。光绪十一年（1885 年），候选同知举人柏子俊任院长，与举人刘焕唐于院内立求友斋，以天文、地舆、经史、掌故、理学、算学课士。后刘焕唐主院，完善章程，增扩教学内容，除读《朱子语类》《温公通鉴》《五礼通考》外，增开算术及《平三角举要》。筑通儒台，以实地测验。立白蜡局，创复豳馆。后又立时务斋，欲沟通中西，利用前民，以救时局，不以空谈为教。

（五）渭河流域书院

渭河流域书院位于西安市南门里东侧，是明代渭河流域著名理学家、教育家冯从吾等创建。工部尚书冯从吾，因直谏招忌，削职回陕，在府治东南古刹宝庆寺“联镳会讲”“相与讲心性之旨”。渭河流域书院建成后，续聘冯从吾、周叔远等会讲。经费采取置公田及俸余增置办法解决。从此，渭河流域书院成为西安城里环境幽雅、书声琅琅、夺席谈经、卓彼关儒的求学之地。它与东南江苏无锡的东林书院遥相呼应，成为西北讲学议政和培养士子的文教中心。

二、讲学的学者

书院在我国教育史上具有重要的地位，书院的出现，不仅促进文化、教育繁荣，还涌现出众多文化、教育学者。

（一）张载

张载，眉县人。38 岁时考中进士，后来做过几任地方官，因政绩卓著，升任崇文院校书。因不愿卷入当时新旧党派论争旋涡，托病辞职。熙宁三年（1070 年），张载回到了故居横渠镇，开始了他一生最后七八年的著书讲学、创立关学的学术活动。他隐居于穷乡僻壤，不愿同官府往来，仅依靠家中的田地生活。张载整日读书讲学，常与弟子们探讨问题，著书立说。他的弟子吕大临在《横渠先生行状》里说他六七年间，“终日危坐一室，左右简编；俯而读，仰而思，有得则识之，或中夜起坐，取烛以书，其志道精思，未始须臾息，亦未尝须臾忘也”。朱熹赞扬：“横渠之学，苦心力索之功深……为学者少有”。张载经常“以知礼、成性、变化气质之道”教育弟子们，他教学的主要内容是儒学思想，杂糅他学，“故其学以《易》为宗，以《中庸》为体，以孔孟为法”。张载历多年苦索精思，潜心研究，“六年无限诗书乐，一种难忘是本朝”，“万事不思温饱外，漫然清世一闲人”，终于写成《正蒙》这部重要的哲学著作。“正蒙”是订正蒙昧之意。张载的弟子们对《正蒙》一书非常尊崇，奉为儒家的经典著作。张载常以“为天地立心，为生民立命，为往圣继绝学，为万世开太平”来开导他的学生。他教人总是严谨诚笃，诲人不倦。他谦逊平易，循循善诱，奖励后学，珍惜人才。每到一地，先访贤才。他经常与弟子们谈经论道，感到弟子们的学习也给他以促进、提高。他教学独具匠心，教人之心至诚。

（二）冯从吾

冯从吾被誉为“关西夫子”，与浙江大学者邹元标齐名，号称“南邹北冯”。冯从吾在关中书院执教20余年，培养弟子5000余人，使关中书院成为当时著名学府。他认为“学则所以浚其源，学则所以培其根”，通过教育可以疏导、启迪人的聪明才智，给人的一生打下坚实的基础。冯从吾的讲学目的非常明确，他说：“开天辟地在此讲学，旋转乾坤在此讲学，致君泽民在此讲学，扶正变邪在此讲学。”冯从吾把讲学作为“为仓廪为国之正志，兼欲借以联络正人同志以济国”的途径。冯从吾继承了关学“重习行，注实践”的学风，在长期耕耘中，总结出了“学、行、疑、思、恒”五字结合的治学方法。重视独立思考，强调学行结合，治学必须有恒。

（三）李颙

李颙，周至县人，学者称其为二曲先生。李二曲终生以明学术、正人心作为自己的首要任务，把讲学看作是明学术、正人心的重要途径。在学术问题上，他不以道听途说为满足，主张“居静穷理，而不流于训诂章句之学”，并倡导“遇歧便问，问明便行”。他从30岁以后，即从事讲学活动。李二曲讲学之初，由于乡习未化，同乡咸加非笑，甚至以流言蜚语以倾陷之。但他坦然相对，不为其所动。他在讲学过程中，能因人施教，视学生“资之高下，学之浅深，循诱因各不同”。他对学生总是充分肯定，热情鼓励。李二曲主张正确对待功名富贵，常提醒学生不要贪图富贵。他认为：“圣贤之学，以无欲为主，以寡欲为功。”如果“志学之始，便以逢时为心，悦人为念”，就会“枉用了许多精神”。为此，他把自省自责，悔过自新，看成是“为学入门第一义”。他在讲学过程中，特别重视人品，重视实行。

李二曲一生不以著述猎名，而主张身体力行。早年曾著有《十三注疏经纠谬》《廿一史纠谬》书，于象数之学，无不有述。但后来认为这些东西近于口耳之学，无当于身心，故不复示人。因此，他的文集中，大都是学生的笔记，如《休用全学》《读书次第》《两庠汇语》《靖江语要》《锡山语要》《南行述》《东林书院会语》《梁溪应求录》《传心录》《匡时要务》等。

（四）贺瑞麟

贺瑞麟，字角生，号复斋，三原县人。24 岁时，贺瑞麟从大荔县名儒李元春为师，致力于程朱学说的学习研究。同治四年（1865 年），知县延请贺瑞麟主讲学古书院。他主持院事之后，新拟书院章程六条，涉及书院的行政管理、学生管理、教学管理、教学内容、教学方法等诸方面的内容。贺瑞麟手定《学古书院学约》和《传心堂学要》各六条。《学要》略曰：审途以严义利之辨；立志以大明新之规；居敬以密存察之功；究理以究是非之极；反身以致克复之实；明统以正道学之宗。贺瑞麟品行严正，虽盛暑严寒，必正襟危坐，无欹侧容。接引后进，皆规以礼法，从不为诽言所动。贺瑞麟重视书院图书的收藏、整理及保管工作。学古书院旧时无藏书，他主讲该院后，渐次购书千余卷。

贺瑞麟认为：“为学亦无他法。第一要路脉真，第二要功夫密。”其教育生徒，先以自己所编《养蒙书》授之，次《小学》《近思录》，再及四子，而后渐次以至“六经”。他认为，《小学》《近思录》当与四子并，而尤加亲切。“学者如能笃信并谨守之，则一生受用必多。”最后，又教以其所辑《朱子五书》《信好录》等。贺瑞麟训迪诸生，诲人不倦。每日晨昏，会食、会讲，皆有仪矩。训词诸生，自斋长、纠仪、纠业、值日、值食、值厕，悉有签，轮流交代，左右门帘、寝阁，俱有铭一，必须切实执行。

贺瑞麟对学生总是循循善诱，耐心开导，晓之以理，动之以情。学生有将器物毁坏者，他并不痛加训斥，而对之曰："此即不仁也。"有洒扫于隐僻处不到者，即曰："此即不忠信也。"如果偶尔需要责罚学生，也坚持首先认真开导，使学生从思想上认识过错，进而指出："人须是自改过，改过须内自讼。此又非他人所能与，亦非今日戒饬所能禁止。过而能改，则复于无过。不改过又要文过，则大不是。"在坚持言教的同时，贺瑞麟很注意以自己的行动影响学生。

为了促进诸生的学业，贺瑞麟经常鼓励学生"先生不必事事胜于弟子，弟子也不必事事不如先生"，勉励学生超过自己。为了激励学生学习，他"视其功夫之勤惰，以定膏火之多少。且以分贫富贤愚而裁酌之，使适于义"，"贫而贤者可给，富而愚者则不给，或量给"。他还将这种做法写入《新拟书院章程》之中，以保证贯彻执行。贺瑞麟认为："世道人心，端由学术，世之非毁正学者，未见其书也。风气转移，必刻正学书，以程朱为宗。"

在他的倡导和支持下，刘映菁、刘升之父子先后刻了《养蒙书》《居业录》《朱子语类》《朱子文集》《朱子遗书》《仪礼经传通解》《名臣言行录》《小学》《近思录》《四书》，周、程、张之全书，以及先儒绝学孤本。此外，刘质慧刻了《朱子纲目》《复斋录》《四忠集》；岐山武文炳刻了《朱子家礼》《朱子行状总论简注》《箴铭辑要》；乾州王梦棠刻了《朱子大学或问》；泾阳柏森刻了《大学衍义》《松阳讲义》《三鱼堂文集》《翰苑集》《唐鉴》《损斋文集》《读书录》；凤翔周宗钊刻了《朱许年谱》；富平强济川刻先生所辑《诲儿编》。"虽及门校正，要皆先生鉴定而为之序。"先生门人，北省皆有，自此来学者益众。贺瑞麟学问精湛，著述颇丰，主要著作有《读书录要》《清麓文集》《诲儿编》《养蒙书》等七种。

（五）刘古愚

刘古愚，咸阳人。从小聪慧，喜爱读书，15 岁入乡塾，已能"诸经成诵"。他认为，要救国，只有维新；要维新，只有学外国；学外国，首先要提高全民族的科学文化知识和技术水平。为了实现他提出的“人人读书识字”的救国主张，从甲午战争以后，他自筹费用，用“社仓”生息的办法，于咸阳的天阁村、马庄镇、魏家泉、西阳村，扶风的午井镇、礼泉的烟霞洞，创设了六所义学。刘古愚采取募捐集资的办法，在泾阳创立了“求友斋”，开设经史、道学、政治、时务、天文、地理、算学、掌故等课程并亲自讲授。同时在斋内附设“刊书处”，出版各类自然科学和时务新书。刘古愚主讲于泾干书院，由于“学器最优”，“为味经诸生所敬服”，后移讲于味经书院。在味经书院期间，刘古愚更加重视引导学生学习西方自然科学，特别把算学列为必修课。为了使学生有实践的机会，刘古愚在味经书院筑造观象台，置经纬仪于台上，让学生实际测算。

光绪二十一年（1895 年）崇实书院建成，刘古愚被聘兼任该院山长并做主讲。崇实书院是在时务斋的基础上创建的，书院的规章制度和教育方针、教学方法，是在时务斋的基础上逐步得到完善和发展的。崇实书院设立“致道、学古、求志、兴艺”四斋，其中以“求志”“兴艺”两斋为重点，以“厉耻、习勤、求实、观时、广识、乐群”为学规。刘古愚主持崇实书院期间，在加强对学生的爱国思想教育的同时，注意培养学生实际操作能力。书院开办的工厂、农场作为学生实习基地，使教育与劳动、探究紧密地结合起来，培养了一批能“坐言起行”的有用人才。刘古愚一生的教育论述和其他著作非常丰富，倾注了他一生教育救国的崇高理想，有很高的学术价值。这些著述已由他的门人整理汇编成《烟霞草堂文集》《刘古愚先生全书》等。

（六）牛兆濂

牛兆濂，字梦周，蓝田县人。光绪十九年（1893 年），牛兆濂赴三原县拜以创建学古书院而著名的晚清学者贺瑞麟为师。自此，他在思想上、学术上进一步归依了两宋程朱理学学派。光绪二十七年（1901 年），牛兆濂为纪念北宋著名理学学派“蓝田吕氏”四兄弟开始聚徒讲学。民国二年至民国七年（1913—1918 年），牛兆濂在他的老师贺瑞麟创建的三原清麓书院连任主讲五年。远近前来从学的生徒很多，最多时达数百余人。

他在《清麓杂咏·夜半书声》一诗中描述道：

山村落月少人行，时有残灯数点明；

一路野风吹不断，琅琅天半读书声。

在此期间，牛兆濂对儒家历代传授的经籍和诸子之书的刊印与传播是极其重视的。他的老师贺瑞麟曾劝勉富户资助、校刻传经堂藏书：十三经及有关注疏，宋代濂、洛、关、闽等诸子书和元、明、清理学家文集等69种，木刻版分散藏于各家。牛兆濂倡议筹款两千金，将书版一概赎回，使这些文化典籍稍后得以印刷，广为传播。民国七年（1918年），牛兆濂返回故里蓝田芸阁书院讲学，以至终老。当芸阁盛时，生徒逾数百人，遍及陕、甘、晋、豫、鲁各省。在讲学中，他和各地学者经常相互往来和书信往还。同时，牛兆濂还常亲自无定期地去邻近省份的有关书院、学舍讲学。

第十一章　名胜古迹

——渭河流域的行旅文化

不论是在历史上还是在现代，渭河流域由于其得天独厚的自然风景和积淀深厚的文化底蕴，旅游资源甚为丰富。古往今来，这里的风景名胜早已超越史书的限制而走过几千年的历史，盛名已久，令无数人神往。“朝元阁峻临秦岭，羯鼓楼高俯渭河”，“离亭当日唱离歌，只为柔条傍渭河”，“静读古人书，闲钓清渭滨”。在漫长的岁月中，不论是帝王的青睐还是旅者的神驰，这里留下了无数关于游者的踪迹，令人回味和追忆。

第一节　渭河流域的长安八景

长安八景是渭河平原的八处文物风景胜地。西安碑林中有一块碑石，用诗和画的形式描述了渭河平原的锦绣河山。这块碑石刻于公元1680年，作者朱集义，距今已有300多年的历史。碑面集书、画、诗为一体，分十六格，一景一画，即：华岳仙掌、骊山晚照、雁塔晨钟、曲江流饮、草堂烟雾、灞柳风雪、咸阳古渡和太白积雪。

一、华岳仙掌

华岳仙掌是东峰奇景之一。掌迹在东北处的仙掌崖上，在东峰是看不见的，在华山车站附近才会看得真切，它五指具备，宛如左掌。

传说很久以前，这里气候温润，山上郁郁苍苍，白云缭绕；山下良田无际，炊烟袅袅，人们过着安宁的日子。有一年的三月三日，忽然一声巨响，汹涌的洪水很快淹没了良田、村舍，大地一下子变成了水乡泽国。原来这一年王母娘娘举办蟠桃会，老寿星多喝了两盅，一不小心，手里玉盅一斜，琼浆从天庭洒下，立刻变成了人间横祸。人们的怨气冲进主宰西方十二万里天地的白帝少昊那里。白帝赶紧向玉帝禀明此事。

玉帝大惊，即传旨给巨灵仙要他下凡人间，立即排除这一祸事。巨灵仙头如笆头，眼似铜铃，脚大十围，浑身是劲。他落下云头来到华山的危崖上，一只手遮在额头向东眺望，观察片刻，就一缩身挤入大山之间，只见他，左手一拳，右脚一蹬，使尽全力，将身一展，只听见一声巨响，山开地裂。顷刻间，百尺高的黄浪，如离弦之箭，向东喷射而去。抬头看华山，已被推进秦岭之中，回头望首阳，已在波涛之北。这时，屹立在水浪中的巨灵仙望着咆哮东去之水，长舒一口气，哈哈大笑，遂驾彩云向西而去。巨灵仙虽然走了，但他那只仙掌却深深地印在了巍巍华山东峰的绝壁之上，给西岳华山增添了一幅神奇无比的美景。

古人有许多吟咏仙掌的诗文赋记，篇篇都妙语连珠。唐代诗人王维的《华岳》诗吟道："昔闻乾坤闭，造化生巨灵。右足踏方止，左手推削成。天地忽开拆，大河注东溟。遂为西峙岳，雄雄镇秦京。"唐代诗人刘象也有《咏仙掌》诗一首："万古亭亭倚碧霄，不成擎亦不成招。何如掬取天池水，洒向人间救旱苗。"据说刘象后来因此诗而诗名大震，被人称为刘仙掌。

二、骊山晚照

骊山位于渭河下游的西安临潼区城南地区，西距西安市 25 公里，是秦岭东端的一个支脉。"骊"在古汉语里是黑色骏马的意思。古时山上松柏满坡，林涛滚滚，从远处看去，郁郁葱葱，活像一匹奔腾的骊马立于渭河平原，美如锦绣，所以人们叫它骊山。山上有两峰，称东绣岭和西绣岭，均满山青松翠柏，郁郁苍苍。每当夕阳西下，云霞满天，苍山绣岭涂上万道红霞，景色妩媚动人，酷似一匹"火焰驹"，因此，这一美景被誉为渭河流域八景之一——骊山晚照。

骊山晚照的形成与这里低凹的地势和三面如圈椅形的位置是分不开的。仰望骊山，三峰如三个梯节，步步登高。站在东南山顶再向西北俯视，三峰又形成了由高到低，峰峰怀抱之势，特别是一个直下急起的大陡坡到晚照亭附近一下减缓到 10—30 度左右。这块较为平缓的斜面使大雨过后饱含浓浓水珠的云雾挤满了松枝柏杈，在这三面来风都吹不到的地方能安安稳稳地休息一下。此时若遇夕阳照射，云雾中的三棱镜晶体水珠通过相互折射，就形成了这一千古奇观。

骊山自古以来以苍翠秀丽为美，但是千美万美，美不过夕阳沐浴下的骊山晚照。尤其是夏日午后，暴雨初晴，天蓝蓝的，山湿湿的，夕阳一步一步往下移，好像摄影师在调换着镜头焦距。当残阳光波对准这里的云雾时，红光一片，层林尽染，四周泛起了七彩光环，在天幕衬托下，与晚霞相映生辉。峰谷相间，斗折蜿蜒，状若骏马，腾空奔驰。置身骊山，如入蓬莱，恍若仙境，妙不可言。更奇妙的是，骊山晚照还因不同季节、站在不同方位，加之游人持有不同心理状态和对大自然的不同审美观点，都会对骊山晚照评价各异。

西绣岭第一峰上的烽火台，历史上“烽火戏诸侯，一笑失天下”的典故就发生在这里。相传，周幽王为博取爱妃褒姒一笑，曾在这里举烽火戏弄诸侯。骊山秀丽的风景和诱人的温泉吸引了后代的王公贵族。周、秦、汉代都在这里建立了离宫，到了唐代，皇室大兴土木，先建汤泉宫，后建温泉宫。在唐代，数以百计的诗人吟咏骊山的诗篇中，当首推白居易的《长恨歌》名气最大。白居易一首《长恨歌》，把唐明皇与杨玉环缠绵悱恻、哀艳离奇的爱情故事描写得让人伤心落泪，荡气回肠。

三、雁塔晨钟

雁塔晨钟，位于陕西省西安市城南荐福寺内，是最早被清代文人朱集义誉为“渭河流域八景”之一的景点。渭河流域八景中，雁塔晨钟是唯一以声音而取胜的一景。雁塔钟声清亮，塔影秀丽，在古城中别有一番韵味。

小雁塔又名荐福寺佛塔，修建于公元 707 年—710 年之间，塔形秀丽，挺拔玲珑，与位于西安南郊大慈恩寺内的大雁塔同是唐代长安城保留至今的两处标志性建筑。因规模较小，故称小雁塔，是唐朝精美的建筑艺术遗产。小雁塔旁的钟楼内保存一口金代古钟，铸于 1192 年，原是悬挂于武功崇教寺内的一口梵钟，后因渭河改道，寺庙冲毁，钟也失落到了水中。清代康熙年间，有一位村妇在河边捶打衣服时听到河底发出的震鸣声，赶忙报告官府，发现居然是一口巨大的铁钟。康熙皇帝下令“遂以巨车载之移置于上都大荐福寺，悬于殿右”（《咸宁长安两县续志》），挂在小雁塔旁的钟楼内。民国时期毁裂，使“雁塔晨钟”绝响多年。1993 年西安市小雁塔文管所主持焊修了裂痕。1998 年又重新铸了一口新钟供游人敲击。

“雁塔晨钟”非仅清代康熙年间重修塔寺偶得铁钟之后而成名，早在唐代小雁塔建成时，便有此声此景了。传说当年义净释经为早起礼佛、译经，向寺中住持建议“每日清晨击钟”。有民间流传，如果有人思念远方的亲人，只要把亲人的名字和所在地写在一张黄笺上，钟声就会把思念之情传到千里之外的亲人耳中，故人称“神钟”。

四、曲江流饮

曲江池兴于秦汉，盛于隋唐，历时千年，是中国古代风景园林之经典，是中国古代园林及建筑艺术的集大成者，被誉为中国古典园林的先河之一。秦代曲江，一片天然池沼，称为隑洲，建有著名离宫——宜春宫。汉武帝时因其水波浩渺，池岸曲折，“形似广陵之江”，取名“曲江”。隋代修建大兴城，曲江被纳入城郭之中，改称芙蓉池。唐代大规模营建曲江，凿黄渠，辟御苑，筑夹城，建大雁塔，修新开门，曲江池成为水域千亩、名冠京华的游赏胜地。唐明皇每年两次在此宴会群臣，那些进士考试及第后，成群结伙到曲江大摆宴席，饮酒作乐，此即“曲江流饮”。曲江池两岸依地势连绵起伏建有云台亭榭、宫殿楼阁，曲江品种繁多的奇花异草，随四季争芳竞艳而成自然景致。并且，曲江池在自然之美的基础上，又有人文之美。“三月三日天气新，长安水边多丽人。”每逢农历的三月三日，正赶上唐代新科进士正式放榜之后，曲江池阳光明媚。每当新科进士及第总要在曲江池设宴。新科进士在这里乘兴作乐，放杯至盘上，放盘于曲流上随水转，按照古人“曲水流殇”的习俗，酒杯流至谁面前谁就要执杯畅饮，并当场作诗，由众人对诗进行评比，称为“曲江流饮”。

据《全唐诗》记载，大诗人李白、杜甫、白居易、李商隐、张籍、元稹、刘禹锡、韦应物、温庭筠、卢照邻等都曾到曲江一游，给世人留下许多脍炙人口的优美诗句。被后世称为瑰宝的书法圣品《兰亭集序》据说就是王羲之和好友们在浙江兰亭的“曲水流殇”中，借着酒兴宴酣，笔走灵蛇，一挥而就产生的。关于曲江，张籍有诗《赠项斯》：“端坐吟诗忘忍饥，万人中觅似君稀。门连野水风长到，驴放秋原夜不归。日暖剩收新落叶，天寒更著旧生衣。曲江亭上频频见，为爱鸬鹚雨里飞。”李商隐有诗歌《垂柳》：“娉婷小苑中，婀娜曲池东。朝佩皆垂地，仙衣尽带风。七贤宁占竹，三品且饶松。肠断灵和殿，先皇玉座空。”白居易有诗《曲江亭晚望》：“曲江岸北凭栏杆，水面阴生日脚残。尘路行多绿袍故，风亭立久白须寒。诗成暗著闲心记，山好遥偷病眼看。不被马前提省印，何人信道是郎官?”这其中，最有气势的还推王棨的《曲江池赋》：

帝里佳境，咸京旧池。远取曲江之号，近侔灵沼之规。东城之瑞日初升，深涵气象；南苑之光风才起，先动沦漪。其地则复道东驰，高亭北立。旁吞杏圃以香满，前翕云楼而影入。嘉树环绕，珍禽雾集。阳和稍近，年年而春色先来；追赏偏多，处处之物华难及。只如二月初晨，沿堤草新。莺啭而残风袅雾，鱼跃而圆波荡春。是何玉勒金策，雕轩绣轮。合合沓沓，殷殷辚辚。翠亘千家之幄，香凝数里之尘。公子王孙，不羡兰亭之会；蛾眉蝉鬓，遥疑洛浦之人。是日也，天子降銮舆，停彩仗。呈丸剑之杂伎，间咸韶之妙唱。帝泽旁流，皇风曲畅。固知轩后，徒游赤水之湄；何必穆王，远宴瑶台之上。复若九月新晴，西风满城。于时嫩菊金色，深泉镜清。浮北阙以光定，写南山而翠横。有日影云影，有凫声雁声。怀碧海以欲垂钓，望金门而思濯缨。或策蹇以长愁，临川自叹；或扬鞭而半醉，绕岸闲行。是日也，樽俎罗星，簪裾比栉。云重阳之赐宴，顾多士以咸秩。上延良辅，如临凤沼之时；旁立群公，异在龙山之日。若夫冬则祁寒裂地，夏则晨景烧空。恨良时之共隔，惜幽致以谁同。孰见其冰连岸白，莲照沙红。蒹葭兮叶叶凝雪，杨柳兮枝枝带风。岂无昆明而在乎畿内，岂无太液而在乎宫中。一则但畜龟龙之瑞，一则犹传战伐之功，曷若轮蹄辐辏，贵贱雷同。有以见西都之盛，又以见上国之雄。愿千年兮万岁，长若此以无穷。

五、草堂烟雾

“草堂烟雾”一景位于钟馗故里秦岭终南山的圭峰山北麓户县草堂镇草堂营村。创建于后秦，后秦王姚兴迎西域高僧鸠摩罗什于此，率三千弟子一起翻译佛经。今寺内有建于唐代的姚秦三藏法师鸠摩罗什舍利塔一座，塔北竹林内有一井，井中常有烟雾升腾而出，与周围山冈水汽及草堂寺上空缭绕的香烟混为一体，形成草堂烟雾的美景，为著名的长安八景之一。

草堂寺，相传始建于晋代。日本的日莲宗视草堂寺为祖庭，1982 年为草堂寺奉送高级木质鸠摩罗什雕像，以永久纪念。每年该宗都组团来此参拜，与中国佛教界进行交流。姚秦三藏法师鸠摩罗什舍利塔，高 2. 33 米，八面 12 层，全部使用西域玉石相拼而成。玉色灿烂莹润，每层玉色不同，故此塔又称“八宝玉石塔”。塔前有二柏一井，人称“二柏一眼井，爬柏龙雀树”。传说当年井中央有石一块，每见一蛇卧石上，辄有白雾冲天而上缭绕于帝都长安，因而被称“烟雾井”，形成“草堂烟雾”。

六、灞柳风雪

西安市境内东有灞水，秦汉时曾在灞河上架有木桥，名曰“灞桥”，其位置在今灞桥镇西北方向 5 公里处的上桥梓口村以西。有水有桥，柳树自然也不能少。《西安府志》中云：“灞桥两岸，筑堤五里，栽柳万株，游人肩摩毂击，为长安之壮观。”每当春意盎然、春风扑面之际，柳絮漫天飞扬，烟雾蒙蒙，成了长安灞桥一大景致。唐时在灞桥设有驿站，当时叫作“滋水驿”，也被称作“灞亭”。古时人们多在此处迎宾送客，依依话别。灞河、灞桥、灞柳、灞亭，古往今来，竟让无数人为之“倾倒”，生离死别，离愁别绪，诗情才气，到了这个地方都表现得淋漓尽致。

七、咸阳古渡

名闻遐迩的咸阳古渡就依偎在五陵原的南边，由于历史上这里曾经是人口密集区，和古长安隔河相望，加之流水丰沛，岸线狭长，桥梁数量有限，舟渡就是一种重要的交通方式。事实上考古也发现咸阳古渡并非一处，也许更多。据史料记载，“咸阳古渡”应该始于秦代，直到明洪武年间，咸阳城西迁到渭水驿，古渡也随之西迁。真正成为“秦中第一大渡”，并一直沿用至新中国成立初。清人朱集义在《渭阳古渡》诗中写道：“长天一色渡中流，如雪芦花载满舟。江上太公何处去，烟波依旧汉时秋。”可以说比较真实地再现了当时的情景。

横贯渭河流域的渭河，从古秦都咸阳旁边流过。古桥遗迹，在隐没百年后重现人间。据咸阳地方志记载，“咸阳古渡”建筑于明嘉靖年间，渡口处建有一座木桥，通陇通蜀，过客众多，为秦中第一渡。“咸阳古渡”为古长安通往西北西南的咽喉要道，处于十分重要的地理位置。木桥遗址的发现，为研究明清时期西北地区的交通、经济、军事以及渭河流域的桥梁建筑提供了一个重要的物证。咸阳古渡是古代丝绸之路的桥头堡，古渡遗址附近出土了大量文物，为人们研究当时的经济、文化、军事提供了重要的物证。丝绸之路也称为佛教之路，咸阳古渡遗址出土的大量隋唐佛像为研究当时佛教文化活动以及中原和西域国家的佛教文化交流提供了翔实的实物资料。

八、太白积雪

“太白积雪”被誉为渭河流域八景之一，早在北魏郦道元《水经注》里采录的古老传说中就有记载：“太白山南连武功山，于诸山最为秀杰，冬夏积雪，望之皑然。”这是“太白积雪”一词的最早出处。

太白山森林茂密，溪流潺潺，鸟兽繁多，景观迷人，有绿色植物宝库和天然动物园之称，也是世界上少有的天然高山植物园和动物园。太白山森林公园内还有春秋战国时期王禅老祖修道的“鬼谷子洞”，相传为汉钟离、吕洞宾等八仙修行的“钟吕坪”，道教始祖老子骑牛过玄关路经汤峪休息的“青牛洞”，唐玄宗携杨贵妃游汤峪所建的“唐子城”，药王孙思邈上太白采药的栈道等遗址。历代文人骚客为此留下不少名篇名句，如唐代诗人杜甫有“犹瞻太白雪，喜遇武功天”之诗句。柳宗元的《太白山祠记》一开头就写道“雍州西南界于梁，其山曰太白，其地恒寒，冰雪之积未尚已也。”何景明在《太白山歌》中也有“阴崖皑皑积古雪，绝壑长松几摧折”的诗句以描写太白山积雪时间之久。可见太白山盛夏积雪之奇丽景色，确实来历已久，蔚为奇观非夸张与虚构。在过去那寒冷多雪的年代里巍巍高峰，终年积雪，银光四射，百里可见，故“太白积雪六月天”之奇观胜景则由此而来。

第二节　渭城遗曲

渭城这一地名最早出现在汉武帝太初二年（前 103 年），《三辅黄图》载：“武帝太初二年，改内史为京兆尹，以渭城以西为右扶风……”此书的注释为：“渭城，本秦都咸阳，武帝时置渭城县，治所在今天的咸阳市东十公里窑店镇一带。”唐诗里对渭城的注释就是依据此说，但唐长安城与汉长安城、秦咸阳城，有一个承接和演变的历史。汉长安城是在秦咸阳城遗址兴乐宫的基础上扩建的，该宫位于当时咸阳城向渭河南岸延伸的秦杜县长安乡。杜县是秦代最早设立的郡县之一，它的前身就是西周时期的杜伯国，县治就是现在的杜城村。汉高祖刘邦认为“长安”二字吉祥，又“欲其子孙长安，都于此”。这就是秦咸阳这一地名变为长安的原因。历史发展到了隋唐，尤其是唐，当时国力强盛，废弃了原汉长安城，又在今龙首原南重新建了一座更加宏伟壮观的新长安城。它背靠川流不息的渭河，面对层峦叠嶂的终南，真是虎踞龙盘，气象万千……盛唐时期，政通人和，出了几代名君、名相，又开创了贞观、开元之治，是一个令人羡慕和敬仰的时代。当时许多诗人倾情讴歌它，不惜动用了它的许多爱称，像帝都、京师、京华、凤城等。王维用渭城借指当时的京城长安，表达了他对京城长安发自内心的热爱。

关于渭城，墨客曾留下不少笔墨。崔颢的《渭城少年行》描写了当时的贵胄子弟在渭城争雄和行乐的情景。该诗云："章台帝城称贵里，青楼日晚歌钟起。贵里豪家白马骄，五陵年少不相饶。双双挟弹来金市，两两鸣鞭上渭桥。渭城桥头酒新熟，金鞍白马谁家宿。可怜锦瑟筝琵琶，玉台清酒就君家。小妇春来不解羞，娇歌一曲杨柳花。"从诗中不难看出，渭城就是秦时的咸阳或西汉的五陵，即现在咸阳市的渭城区。

渭城曾是由长安到西域的重要驿站，王维在此饯别他的朋友"元二"出使安西，并作诗一首相赠，即著名的《渭城曲》。该诗经人谱曲，就是脍炙人口的《阳关三叠》。王维的又一首诗《观猎》又把我们的视线由渭北引向了渭河南岸，距离渭河数十里的大唐长安城。该诗云："风劲角弓鸣，将军猎渭城。草枯鹰眼疾，雪尽马蹄轻。忽过新丰市，还归细柳营。回看射雕处，千里暮云平。"诗人开门见山地点出了将军射猎的地点——渭城。射猎的路线是"忽过"新丰市、"还归"细柳营。新丰市是项羽宴请刘邦的地方，细柳是周亚夫屯兵的地方，为世人所共知，都属当时京城长安的名镇。由此看来，王维心中的渭城不单指那个在渭河北岸的秦都咸阳，也指在渭河南岸的京城长安。

第三节　诗话乐游原

乐游原得名于汉代。早在2000多年以前的秦汉时代，曲江池一带就以风景秀丽而享有盛名。汉宣帝时，这里被称为乐游苑。一次，汉宣帝偕许皇后出游至此，迷恋于绚丽的风光，以至于"乐不思归"。后来在此处建有乐游庙，乐游原就以此得名。

乐游原地势高耸，登原远眺，四望宽敞，京城之内，俯视如掌。南面有大雁塔、曲江池，原上有青龙寺遗址，遗址内还建有空海纪念碑、纪念堂，种植着多株名贵樱花，景色宜人，来此游赏者络绎不绝。尤其是“每三月上巳、九月重阳，仕女游戏，就此拔楔登高，幄幕云布，车马填塞”。因其风景秀丽，唐太平公主在此添造亭阁，营造了当时最大的私宅园林——太平公主庄园。韩愈《游太平公主庄》诗云：“公主当年欲占春，故将台榭压城闉，欲知前面花多少，直到南山不属人。”仅在乐游原上的一处园林，因太平公主谋反被没收后，就分赐给了宁、申、岐、薛四王，足以想见当时乐游原规模之大。后来四王又大加兴造，遂成为以冈原为特点的自然风景游览胜地。

乐游原是唐代游览胜地，直至中晚唐之交，乐游原仍然是京城人游玩的好去处。因为乐游原地理位置高，便于览胜，所以文人墨客也经常来此作诗抒怀。唐代诗人们在乐游原留下了近百首珠玑绝句，历来为人所称道，如张九龄《登乐游原春望书怀》、张祜《登乐游原》、杜牧《登乐游原》等。其中，李白的《忆秦娥》最为出名：“箫声咽，秦娥梦断秦楼月。秦楼月，年年柳色，灞陵伤别。乐游原上清秋节，咸阳古道音尘绝。音尘绝，西风残照，汉家陵阙。”

杜甫形容乐游原是：“乐游古园翠森森，烟绵碧草萋萋长。”唐彦谦称赞乐游原：“杏艳桃娇夺晚霞，乐游无庙有年华。”李频描述乐游原的景色：“无那杨花起愁思，漫天飘落雪纷纷。”而“爽气朝来万里清，凭高一望九秋轻”，“万树鸣蝉隔断虹，乐游原上有西风”。

第四节　循迹长安

古往今来，长安不论是极盛多朝显赫名盛的京都或是繁华之后端庄凝肃的古城，来此游览之人络绎不绝，其中，不乏许多名人，他们踏入长安，留下了自己的踪迹。

邵雍，北宋著名理学家、思想家，终生不仕，以讲学为生，著述颇多。邵雍年轻时，为丰富学识阅历，曾周游天下。其间，他西入渭河流域，在陕西寓居、游历数年。他游览华山，在《华山》诗中写道：“生平爱山山未足，由此看尽天下山。”咏赞了华山的雄奇和自己的感受。他在漫游商州时，写下了《商山旅中作》《和商守登楼看雪》《商山道中作》等诗。在临潼，邵雍游览了骊山，参观了唐华清宫等前朝遗迹，他在《绣岭》一诗中，描绘了清秀多姿的骊山山景，其中有“微微细雨后，杳杳出云端”之句。

张礼，北宋中期文人。张礼曾与楚人陈明微结伴游览渭河流域，他们专程游访了唐故都长安及城南名胜，张礼写了著名的游记——《游城南记》，此城就是长安城。1086 年春，张礼与陈明微从京兆府城的东南门出发，开始访古览胜。他们先寻访了唐长安城遗迹，游览了荐福寺塔、玄都观、大兴善寺等。他们到慈恩寺登大雁塔，在塔上，他们俯视寺南长满野草的荒地，追忆了唐时这里“曲江宫殿，乐游宴喜之地”的盛景，“不觉有黍离麦秀之感”。出慈恩寺，他们又游览了唐杏园、芙蓉园遗迹，参观了唐代名臣杜佑的家庙。

王履，字安道，明初著名的医学家、艺术家，也是明代著名的旅行家。王履曾经专程来渭河流域游览，曾在渭河之阴的西安停留了一年左右。其间，他游览了西岳华山。他将游华山的见闻和感受写成《始入华山至西峰记》《南峰记》《东峰记》和《玉女峰记》等 4 篇游记和 100 多首诗咏。

袁宏道，字中原，明代文学家。万历二十年（1592 年）进士，官至右庶子。袁宏道为渭河流域辉煌的古代文明、壮丽的山川风光所吸引，专程赴陕游览。他在《游骊山记》中，记述了游骊山的观感：骊山“郁然而青，而其水浩浩然鸣九衢。古柏森然，荫翳东西岭”。但华清宫遗址多不可识，袁宏道在一位白发老者的指引下，才找到周幽王烽火戏诸侯的遗址“举火台”、杨贵妃专用的“海棠汤”，及供奉老子的“朝元阁”遗址等。凭吊这些古迹后，袁宏道感慨万分。他在温泉沐浴后，写了

《过华清宫浴汤泉》诗："镜澈姑苔光，溪风湛碧香。花犹知世代，永不解兴亡。粉黛山川俗，烟泉岁月长。"袁宏道还游览了渭河流域其他著名的风景名胜，写了大量的诗文，他在《华山记》中写道："凡山之名者，必以骨，率不能倍肤，得三之一，奇乃著。表里纯骨者唯华为然。骨有态有色，黯而浊，病在色也，块而狞，病在态也。华之骨如割云，如堵碎玉、天、水、烟、雪，杂然缀壁矣。"对西岳雄浑、奇险的山姿盛赞不已。

徐弘祖，号"霞客"，明代伟大的旅行家、地理学家。因目睹明后期官场的腐朽黑暗，毅然放弃仕途，寄情于山水，遍游全国名山大川。1623 年二月底，徐霞客结束对嵩山的游览之后，进入渭河流域游览。他行至距潼关百余里时，"即见太华兀出云表"。在潼关，他登高眺望，"黄河从朔漠南下，至潼关，折而东。关正当河山隘口，北瞰河流，南连华岳。唯此一线为东西大道，以百雉锁之"。抵达华山脚下，"忽仰见芙蓉片片"，不仅三峰秀绝，而且其余诸峰皆如斧劈刀削一般，"尽脱山骨"。这年的三月初一，徐霞客游西岳庙、云台观后由峪口进山，又参观了玉泉院、莎萝宫等景点。然后经青柯坪上山，经过"千尺幢""百尺峡"通过"老君犁沟"，翻过"猢狲岭"，游览了苍龙岭、日月岩、玉女洞等景点，最后登上了东峰之巅。当晚，徐霞客受到李道士接待，留宿东峰之侧的迎阳洞。第二天，徐霞客游览了南峰。他登上南峰绝顶，游览了"仰天池""黑龙潭"等。之后，又登临西峰，观赏西峰诸景后返回东峰，游观了传说中宋太祖与陈抟下棋的棋盘台等。至此，他循原路下山，当晚留宿于山麓的十方庵。第三、第四天，徐霞客出山峪，经华阴县西门，进入县城西南二十里的泓峪。登泓峪，北望太华"兀立天表"。在此，徐霞客眺望少华山，也称"赛华山"，继续南行，通过华阳川，至华阴与洛南交界处。再经黄螺铺，抵今洛南县石门镇附近。第五日，徐霞客经石门镇，渡洛水，行于洛南山谷中。这里"两崖忽开忽合，一时互见"，人烟稀少，山景颇幽。第六、七日，徐霞客翻越崇山峻岭到达丹凤县。这里东接武关，西通商州，为通衢要道，丹水经此东南流入汉江，自古以来，这里就是水旱码头。第八日，徐霞客登舟顺流而下。大雨后的丹江，

“怒溪如奔马”，小舟穿行于山谷之间，“曲折潆回”，大有“轰雷入地之险”。第九日，徐霞客乘小舟通过丹凤县南竹林关，水势渐大，船行加快。他站在船头，尽情地欣赏着沿途风光，“时浮云已尽，丽日乘空，山峦重叠竞秀。怒流送舟，两岸浓桃艳李，泛光欲舞”，“不觉欲仙也”。第十日，历“百姓滩”等险段，出蜀西楼。这里山峡渐开，为秦豫交界处。徐霞客由此进入河南，结束了在渭河流域的游览活动。

1703 年，清圣祖爱新觉罗·玄烨率群臣由风陵渡渡黄河，西入潼关。到华山脚下，遥望西岳，吟《望华山》诗：“一月风霜尘土中，忽见翠盖拥山峰。汉之金掌今应笑，唯有华巅并古松。”然后，康熙西巡至渭南，驻跸于县城以西的行宫。稍事休息后，他率诸皇子及侍卫出宫巡视，并检阅了当地驻军。从渭南继续西巡，康熙浏览了沿途的山水风光，在《渭河见终南山》诗中表达了对渭河流域山河的赞美：“渭水自萦纡，秦川喜清旷。山势何岧峣，经过绝尘埃。”抵达临潼后，康熙驻跸于骊山温泉行宫，他在此游览了前代遗迹，欣赏了骊山风光。从临潼再向西行，隋唐故都长安呈现在眼前，康熙情不自禁地吟出了《长安行》一诗，盛赞了长安古老辉煌的文明和重要地位。除了上述名人，在渭河流域留下足迹的名人还有林则徐、王鼎、陶保廉、丘逢甲、王闿运、康有为、鲁迅等。

第五节　渭河之滨的唐朝游思

唐朝时期的渭河流域，经济繁荣，社会秩序稳定，为旅行游览活动的开展提供了条件。

一、牡丹花会

农历三月十五日前后，唐长安城中都要举行牡丹花会。唐人特别看重牡丹。当时，皇家宫苑、贵族宝邸和佛寺道观都广植牡丹。每逢花会，街上车马喧哗，人们摩肩接踵，争看牡丹。诗人白居易曾游览长安花市，作《买花》诗一首，生动描绘了人们观赏争购牡丹的情景：“帝城春欲暮，喧喧车马渡。共道牡丹时，相随买花去。贵贱无常价，酬直看花数。灼灼百孕红，戋戋五束素。上张幄幕庇，旁织笆篱护。水洒复泥封，移来色如故。家家习为俗，人人迷不悟。”

二、杏花春宴

早春，杏花盛开，春色满园，京师中人多在曲江杏园赏花游览。唐人留下许多描写杏园的美好诗篇。在游杏园的活动中，尤以新科进士及第在此举行的探花宴为盛。探花宴也称杏园宴，因在杏园举办而称之。所谓探花，则是在新科进士中选两位少年英俊者，让他们骑马去采摘名花，此二人即为探花郎，宴会于是也就叫探花宴。实为朝廷招待新科进士的宴会。席间，两位探花郎骑马去采摘名花，此间，如有别人先摘得名花牡丹、芍药等，就要受罚，这就给两位探花郎留下更多遍赏名花、选摘名花的机会，实际上也是一种特殊的游园活动。

唐时，长安人都喜欢到曲江游赏，来往的人如车水马龙，川流不息。正如唐代诗人描述的那样：“浩浩长安车马尘”，“骏马轻车拥将去”，“莫怪杏园憔悴去，满城多少插花人”。

三、樊川游赏

樊川在长安城南，即今长安区韦曲、杜曲一带，因汉初名将樊哙封于此地而得名。它南屏终南山，北依少陵原，潏水纵贯其间，山清水秀，风光旖旎，是长安城南著名的风景区。《长安志图》称其为“天下之奇处”“渭河流域之绝景”。唐代的许多达官显贵都在这里建有别墅山庄，如杜佑城南别墅、何将军山林、郑驸马池台、牛僧儒樊乡郊居、杜甫旧居、郑虔之居及韩愈送子读书处等。这里也是长安的游览胜地之一。

在这里，还发生过一段流传千古的故事。公元785年，河北定县人崔护进京赶考，但进士不第。惆怅之下，清明节独自游览长安城南，来到杜曲桃溪堡，只见柳色青青，桃花灿烂，观赏间觉得口渴，便叩一家农户门环，想讨碗水喝。有一女子问明情由，端出一碗水递与他饮，崔护看那女子面孔粉白娇嫩，在桃花映衬下，更加美丽动人。饮罢告辞时，那女子双目含情，崔护也恋恋不舍。第二年清明节，又逢桃花盛开，崔护急不可待，又赴杜曲，再去叩门，却见大门紧闭，无人应声，便在门扇上写下《题都城南庄》诗："去年今日此门中，人面桃花相映红。人面不知何处去，桃花依旧笑春风。"并署名：博陵崔护。几天后，他又来到这户人家。听到里边有哭声。原来那女子自去年与崔护相遇之后，日夜思念，及见到崔护的题诗后大哭一场，病在床榻，已绝食数日。崔护被女子的真情所感动，女子见到日夜思念的人，病也好了许多，于是，有情人终成眷属。

四、辋川游赏

辋川位于蓝田县城南5公里的峣山间，是终南山北麓一条风光秀丽的川道，川水自峣关口流出以后蜿蜒流入灞河，遥想当年，从高山俯视下去，川溪辐辏轮连，宛若车辋，故得名"辋川"。辋川自峣关口到飞云山下的鹿苑寺，约15公里，沿途青山绿水，风光明媚，唐代时辋川内有许多名人庄园，如王维的辋川别墅，李德裕的平泉庄，裴度的午桥庄，司空图的王官谷庄，王维的孟城坳。不过由于年代久远，时过境迁，物是人非，这些建筑早已不复存在。

辋川别业为唐初诗人宋之问的"辋川别业"，后被王维购得并依据山水形势植花木、堆奇石、筑造亭阁台榭，先后建起了鹿柴、竹里馆、孟城坳、华子冈等20个景点。王维从此过起了"晚年唯好静，万事不关心"的闲适生活，或陶醉于山壑林泉之间，啸吟于竹馆、茅舍之畔，或同孟浩然、裴迪、钱起等诗友良朋"模山范水""练赋敲诗"、泛舟往来、鼓琴唱和，他和裴迪一唱一和，为辋川20景写下了40首五言绝句，取名

《辋川集》。如《竹里馆》："独坐幽篁里，弹琴复长啸。深林人不知，明月来相照。"《山居秋暝》："空山新雨后，天气晚来秋。明月松间照，清泉石上流。竹喧归浣女，莲动下渔舟。随意春方歇，王孙自可留。"这些绝句自然流畅，清丽飘逸，读之跃然如画，令人回味无穷。王维的这些诗篇，成就了王维作为山水田园诗人的代表，卓立于唐代诗坛。

五、王顺山与悟真寺游赏

王顺山位于蓝田县城南20公里，山形如覆车，一名覆车山，因山中产玉，又名玉山。它南依秦岭，北临灞河，蓝水环绕，山清水秀，景色迷人。唐时，长安的许多官员、文人常到此游赏。有一年重阳节，杜甫与朋友到此游赏，写了《九日蓝田会饮》诗："老去悲秋强自宽，兴来今日尽君欢。羞将短发还吹帽，笑倩旁人为正冠。蓝水远从千涧落，玉山高屏两峰寒。明年此会知谁健，醉把茱萸仔细看。"

悟真寺位于今天的西安市蓝田县终南山脚下，是中国净土宗的祖庭。在历史上，蓝田县本来就是诗歌之县，这里深厚的人文积淀，独特的地理位置，绮丽的风光美景，曾吸引了大量的文人墨客来此留下传世篇章。古今题咏悟真寺的唐宋诗歌多达40余首，著名诗人白居易、王维、韦应物、钱起、卢纶、张籍、储光羲、孟郊、鲍溶、贾岛、张乔、魏野、苏舜钦等都有作品传世。悟真寺借诗人们千百年来的笔墨，在后人心中活灵活现起来。特别是白居易的《游悟真寺》130韵长诗，堪称中国古代描写寺院长诗之最。《游悟真寺诗》全诗如下："元和九年秋，八月月上弦。我游悟真寺，寺在王顺山。去山四五里，先闻水潺湲。自兹舍车马，始涉蓝溪湾。手拄青竹杖，足踏白石滩。渐怪耳目旷，不闻人世喧。山下望山上，初疑不可攀。谁知中有路，盘折通岩巅。一息幡竿下，再休石龛边。龛间长丈余，门户无扃关。仰窥不见人，石发垂若鬟。惊出白蝙蝠，双飞如雪翻。回首寺门望，青崖夹朱轩。如擘山腹开，置寺于其间。入门无平地，地窄虚空宽。房廊与台殿，高下随峰峦。岩崿无撮土，树木多瘦坚。根株抱石长，屈曲虫蛇蟠。松桂乱无行，四时郁芊芊。枝梢袅青翠，韵若风中弦。”

六、终南山、华山游赏

终南山在今渭河南麓长安区南，东起蓝田，西至眉县，绵延百余公里，尤其是临近京师长安的北麓一段，风景优美，为唐代文人士大夫游赏、宅居之地。王维自中年后笃信佛教，喜欢到山水林泉中寻求精神寄托，他在《终南别业》诗中描述了他在空寂、幽静的山中赏玩的情景：“中岁颇好道，晚家南山陲。兴来每独往，胜事空自知。行到水尽处，坐看云起时。偶然值林叟，谈笑无还期。”白居易也曾游终南山南五台，留下了脍炙人口的《登观音台望城》诗：“百千家似围棋局，十二街如种菜畦。遥认微微上朝火，一条星宿五门西。”

唐王维有《终南山》：“太乙近天都，连山接海隅。白云回望合，青霭入看无。分野中峰变，阴晴众壑殊。欲投人处宿，隔水问樵夫。”

唐代祖咏有《望终南余雪》：“终南阴岭秀，积雪浮云端。林表明霁色，城中增暮寒。”李白有《下终南山过斛斯山人宿置酒》：“暮从碧山下，山月随人归。却顾所来径，苍苍横翠微。相携及田家，童稚开荆扉。绿竹入幽径，青萝拂行衣。欢言得所憩，美酒聊共挥。长歌吟松风，曲尽河星稀。我醉君复乐，陶然共忘机。”孟浩然有《题终南翠微寺空上人房》：“翠微终南里，雨后宜返照。闭关久沈冥，杖策一登眺。遂造幽人室，始知静者妙。儒道虽异门，云林颇同调。两心喜相得，毕景共谈笑。暝还高窗眠，时见远山烧。缅怀赤城标，更忆临海峤。风泉有清音，何必苏门啸。”

华山以其峥嵘峭拔而闻名于世，唐代文人都爱游华山，著名者如沈佺期、李白、王维、卢纶、韩愈、岑参、贾岛、杜甫、李商隐等。李白登临华山落雁峰，惊诧道：“此处呼吸之气，想通帝座，恨不携谢惊人诗来，搔首问青天耳。”李白还在《西岳云台歌送丹邱子》诗中描述了华山的壮观：“西岳峥嵘何壮哉，黄河如丝天际来。黄河万里触山动，盘涡毂转秦地雷。荣光休气分五彩，千年一清圣人在。巨灵咆哮擘两山，洪波奔流射东海。三峰却立如欲摧，翠崖丹谷高掌开。白帝金精运元气，石作莲花云作台。”

七、其他游赏

744年，王昌龄、王维、裴迪、王缙等人同游青龙寺。他们登高远望，天空苍茫，远处终南山苍翠挺拔，近处碧水绿田，原野莽莽，风景如画，四人各作五言律诗一首。王维应邀作序。王维诗曰：“高处敞招提，虚空讵有倪。坐看南陌骑，下听秦城鸡。渺渺孤烟起，芊芊远树齐。青山万井外，落日五陵西。眼界今无染，心宝安可迷。”

武关在今陕西丹凤县东，地势险要，自古以来为兵家必争之地，也是当时由陕西去荆襄交通隘口。元和年间，韩愈因谏阻唐宪宗迎取佛骨而被贬潮州，经蓝关，出武关去潮州上任。途经蓝关，天降大雪，适逢韩湘子来送行，写下《左迁至蓝关示侄孙湘》诗：“一封朝奏九重天，夕贬潮阳路八千。欲为圣明除弊事，肯将腐朽惜残年。云横秦岭家何在？雪拥蓝关马不前。知汝远来应有意，好收吾骨瘴江边。”

第六节　渭河流域的温泉文化

“骊山温泉自三代末显于世”，2800年前骊山温泉就被人们发现了，西周时，周幽王依骊山温泉修建“宫”，历称“星辰汤”。后来秦始皇为了治疗疮伤开始在此修筑离宫，将泉水引入室内，起名为“骊山汤”。西汉武帝又进一步扩建了离宫。东汉张衡写下了《温泉赋》，是当时赞美骊山温泉的名赋。

史上对温泉大规模的利用起于秦汉，盛于大唐。唐太宗在骊山兴建了许多宫殿，如“汤泉宫”。唐玄宗在位时在骊山大兴土木，依骊山山势兴建行宫（后改名为“华清宫”），宫殿监制要求极高，规模宏伟，富丽堂皇，有二阁、四门、四楼、五汤、十殿。到后来的清朝时期，清朝皇帝每次参加祭天或祭祖这种祭祀活动都要先沐浴汤泉，洗去污秽。“小汤山”就是当时的皇家温泉。

由于中国人传统、含蓄以及内敛的民族特性，洗浴一直是一件很私密的事情。为史书记载的更多体现在皇家贵族，显现的是繁文缛节和雍容华贵的高雅行为。中国古代的洗浴文化确切地说是一种帝王文化。秦始皇为治疗疮伤而建“骊山汤”，成为温泉为中国皇家所重用的先例。汉朝皇帝喜欢将西域进贡的香料煮成香水倒入温泉池中以沐香汤。隋唐皇家大兴土木，扩建华清池，还设有温泉监这一官职，专门负责皇家沐浴事务。唐朝皇帝注重温泉养生，温泉养生的器物用品大多采用玉器、桃木等辟邪之物。据史料记载，唐玄宗浴池中用白玉雕刻的鱼龙凫雁能随水流而展翼，犹若活物。唐皇沐浴前后的饮食都有随行太医特别调配，并有详细记录在案，甚至包括入浴的时间都有要求。

西安市位于黄河流域中部的渭河平原盆地，秦岭山脉横亘于西安以南。从资源和现代温泉建设上，西安发展温泉旅游都有着得天独厚的条件：一是从地热资源上。秦岭北麓是我国地热资源最富集的地区之一，华清池自古就是皇家沐浴的胜地，而渭河平原八景之一的“草堂烟雾”就是因地热而形成的。此外，西安的温泉水质是国内最优质的水质之一，据测定，内含的10多种矿物质对风湿症、关节病、皮肤病等均有明显疗效。二是从历史文化资源上讲。西安温泉的利用已有6000多年历史，全国发现最早的第一眼温泉就在西安。“春寒赐浴华清池，温泉水滑洗凝脂。”这是唐代大诗人白居易描写杨贵妃沐浴华清池的著名诗句。西安温泉是我国温泉中开发最早、利用时间最长，最具文化内涵的温泉。三是从温泉和旅游的融合发展上，十三朝古都的厚重文化，大秦岭绵延百里的山水温泉资源，为温泉旅游的产品打造奠定了良好的基础。四是渭河平原流域正在加快“渭河平原温泉沐浴带”的建设，而西安在这个发展战略上具有得天独厚和毋庸置疑的优势。完全可以成为西部地区乃至全国知名的温泉旅游休闲度假目的地。西安市温泉资源介绍如下：

汤峪温泉位于西安蓝田县，距离西安市 40 公里，周边自然条件幽美。汤峪温泉悠久的利用历史始于汉朝，在唐朝达到鼎盛，一直作为皇家的沐浴之地，唐朝时在汤峪兴建有沐浴行宫“大兴汤院”。汤峪温泉泉水清澈，水质优良，医用价值非常高，具有护肤美容、保健祛病的功效，历史上一直都有“桃花水”“功德水”“神水”的称号。

华清池温泉地处西安市临潼区，大约形成于二三百万年之前，始终保持“不盈不亏，与日月同辉”的状态，水温终年恒定在 43℃，水中富含多种矿物质，被中国温泉协会鉴定为水质等级最高的温泉之一，具有极佳的疗养保健作用。华清池温泉背靠骊山风景区，自然条件幽美，唐明皇与杨玉环动人的爱情故事，白居易的《长恨歌》“春寒赐浴华清池，温泉水滑洗凝脂”都为这里赋予了神秘浪漫的色彩。

东大温泉位于长安区终南山下，在 20 世纪 80 年代以前，东大的经济收入主要依靠的是农业收入。由于东大丰富的地表水资源，出产优质大米、莲藕、淡水鱼，在长安区远近闻名，有“小江南”和“鱼米乡”之称。80 年代之后东大探测出丰富温泉资源，而且有埋藏浅，易开发的特点，温泉水中含有硫黄等对人体非常有益的矿物元素。

沣峪口温泉位于长安金三角枢纽地带沣峪口风景区，距西安 25 公里，景色幽美、交通便利。温泉水中富含多种对人体有益的矿物质和微量元素，有促进血液循环、改善免疫系统、解除疲劳、祛病健身、养颜瘦身之功效。尤其对关节炎、皮肤病、痔疮、肥胖症疗效极好。

楼观台温泉位于西安市周至县终南山北麓，紧邻楼观台国家森林公园西门。温泉水资源优质，富含人体所需的多种微量元素。同时也是西安市少有的有着浓郁宗教文化的温泉地。楼观台以老子开创的道教文化而闻名。

渭河流域既是世界范围内温泉资源最丰富的地区，又是最早对温泉进行开发利用的地区。儒、道、释三家思想和文化的相互碰撞对温泉文化的形成有重要的影响，温泉文化发源于传统文化，源远流长。温泉文化辉煌灿烂，一脉相承，5000 多年的温泉文化史从未断裂过。温泉作为水中上上之品，以优美的姿态从身、心、意识渗透到人类的生活层次和精神层次。与人有关的物体就有文化的存在，温泉正是以一种古老而神秘的方式，衍生出与其相关的各种文化形态和文化现象。我国温泉利用历史悠久，5000 年独特的沐浴文化一脉相传。

第十二章　浩然之艺
——渭河流域的文艺风象

渭河流域孕育了光辉灿烂的文艺风象，文学、绘画、书法艺术等各代皆有发展，共同书写了繁荣昌盛的渭河文化。

第一节　渭河流域的文学艺术

千百年来，有关渭河的文艺作品数不胜数，璨若珠玑，它见证着渭河历史的悠久与文化的灿烂。从古老的《尚书》到《诗经》，从神话《山海经》到《周易》，渭水从来就与中华文化如影随形。中国文学历史悠久，源远流长。渭河文学以其特有的地域特征享誉世界，为中国文学增添了浓厚的一笔，有力地推动了中国文学的发展。

一、渭河流域文学概论

渭河流域的文学起源于西周。周公制礼作乐，收集民歌，建立献诗制度。春秋中叶，集成中国第一部诗歌总集《诗经》。其中不少名篇产生在渭河流域。《生民》章叙述周人祖先后稷的诞生，《公刘》写公刘率族人由邰迁至豳地的伟大功绩，《绵》描写了周人由豳至岐的迁徙。“周颂”是西周王朝的祭歌。“周颂”和部分“雅”诗产生于镐京。

秦朝是中国历史上第一个中央集权制封建王朝。秦之大一统的局面为文学的发展提供了新的契机。但统治者的文化专制，使文学创作受到窒息，真正对后世文学有影响的作家仅李斯一人，他在当时一枝独秀，所作《谏逐客书》为传世名篇。汉朝在很长一个时期内，政局安定，经济繁荣。长安及畿辅地区藏书丰富，学者云集，学术气氛浓厚。文化政策宽松，文学创作活跃。贾谊的《过秦论》、晁错的《论贵粟疏》等成为成熟的政论文。司马迁的《史记》和班固的《汉书》是文学作品中的经典著作。赋是汉代文学的主要形式。汉代辞赋大家有司马相如、刘向、刘歆、班彪、班固、杜笃和傅毅等，这些人都是渭河哺育的旷世大才。西汉末年，辞赋衰落，民歌兴起。从思想内容和艺术形式看，汉民歌是新兴的现实主义文学。后来五言诗从民歌中衍化而生，成为文学发展的主流。

魏晋南北朝时期是文学走向自觉的时代，骈、散文分立，散文受到骈文的排挤而退居次要地位。骈文文饰过重，不利于思想感情的自由表达和文章社会功能的充分发挥，最后成为文学发展的障碍。544 年，渭河北岸武功人苏绰奉宇文泰之命，打算革除晋代以来文章浮华之弊，仿《尚书》作《大诰》，对后世文风变化有一定影响。当时，傅玄、杜预、傅咸、苏蕙和僧肇等是渭河平原上较有影响的作家。隋朝统一了全国，年代不长，但颇有文章。统治者爱好文学，对当朝文学的繁荣与发展起了很大作用。生于渭南华阴的杨广、杨素均有佳作传世。定都于渭河南岸长安的唐朝是我国封建社会的鼎盛时期。在文学领域中，诗歌、散文、传奇、词曲、绘画并行，取得了辉煌的成就。当时，长安成为全国的文化中心。

唐代在文学史上是一个诗的时代，文人墨客遗留下来的诗文作品极其丰富。有唐一朝产生的诗歌有 49475 首，诗人 2955 人；唐文 22896 篇，作者 3516 人；唐文作者与诗作者互见者近 700 人。唐初的诗作是在与梁陈以来淫靡的宫体诗风的抗争中逐渐成长起来的。杨炯等“初唐四杰”已不满足“上官体”的固定格式，有感而发，大胆抒写自己的生活感受，作品的生活内容和意境风格也有了很大提高，为唐诗的进一步发展开辟了广阔的天地。王昌龄等倾向于边塞生活与风光的描写，孟浩然、王维等则偏重于山水田园生活的讴歌。唐诗题材多样，内容丰富，形成了不同的流派。730 年和 742 年，伟大诗人李白两度来长安，创作了不少流传千古的名篇。杜甫的诗作反映了安史之乱前后广大人民的生活与思想感情。杜甫之后，诗坛上声望较高的渭河诗人有韦应物、白居易、元稹、杜牧等。唐代传奇，内容多讲述奇闻逸事。较之魏晋南北朝小说，唐传奇在形式和内容上都有很大转变。许多名篇都出自渭河文人之手，如白行简《李娃传》、皇甫枚《三水小牍》、苏鹗《杜阳杂编》、杜光庭《虬髯客传》、严子休《桂苑丛谈》等。唐代直到五代时期，民间文学进一步发展，出现了曲子词、变文等形式。唐温庭筠，五代韦庄、冯延巳等成就较高，作为文化大都市的长安，是这两种艺术形式产生和发展的重要园地。宋、元、明、清时期的渭河文学，继承了唐代文学遗风，谱写了具有时代特色的作品。据不完全统计，传世作品约有338种，作者队伍、作品数量虽不能和前代相比，但都程度不同地反映了这一时期三秦大地的社会面貌、风土人情等。

宋辽、宋夏、宋金、金夏、金蒙、宋元间战争的践踏骚扰，陕北和秦岭山区长期变成了混乱不安的战场，渭河流域的作者队伍与作品都较少，但仍有华章文采见之于世。诗歌与散文方面有宋代京兆万年（今西安市）人李涛的《蒙泉诗稿》、陕州（今华县）人魏野的《东观集》、华州（今华县）人李廌的《济南集》、下邽（今渭南）人寇准的《寇忠愍公诗集》等。南宋时期渭河平原已为金兵占领，文学作者及其作品有冯翊（今大荔县）人党怀英的《竹溪先生诗文集》、蒲城人张建的《兰泉老人集》、咸阳人萧贡的《萧贡文集》等。元代有奉天（今乾县）人杨焕的《还山遗稿》、郃阳（今合阳）人支渭兴的《龙溪诗集》等。这一时期渭河文人的词类作品惹人注目，主要作者及其作品有宋代鄜州（今富县）人张舜民的《画曼词》、韩城人张升的《离亭燕》、长安人杜安世的《寿域词》等。金代冯翊（今大荔县）人党怀英的《竹溪词》等，元代奉先（今蒲城县）人李庭的《寓庵词》、坊州（今黄陵县）人雷琯的《商歌》等。明代渭河文坛出现了复兴迹象，明代中期以诗、文、杂剧称雄文坛的“前七子”中，就有李梦阳、王九思、康海等。

明代渭河流域的文学诗歌呈现着浑厚、淳朴的秦地瓦缶声韵。朝邑（今属大荔县）韩邦奇的诗歌、汉中洵阳（今旬阳县）人张凤翔的《伎陵集》、秦人（今陕西）孙一元的《太白山人诗选》、渭南人南大吉的《瑞泉集》、三原人张原的《玉坡集》、咸宁（今长安区西北）人刘储秀的《西陂诗选》、杜陵（今长安区）人张治道的《张太微诗集》、白水人王伭的《彭衙诗集》、耀州（今耀州区）人乔世宁的《乔三石诗选》、三水（今旬邑）人文少白的《文少白诗选》等，都是明代陕西乃至全国文坛上引人注目的作家与作品。明代的渭河平原地区作家创作的散文作品数以百计，主要作者及其作品有三原县王恕的《王端毅公文集》、高陵县吕楠的《十四京游记》、三原县马理的《溪田文集》、武功县康海的《康对山文集》、户县王九思的《渼陂集》、三原王承裕的《少保王康僖公文集》等。明代渭河平原地区的戏曲比宋、金、元时期显示出旺盛的生命力。明弘治、正德中的"前七子"，对陕西文学发展影响很大，尤其是戏曲。户县王九思的《沽酒游春记》《中山狼》及《碧山乐府》、武功康海的《中山狼》杂剧与《沜东乐府》等，继承、发展了元代杂剧、散曲遗风，洗刷了明代曲坛颓废衰落的气数，给当时曲坛注入了生机。晚明郃阳（今合阳）人王元寿、王异、李灌等戏曲作家的作品，都受到康、王的影响。

清代的渭河文学继续从民间文学中汲取营养，有了很大发展。有传世作者百余人，传世作品约200多种。作者和作品数量均超过了前代。清代诗文集作者及其代表作有三原孙技蔚的《溉堂集》、富平李因笃的《绥祺堂集》、郃阳康乃心的《莘野集》与王又旦的《黄湄集》、户县王心敬的《沣川集》、蒲城屈复的《弱水集》、武功张文熙的《山解谷诗集》、泾阳张恂的《樵山堂诗集》、宜君刘尔举的《雪石堂诗草》、咸宁（今长安区）杭温玉的《息存诗吟》、华州王志湉的《琈山房诗稿》、泾阳雷士俊的《艾陵诗钞》等。这些诗文集均为时人所喜爱。清代戏曲作品已发展到了昌盛时期，渭河流域的代表作家和作品有长安王筠的《繁花梦》《会仙记》《全福记》等，安康于有声的《双帕缘》，蒲城崔向余的《碧玉钿传奇》。尤其是渭南李芳桂，是当时有名的戏曲作家，主要著作有《忙识字》《锄谷》《火焰驹》《万福莲》《春秋配》《白玉钿》《紫霞宫》《如意簪》《香莲佩》《玉燕钗》。清代后期甘泉谢堃的《十二金钱》《合浦珠》《血梅记》《黄河远》《绣帕楼》，三原周元昆的《杨孝子传》以及乾县范紫东的戏曲作品，对清代以来的渭河平原的戏曲发展产生了重大影响。

二、渭河流域的文艺思想

汉代的渭河静静地流淌，滋润了我国古代的文艺和美学思想。《诗大序》即《毛诗序》首篇，是我国诗歌理论的第一篇专论，提出了儒家传统美学的基本范畴和若干美学原则，是中国传统主导美学思想的总论，《诗大序》的根本文学观——“美刺说”，对后世文论的深远影响达400余年。《诗大序》是我国诗歌理论的第一篇专论，提出了儒家传统美学的基本范畴和若干美学原则，儒家美论中所有观点、命题和概念在《诗大序》中都已经出现或者萌芽。《诗大序》论述了诗歌的政教功用，即自上而下的教化作用和自下而上的“美刺”作用。《诗大序》曰：“风，风也，教也，风以动之，教以化之。”“上以风化下，下以风刺上，主文而谲谏，言之者无罪，闻之者足以戒。”又曰：“故正得失，动天地，感鬼神，莫近于诗。先王以是经夫妇，成孝敬，厚人伦，美教化，移风俗。”

王充在《论衡·佚文》中就明确提出“文人文章”的政教要求：“夫文人文章，岂徒调墨弄笔，为美丽之观哉？载人之行，传人之名也。善人愿载，思勉为善，邪人恶载，力自禁载，然则文人之笔，劝善惩恶也。”唐白居易也认为，文章有“惩劝善恶之柄，执于文士褒贬之际”。汉儒诗论中的“美”与“刺”，实际就是文人所谓“教化”，主要指礼乐活动。汉代的“美刺”理论对后世影响很大，论的正是文艺的政治价值和伦理意义。

同样是被渭河文化滋润的哲学家董仲舒把《诗经》作为典范，要求人们以诗为武器，他与汉武帝试图通过“独尊儒术”的精神来统一思想的要求。《诗大序》整理了先秦以来儒家的诗论，以一种最为简明的形式，使儒家的诗论系统化、经典化，它以“美刺”包罗一切，把眼光投向了整个诗歌领域，对后世文学产生了影响。另一方面，它沿袭诗“赋，比，兴”的美学原则，与中国诗歌先秦以来抒情言志的传统密不可分。

渭河流域为汉唐文明的故土，风土所系，文化传承，使得渭河流域风气慷慨，“有秦汉之旧”，渭河流域士人的古文辞也往往以“西京”为典范。在此，风声习气与文学传统的关联获得了明确的表述。明中叶，李梦阳、康海等渭河流域士人倡导“古学复兴”，实际上是要以先秦两汉的质直之气来挽救日益浇漓的文心士气。文学复古运动的兴起，就是要从汉魏盛唐的诗文里汲取振奋士气的文化因子，以拯救靡然委顿的文心士气。而“淳厚闳伟，刚毅强奋”的渭河流域风气恰恰为明代中叶的文化注入了一股“质直之气”。古学复兴的倡导者李梦阳以气节著称，吕楠以不畏权贵扬名，黄宗羲说：“关学世有渊源，皆以躬行礼教为本，而泾野先生实集其大成。”

嘉靖中叶的复古派在古文方面以“司马迁质直之气”为上，在诗歌方面则以为“作诗必学杜”。杜甫和司马迁一样，被视为“秦声”的典范。钱谦益以为“秦之诗莫先于秦风而莫盛于少陵，此所谓秦声也”，所以“善为秦声者，莫如杜子美”。晚明赵南星的《孔谏甫诗序》指出，时人大都“以子美之雄浑矫健似西秦之文，而曰秦声”。不仅如此，凡明代文人学习杜诗者，往往被目为秦声。例如徐学谟以为：“王元美兄弟诗文皆作秦声。”郭正域则说：“国朝学子美者，共推献吉，第献吉于子美靡息者，振以轩举然，自是雅南之音悉为秦声。”“秦声”不仅是一个地域的衍生概念，几乎被视为明代文学复古运动的“风声习气”，以至于李攀龙、王世贞等后七子派也被视为“秦声”的流风余韵。钱谦益是明代文学的集大成者，他评论明代中叶文学说：“先河后海，则秦诗实为滥觞之端；增华加厉，则杜氏宁有椎轮之质。学者不知原本，猥以其浮盘怒骨，龃齿吽牙者号为杜诗，使后之横民以杜氏为质的，而集矢焉，且以秦声为诟病，不亦伤乎！”明代中叶的复古文学以“秦声”为质地，推重秦汉盛唐，崇尚雄肆壮丽之辞。

第二节　渭河流域的绘画艺术

渭河流域孕育了灿烂的绘画艺术。古往今来，渭河流域涌现出了一系列杰出的大画家和大书法家，他们挹渭水以濡笔，持秦山以研墨，据川原而铺笺，撷云霞而敷色，凭人文以铸魂，举巨擘任挥翰，蔚一代之大观，足千秋之典范，欣已往者遗篇，期未来者超先！

一、渭河流域的绘画文化

渭河流域绘画的历史最早可追溯到原始社会新石器时代的彩陶纹饰和岩画，原始绘画技巧虽幼稚，但已掌握了初步的造型能力，用以表达先民的信仰、愿望，以及对于生活的美化装饰。秦汉王朝是中国早期历史建立的中央集权制大国，绘画艺术空前发展与繁荣。汉代盛行厚葬之风，其墓室壁画、画像砖、画像石以及随葬帛画，生动塑造了现实、历史、神话人物形象，具有动态性、情节性，在反映现实生活方面取得了重大成就。隋唐时国家统一，社会相对稳定，给绘画艺术注入了新的活力。展子虔、李思训、王维、张璪等人的山水画、花鸟画工整富丽，取得了较高的成就。渭河绘画根植于渭河水与黄土地之中。

6000 年前，渭河流域西安半坡村的先民绘制的彩陶纹饰、人面鱼纹图形、双头鱼纹饰，既是人们对美术造型的丰富想象行为，也是渭河流域最早的典型美术作品。渭河上游都邑岐山一带的青铜器饰纹，已成为具有绘画特色的美术造型。著名的饕餮纹、夔纹、凤纹、兽纹既反映出奴隶主的权势神威，也是人类祈求吉祥的美术标志。

（一）秦汉时代渭河流域的绘画艺术

秦汉时代的绘画艺术，大致包括宫殿寺观壁画、墓室壁画、帛画等门类。秦代的绘画，实物流传极为稀少。现在能够据以了解秦代绘画面貌的遗物，仅是历年来从陕西临潼、凤翔等地出土的模印画像砖，咸阳秦宫遗址出土的壁画残片、刻纹画像砖、建筑瓦当纹样，以及在其他地区发现的少量工艺品上的装饰图案等。汉代历时 4 个多世纪，是我国传统美术特定的民族精神与形式风格基本确立并得到进一步发展巩固的重要时期。汉代统治者非常重视绘画艺术，毛延寿、樊育、陈敞、刘白等都是后世知名的御用画工。

建都渭河流域的秦朝虽实行文化统治，钳制学术，但绘画并未停止发展。秦始皇追求奢华享乐，大兴土木，营建宫殿。顶梁架柱、山节藻棁、墙壁门窗都需要绘画来装饰映衬，因而绘画是宫廷生活必不可少的点缀品。秦宫遗址残存的壁画令人瞩目，画像砖亦是秦汉时代的一种建筑装饰构件。秦至西汉初期，画像砖多用于装饰宫殿衙舍的阶基；西汉中期以后，主要用于装饰墓室壁面；东汉则是画像砖艺术的鼎盛时期。秦代的画像砖用模印和刻画两种方法制成，形状分大型空心砖和实心的扁方砖两类。临潼出土，今藏陕西博物馆的一块《侍卫、宴享、射猎纹画像空心砖》，是现存秦代模印画像空心砖的代表作。西汉画像砖则以河南洛阳的出土品为代表，以简洁有力，形象生动传神著称。东汉的画像砖以河南、四川两省出土最多。艺术造诣最高的是四川成都一带出土的东汉后期画像实心砖，画面一次模印而成，构图完整，大多表现现实生活情景，代表作有《弋射收获画像砖》等。

西汉绘画事业兴盛，绘画的“成教化，助人伦”的政治伦理功能得到了统治阶级的重视和提倡，绘画被广泛应用于忠孝节义等伦理的宣扬，所以汉代绘画有“礼教画”之称。例如西汉宣帝和东汉明帝先后进行了大规模地绘制开国功臣的壁画创作，绘画发挥了巨大的政治影响。另一方面，绘画仍是有助于美化实际生活所必需的物品。汉绘画的题材大体包括三类：第一，以社会现实生活的方方面面为题材。此类作品的大量出现与当时的社会风尚有关，表现宴饮、战争、乐舞、车骑、杂技、风俗、生产等生活实况的题材。第二，以宣扬忠孝节义等伦理道德为题材。汉代“罢黜百家，独尊儒术”，儒家伦理起着规范人们思想和行动的重要政治功用。第三，神怪题材。汉人崇神仙、好方术、迷谶纬、求厚葬都是有名的，其意识形态中包含着十分强烈的幻想和浪漫成分。

秦汉继承春秋战国以来的绘画实践并逐步形成和发展了写实的传统，即要求对形象做如实逼真的描摹。汉代张衡说：画工恶画犬马，而好作鬼魅，诚以实事难形，而虚伪不穷也。汉代艺术家继承了战国韩非的艺术观点，要求绘画具有写实的特点。汉代绘画毕竟还处于“实事难形”的稚拙阶段。汉代绘画除要求对物象做如实的勾画外，还要求做大块大面的体现。从大处着眼，防止因小失大。汉代刘安在《淮南子》一书中提出了绘画应防止“谨毛而失貌”，即要求抓住物象的比例神态，处理好局部和整体的关系。另一方面，汉代绘画理论已经有了写神、写意的要求。刘安在《淮南子》中说，如果一件作品画西施的面孔，形象虽很漂亮，却缺乏动人的神态；画勇士孟贲眼睛很大，却无逼人的力量，那么这还不能算作一件成功的作品，其失败之处就在于没有表现出人物的神采。

汉人王延寿在《鲁灵光殿赋》对于“图画天地”提出了“写载其状，托之丹青”与“随色象类，曲得其情”的要求。写载其状是求“形似”；曲得其情是求“神似”。这种见解为东晋顾恺之的“以形写神”说奠定了坚实的基础，而其随色象类实际上正是后来南齐谢赫的随类赋采说的先声。

秦汉绘画在艺术表现上技法古拙而风格鲜明。其总体风格具有质朴、雄浑、鲜明、奔放的特点。当然在深沉雄大中，还嫌粗率，大多数作品的写实手法不高，人物形象多取侧面，缺乏深入细致的表达能力，表达形式还未足以与丰富的内容相匹配。汉代绘画力求抓大貌大势，在处理大场面上有独到的长处。为了弥补其造型能力不高的弱点，在描摹人物时，往往结合情节气氛，同时运用夸张的手法，着力于神情的刻画，使表现力发挥到最大限度。

汉画作品的画面结构，还没有离开习惯的平列和填充性结构，但整个画面饱满、热烈，布局疏密而有韵致，主调明朗而不含混，汉代艺术家在人物关系的经营和重要情节的表现上具有较高的水平。经营位置是对空间的处理方法，汉人已具备了多种空间处理方法，如通过散聚的变化，配之以楼阁、山岭的背景表现前后左右的空间感。最常见的表现前后距离关系的，往往以上下的位置来说明。位于画面下者为前景，位于上者为后景，它的特征是前后景很少重叠，也不因距离按比例缩小远方的景物。这种使画面的每一部分都可能出现景物的表现方式就是散点式构图法。用现代西方的透视观点来说，这种画法没有消失点，用的是平行透视法。这种例子在汉代画像石中屡见不鲜，它的长处是只要画面许可，就可因平行线所到之处，把画面的纵深表达出来，但缺乏纵深的空间感觉，不同于西方文艺复兴的透视画法。散点构画法成为中国画的特点，直到今天还具有很大的势力。汉人描摹形象的笔触、线条为后世的中国画奠定了用笔的基础。汉人继承战国楚帛画的表现技法，手法极其熟练，具有非常高超的技巧，特别是在用笔上，常常有一种运笔成风，以少胜多的感觉。寥寥数笔勾画出人物的动态和神情，往往体态飞舞，神情自若，线条准确流畅。长沙马王堆西汉帛画那种纤细挺拔、富有弹性的被称为高古游丝描的长线条和洛阳卜千秋墓壁画中起伏跌宕、粗细有致的线条，共同构成了中国线条的两大系统。

更重要的是从笔调的轻重疾缓、柔劲坚挺变化中，透露出画家心手相应的律动感，流露出充满中国情调的笔意和神采。在着色上，秦汉画家广泛应用了朱、深红、浅红、黄、土黄、丹黄、青、绿、浅蓝、深黑、浅黑、白等颜色，并且充分发挥了色彩的性能和技巧，掌握了对比调和、清淡浓重色调的运用以及渲染平涂的技法。中国传统的工笔重彩的体裁在汉代已开先河。另外，汉代绘画在表现动态上如人的舞蹈、云气的动荡和动物的奔驰等方面，都达到了相当高的水平。

（二）隋唐时代渭河流域孕育的绘画艺术

隋代的绘画风格，承前启后，有“细密精致而臻丽”的特点。来自各地、集中于京畿的画家，大多擅长宗教题材，也善于描写贵族生活。作为人物活动环境的山水，由于重视了比例，较好地表现出“远近山川，咫尺千里”的空间效果，山水画开始独立出来。

唐代的绘画在隋的基础上有了全面的发展，人物鞍马画取得了非凡的成就，青绿山水与水墨山水先后成熟，花鸟与走兽也作为一个独立画科引起人们的注意，可谓异彩纷呈。初唐时的人物画发展最大，山水画则沿袭隋代的细密作风，花鸟画已经出现个别名家，宗教绘画的世俗化倾向逐渐明显和增多。从已发现的乾陵陪葬墓壁画的山水画中，我们已经可以看到的比较简单的斧劈皴。以薛稷、殷仲容为代表的花鸟画，则设色和水墨的形式都已出现。此外，这时最著名的画家还有阎立德与康萨陀等。他们的作品和作风丰富了初唐时期的画坛，为盛唐画风的突变奠定了基础。虽然，他们的作品大多没有流传，但是我们从乾陵各陪葬墓的壁画、新疆出土的绢画与敦煌莫高窟的壁画中，都可以看到当时他们不同的风格。

盛唐时期是中国绘画发展史上一个空前繁盛的时代，也是一个出现了巨人与全新风格的时代。宗教绘画更趋世俗化，经变绘画又有发展。不同地区的画法交融为一，产生了颇受欢迎的新样式，以“丰肥”为时尚的现实妇女进入画面。以吴道子、张萱为代表的人物仕女画，从初唐的政治事件描绘转为描写日常生活，造型更加准确生动，在心理刻画与细节的描写上超过了前代的画家。而山水画则在此时已经获得了独立的地位，代表的画家有李昭道、吴道子和张璪，分工细和粗放两种。泼墨山水也开始出现。花鸟画的发展虽不像人物画和山水画那样成熟，但在牛马画方面却名家辈出，曹霸、韩干、陈闳、韩滉与韦偃等都是个中好手。此外，著名的画家王维、卢稜伽、梁令瓒等也名重于时，时至今日还能看到他们的传世作品或者后世的摹本。

中晚唐的绘画，一方面完善盛唐的风格，另一方面又开拓了新的领域。此时，以周昉为代表的人物仕女画及宗教画更见完备。而王墨等人的山水画则发生了变异，盛行树石题材，渐用重墨，泼墨山水也开始出现。边鸾、滕昌祐、刁光胤等的花鸟画作品则体现出了花鸟画的日臻完善。此外，李真与孙位也是当时的著名画家。虽然他们的作品大多已无从得见，但从日渐发现的出土作品与壁画中，可以让我们想见当时的盛况。

第三节　渭河流域的书法艺术

书法是汉字存在的一种艺术形式。书法艺术发展同汉字的演进相联系。中国汉字最古老的系统是甲骨文和金文。书法肇始于汉字的萌芽，结体于汉字的成熟。至今，先后经历了篆、隶、行、草、楷五体演变，成为多形态的汉字系统。中国书法始于商代，成熟于东周，秦变大篆为小篆，两汉通行隶书，魏晋出现楷书、草书和行书，唐代臻于高峰，历经宋、元、明、清，各代书艺皆有发展。

一、渭河流域书法艺术的发展

渭河流域被称为中国书法艺术的摇篮。周秦汉唐时代，书艺灿烂。青铜文化的重器大盂鼎、毛公鼎、散氏盘、虢季子白盘等铸有的铭文堪称渭河流域书法瑰宝。以《石门颂》《石门铭》为代表的汉魏摩崖刻石，哺育了包括于右任、康有为在内的无数书法家。《九成宫》《玄秘塔》《郭家庙碑》《勤礼碑》等唐代碑刻更成为中国学书者的范本。

清末甲骨文的出土和1954年西安半坡遗址的发掘，证实从大约6000多年前的仰韶文化时期就有了汉字，随之孕育了书法艺术。西安半坡遗址发现的113个陶器刻画符号，具有明显的文字符号特征。20世纪50年代从渭河上游宝鸡北首岭史前遗址出土的陶器上的绘画符号被考古学家郭沫若认为是中国文字的萌芽。此后，渭河下游的临潼姜寨、零口、铜川李家沟、长安五楼、合阳等处均有类似发现。其中以临潼姜寨最为集中。从1972年到1974年共发现129个，这些符号弥补了从史书记载的结绳记事到甲骨文之间的历史空白。

周原是西周先民繁衍生息的地方，1975年出土于岐山县京当乡凤雏村的西周早期带字甲骨290多片，卜骨290多片。其字体结构与殷墟甲骨文差异不大。锲刻刀法与殷墟甲骨文不同，刀法凝重，字体较为整齐俊秀。形体较大，起笔重而收笔轻，用刀如笔，轻松流畅，骨文细若黍米，小至毫米，在指甲大小的甲骨上刻有30多个字，笔画如发丝，被称为中国最早的微雕艺术。

周原还出土了众多青铜器以及铸造在上面的铭文。清末道光二十八年（1848年）在岐山县出土的毛公鼎有铭文497字，是商周两代7000多件青铜器铭文中最多的一件，也是中国现知铭文最长的青铜器。这件2800多年前的宗庙礼器，铭文内容大意为周宣王整治朝政，国力富强，请叔父毛公为其治理国内外大事。毛公族人为禁卫军，护卫王室和国都，最后颁厚赐，毛公因之铸鼎记其事，传之子孙。毛公鼎对研究西周政治、经济、文化具有重要历史价值，尤其是研究西周文字和书法艺术的重要史料，现藏台北故宫博物院。新中国成立后，在周原地区的岐山、扶风等处不断有西周青铜铭文出土。渭河流域出土的西周青铜器有铭文的约三四千件之多。这些青铜器既是精美的工艺品，也再现出特定的历史文化背景。

青铜器铭文因铸造于金属器物之上，故称金文。金文内容仍以记事为主，体现文字的表意功能。字形结构、整篇布局已比甲骨文演进了一步，其形式赏心悦目，结构更趋严谨。金文是大篆书体的代表。当时在青铜器上制作铭文的工匠已具备了相当的文字造型水平，可以说，他们就是中国最早的书法家。唐代初年在岐阳（今凤翔县）发现的石鼓文，是中国现存最早的刻石文字，其书体被誉为“篆之祖”，是中国最早的石刻书法艺术。它是西周末期或先秦时期的遗物，其笔画坚劲如铁，结构天成，神韵超逸，上接大篆，下启小篆，为中国书法瑰宝。

西汉初多用篆书，遗物以瓦当为多，有茂陵出土的五凤元年（前57年）刻字和咸阳出土的木砖墨迹，当时渭河流域书法家代表有张敞、杜邺、谷永、张世安、陈遵等。东汉隶书称作汉隶，在渭河流域遗存的典型刻石作品有《石门颂》《华山碑》《郙阁颂》和《曹全碑》。东汉时长安人杜度创“章草”。东汉渭河流域书法家还有史学家班固、曹喜等。

魏晋南北朝时期渭河流域书法家代表有章诞、杜畿、杜预等。西安碑林藏有当时书法名家钟繇、王羲之等人的作品。隋代渭河流域书法家代表有隋炀帝杨广及华阴人杨素。唐代是中国书法的辉煌时代，唐太宗李世民爱好书法，并在国学中立书学，以书取士。当时渭河流域书家众多，有颜师古、薛涛、杜牧、韩滉、韩偓、致光、杜如晦、李泌、杨钜、李靖等。渭河流域遗存书法名碑有欧阳询《皇甫诞碑》《九成宫碑》，柳公权《玄秘塔碑》，颜真卿楷书、行书碑，虞世南《孔子庙堂碑》，褚遂良《圣教序碑》，李阳冰篆书《三坟记》，张旭《肚痛帖》，怀素《自序帖》，徐浩《不空和尚碑》，欧阳通《道因法师碑》，白居易《惠王墓志》等数百种。

五代时期渭河流域华阴杨凝式的《韭花帖》、李建中的《土母帖》影响深远。宋代延安抗金名将韩世忠及其子韩彦质以及长安薛绍彭、王持、宋湜、李元直，合阳雷简夫，彬县张舜民均善书。金时大荔人党怀善的书法名震一时。

元代书法在渭河流域也有不少遗迹。如赵孟頫的《游天冠山诗》《乐志论》等。明代渭河流域书家有临潼华爰，长安米万钟、孙一元，旬邑文翔凤，三原来复，华阴郭宗昌、李唐僖、乐肇商、许宗鲁，泾阳张恂，蒲城王进德等皆有书法遗作。清代260余年，书法由继承、变革到创新，挽回了宋代以后江河日下的颓势，其成就可与汉唐并驾，各种字体的书写均有一批造诣卓著的大家。当时渭河流域华阴王弘嘉与其弟王弘撰，蒲城张士范、王鼎，韩城王杰，为一代书法家名流。

辛亥革命元老于右任在中国书法史上享有盛誉。他的草书既有“二王”的秀劲娟美，又具魏体的苍老古拙。他首创标准草书，被誉为中国书法史上继王羲之、颜真卿之后第三位创造家。他的书法熔篆、隶、北魏、章草、今草多种笔法于一炉，创造了一种字形简括、笔画凝练、法度谨严而又跌宕有致的艺术风格。与之同期的书家还有寇遐、茹欲之、岳松侪、党晴梵等。

二、渭河流域的碑林艺术

渭河流域历代碑刻数量之多全国为首，故素有“渭河流域碑版之富甲于天下”的说法。唐初，在凤翔府天兴县南三畤原出土的石鼓文被视为中国最早的石刻文字。石鼓文是在10块鼓形石礅上用籀文分刻着10首5组四言叙事诗。发现后即受虞世南、褚遂良、欧阳询的推崇，引起吏部尚书苏勗、国子司业窦蒙、翰林供奉张怀瓘以及李嗣真、徐浩、李阳冰、杜甫等官绅学者的研究兴趣，诗人韦应物、韩愈及宋代文人苏轼均赋《石鼓歌》以颂之。

西安碑林是书法艺术的宝库，享有“书法艺术故乡”的美誉。碑林中早期石刻有宋代摹刻的秦峄山刻石，原碑为秦国丞相李斯所书。唐代是中国书法艺术的繁荣时期。在唐代书法艺苑中，名家辈出，时有杰作，楷、草、隶、篆，百花争妍，犹如璀璨的群星，放射出永不泯灭的光辉。欧阳询、虞世南、褚遂良、颜真卿、柳公权的楷书各具一格，欧阳通、徐浩、史维则、怀素等也都是一代名家。欧阳通书写的《道因法师碑》，与其父欧阳询的《皇甫诞碑》很相近，结构严谨，书法险劲，是值得珍视的书法名碑。颜真卿的《颜勤礼碑》《颜氏家庙碑》《多宝塔感应碑》等，气势雄浑，苍劲有力，是标准的"颜体"。柳公权的《大达法师玄秘塔碑》，笔力遒美瘦挺，劲如削竹，结构峻整，神足韵胜，是"柳体"中最典型的代表作。著名草书家怀素的《千字文》，笔意奔放，流利洒脱，为世所珍。此外，宋赵佶的《大观圣作之碑》（瘦金体）和清代翻刻的《宋淳化秘阁帖》等，也是稀有的珍品。

昭陵位于渭河流域礼泉县九嵕山上。史料记载，昭陵原存墓碑80多通，人们誉之为"昭陵全碑"。这些碑石集中陈列在昭陵博物馆展室中，称为"昭陵碑林"。其中有《温彦博碑》，碑文楷书严谨精整，爽朗劲峭。《房玄龄碑》亦称《房梁公碑》，碑主房玄龄是唐开国功臣、唐太宗时的名相，碑文书法风格秀挺刚劲，清逸婉柔。《段志玄碑》书法严谨精整，刚劲有力，略有魏碑遗意，著录于宋赵明诚《金石录》。《高士廉碑》书法方正娟秀，清劲挺拔。《李靖碑》书法娟秀劲健，婀娜多姿。《兰陵长公主碑》全称《大唐故兰陵长公主碑铭并序》，书法优美娟秀，前人评曰"书家倾国"，风格颇似褚遂良而又有虞世南笔意，属唐人楷法上乘之作。此外，一些具有重要艺术价值的石碑还有《褚亮碑》《周护碑》《崔敦礼碑》《程知节碑》《吴黑闼碑》《李孟常碑》《燕妃碑》《乙速孤行俨碑》《姜遐碑》《李勣碑》《清河公主碑》《尉迟恭碑》《孔颖达碑》。

蒲城碑林以明伦堂展室为主，东西两廊镶嵌刻石的山墙存有各类碑石200余通，包括碑碣、墓志、经幢、造像、华表、线刻、浮雕等，其中古代书法名品甚多。《苏孝慈墓志》书法严整蕴秀。《高力士碑》碑主高力士为玄宗宠臣，碑文叙述了他的身世、品质、政绩及其遭遇。《云麾将军碑》为蒲城县西唐睿宗李旦墓桥陵陪葬神道碑之一，碑文记述了李思训的生平事迹。除上述三通隋唐名碑外，蒲城县博物馆陈列着许多古代名人牌匾，有道光皇帝、林则徐等为王鼎母亲书写的寿匾，有明末大书法家王进德书写的“城隍庙”和“衎神楼”木刻巨匾，还藏有明代董其昌、李东阳，清代黄慎、何绍基和近代康有为等诸多名家的作品。

西岳庙院之古建阁殿存有古代书法碑刻20余通，其中以明清时代居多。《西岳华山庙碑》其结体方正匀称，气度典雅。《谒金天王祠题记》系颜真卿楷书，书体风格严整雄壮，体势开阔，方圆兼备，字迹奇伟。《告华岳文》端整遒丽，结体紧凑，舒展自如，朴茂丰实，凝重流畅，堪为唐隶之楷则。《开张天岸马，奇逸人中龙》十字联碑为北宋道士陈抟所书。书法精绝，神采飞动，恰如对联开头二字，气势开张，神采奇逸。《岳莲灵澍》碑座刻有双凤浮雕，为一罕见之宽大卧碑，石质坚硬细润，完好无损。

摩崖刻石气势恢宏，具有书法作品的美感和特定的文史资料价值，与自然景观融为一体。自汉魏至明清，历代文人墨客、达官显贵途经石门，皆属文咏怀，并刻之于山崖石壁之上，遂形成数以百计的摩崖刻石。这些刻字书法艺术价值及历史文献价值甚高，千百年来，备受珍视。这些题咏石刻，成为后人学习书法艺术的范本。渭河流域的西岳华山摩崖刻石、褒斜道石门摩崖刻石和红石峡摩崖刻石，构成渭河流域独具特色的历史文化遗产。

第十三章　古风厚俗

——渭河流域的民间文化

渭河流域是我国文明起源最早的地区之一。这里历史悠久，有深厚的文化积淀，民间文化更是绚丽灿烂。班固在《汉书·地理志》中说："凡民函五常之性，而其刚柔缓急，音声不同，系水土之风气。"此言点出了民间文化与地理环境的紧密关系。民间文化的内容较为庞杂，各地的民间文学、民间艺术、民俗文化和民间信仰无不包含在其中。

渭河流域的民间文化反映了渭河人的文化性格、意志、语言和社会意识、社会观念、行为方式、生活习惯等，是在地理环境的内塑与社会环境的外造共同作用下所产生的一种文化形态。

第一节　渭河流域的民间文学

民间文学是劳动人民的口头创作。从远古时代起，它一直是人民文化生活的重要组成部分，也是反映民间风俗的主要形式。

一、神话

民间文学中的神话，反映史前人类对世界起源、自然现象以及社会生活的原始理解和思想感情、人际关系、社会风貌的观念，特别是在发明文字以前，它是劳动人民的主要精神产品。

在渭河流域的民间神话中，各县都有许多创世神话流传到今天。如《盘古开天辟地》述说："天地混沌如鸡子，盘古生其中。万八千岁，天地开辟，阳清为天，阴浊为地。""首生盘古，垂死化身，气成风云，声为雷霆。""左眼为日，右眼为月，四肢五体为四极五岳……"又如流行渭河流域各地的《女娲炼石补天》《女娲抟黄土做人》《女娲兄妹成婚》以及《骊山的由来》，把上古先民对于天、地、人、山脉、河流等成因的神话传留给今人，委婉动听。又如歌颂一些上古英雄的神话，诸如《禹凿龙门》《大禹治水》《轩辕黄帝赶蚩尤》《黄帝桥山升天》《后羿射日》《嫦娥奔月》《精卫填海》《神农尝百草》《后稷教民稼穑》等，神话都美化了人类的先祖英雄，成为后世取之不尽的创世传说题材。

述说神话故事的风俗，渗透到人民生活的各个方面，它反映了宇宙和自然的变化过程，也反映了人类生活和观念的进化过程。亿万年前的事物消失了，而这种“神话”却代代流传，在心灵上永不磨灭。

二、传说

渭河流域在地理环境、自然风光上有其独特性，历代建都达十多个王朝，先后约计两三千年。其灿烂的文化传说、人文景观、山河巨变，都是中国历史上的鼎盛阶段，故而民间传说极为丰富。

渭河流域的民间传说，大体分为以下几类：《刘邦斩蛇》等历史人物传说、《华山仙掌》等名山传说、《鲤鱼跳龙门》等江河传说、《小佛见大佛》等寺庙传说、《阿房宫的传说》等宫殿传说、《皇帝升天》等陵墓传说，以及包括“羊肉泡”“葫芦头”“樊家腊汁肉”等渭河流域代表土特产的传说等。这些大量的民间传说，蕴存于代代人的口头流传之中。它们展现了渭河流域人民由古至今丰富的精神文化传统，丰富了历史，补充了史料的不足，甚至可作为历史事件的佐证。

三、民间故事

民间故事是民间文学特别是民俗中的稀世珍宝。在渭河流域农村流传的口语“说古经”，即是上辈老人或经事人给后辈讲前朝事、上代发生的故事。一个好的民间故事，可以影响听者的灵魂，甚至影响一生的事业。所以，正如讲故事者言，民间故事是母亲，又如母亲的乳汁。讲故事的风俗，便一代一代流传下来。

按渭河流域人讲故事的风俗，大致可以归纳为：机智人物故事（如

《牛才子巧对军阀》)、动植物故事(如《麒麟送子》《白马告状》等)、幻想故事(如《七仙女下凡》《宝石槽》等)、鬼狐精怪故事(如《猴女婿》《鬼媳妇》等)、生活故事(如《巧斗吝啬鬼》)、寓言(如《小伯乐识马》)以及笑话(如《找板凳腿》)等。这些故事在百姓间口口相传,流传至今。它们蕴藏着渭河平原百姓的人生智慧与生活热情,久而久之成为渭河流域民间文学的重要组成部分。

很多民间故事都反映了渭河流域百姓正直善良的高贵品格,如在蓝田县搜集到的一则《牛才子巧对军阀》故事,述说民国时,蓝田出了个牛才子,他对军阀割据混战痛心疾首,多位省府长官让他出山为宦,他都婉言谢绝。1926 年,军阀刘镇华企图坐镇中原,扼杀杨虎城、李虎臣势力,围困西安城长达数月之久,在坚壁清野、里外夹攻无计可施的情况下,有人出主意,让他专程拜牛才子出山,帮他出智谋取胜。待他备礼亲赴牛才子寒舍时,只见门首写有一副对联:"三间茅屋半藏农具半藏书,五亩薄地又务田禾又栽桑",额批"洞察风云"。刘镇华一看,只觉好笑,料他不过一个老土,便抬手拍门。这时,从牛才子家蹿出一条黄狗,直咬得刘镇华躲避不及,走也不是,进也不是。待牛才子出来引进,刘镇华才端坐问计。牛才子略示暗言,取笑说:"督军,不才出不了山。今日之事,应了前几天卜卦,督军连一个家犬都无法制服,焉能制服二虎(指杨、李)?我万万去不得!"任他一再讨策,牛才子闭口不言。一介武夫,灰溜溜离开了村舍。

还有一些故事,成为教育子孙后代的"传家宝"及"活教材"。如永寿县的《巧斗吝啬鬼》和《巧气财主》,其故事梗概是:有个吝啬财主刻薄待人。一次,他听说一个能人的父亲病故,前去行礼,礼单上写明:"奠礼一百,交五十,欠五十。"不久,吝啬财主的母亲死了,能人空手而去,在路上折了一对毛蜡草,在礼单上也写着:"毛蜡一对,奠洋一百,夺所欠五十,欠五十。"吝啬财主知道后,气得给能人碗里连肉也不放。能人气得无法,在财主家住了两天。一天,两人游转,看见一个草人,吝啬财主说:"那东西不是人,是人还能不走?"能人也巧对说:"那就不是人,是人能没肉?"又如在彬县搜集的一则故事《粗泥碗和细泥碗》，述说有一家人，老大给老二娶了媳妇，老大总觉得老二媳妇秀气、苗条，自己的媳妇又丑又矮，每天胡思乱想，心也邪了，茶饭不思。一天，老大从外边回来，媳妇故意先倒了一粗泥碗开水让他喝，又倒了一细泥碗开水凉在桌子上，要他尝哪个碗里水香。老大喝了粗泥碗的水，把细泥碗看了又看，心里想还是细泥碗水香，就端起细泥碗的水喝了一口。仔细一品味，两个碗里水味道一样嘛！媳妇这才说话了："人跟人一样，俊和丑只是外皮，只要心好就对了。"老大这才开了窍，再看看自己媳妇，也感到不丑了。这个故事的生活哲理不点自明。

四、歌谣

渭河流域的民间歌谣，从古到今，浩如烟海，多如繁星。其歌，一般指各种民歌，或讲说，或单唱，有长有短，有悲有喜，也有伴随各种游艺进行的；其谣，一般指上口念、说或表述（顺口溜），有长有短，表述方法不一。

渭河流域流行的歌谣题材较多，如劳动歌谣、时政歌谣、仪式歌谣、生活歌谣、历史传统歌谣、儿童歌谣、情歌以及不入流的杂歌谣等。其中劳动歌谣、生活歌谣在这些歌谣中占有很大比例，这是因为其与劳动生产以及人民生活关系最直接、最密切，从来就是"生产者的艺术"，和劳动生产、人民生活有着天然的联系。劳动歌谣多出现在各种劳动生产活动中。如：

抬石头歌

（领唱）山歌�子来呜，（齐）哟号哟号号！
（领）八个吙头哟号，（齐）哟号哟号号！（牡丹花儿红）
（领）国王吙见我嘛，（齐）哟号哟号号！
（领）也发吙愁哟号，（齐）哟号号！（牡丹花儿红）
（领）皇帝吙见我嘛，（齐）哟号哟号号！
（领）也下吙马哟号！（齐）哟号号！（牡丹花儿红）
（领）孔夫子吙见我嘛，（齐）哟号哟号号！
（领）也点吙头哟号！（齐）哟号号！（牡丹花儿红）

（陕南民歌·南郑·林其昌唱）

打夯歌

慢慢打呀，噢号号呀，慢慢挪呀，噢号号呀！
水渠修成，噢号号呀，上了坡呀，噢号号呀！
夯挨夯呀，噢号号呀，小心脚呀，噢号号呀！
救命水呀，噢号号呀，暖心窝呀，噢号号呀！

（高陵县·《水渠修上白蟒原》）

拾粪歌

左手提笼右拿锨，出了城门端朝南。
十字路口四面瞅，哪里有粪哪里走。

（阎良区·高玉章、陈志秀）

打夯歌

叫：大家鼓个劲哟！众：嗬嗬哟嗨嗨！
叫：夯往前边挪哟！众：嗬嗬哟嗨嗨！
叫：说个花儿哟！众：说的是什么花呀？
叫：二秃子抱西瓜哟！众：原是三圆（原）花呀！
叫：鸡娃落麦囤哟！众：原是饱（宝）鸡花哟！
叫：寡妇房内哭哟！众：原是为（渭）男（南）花呀！
叫：柏树在碾盘下哟！众：原是压（哑）柏花哟！

（礼泉·张立节、张公显）

挑担歌

闪起担子豁起风，还比骑马坐轿轻！

（彬县·胡树发、李忠堂）

打草歌

下河滩，受磨难，屁股磨成火罐罐，
顿顿吃的是剩饭，打草喽！

（武功县·雪峰）

五、谚语

谚语是口耳相传的量大面宽的民间文化珍品，述说社会各方面事理和事物规律，多以一两句精粹而富有哲理的语言表达，意境深远，哲理性强，给人一种明快、直接的启示。渭河流域的谚语有其地域特点，如农谚、天象、生活、婚姻等，但在时政、商谚、林谚、渔谚、人际关系、处世哲学等方面的谚语，却和全国许多地方有共同之处。绝大多数谚语，是全社会人民的共同精神财富，反映了中华民族各种传统美德。

谚语是人类的智慧结晶和知识宝藏，世世代代取之不尽、搜集不尽、传流不尽；世界上、宇宙间万物万理，只要有人类存在，总得讨个“说法”或“说词”，而谚语是万能般地最先产生和存在。所以，历代以来，谚语成为人们成家立业、教育子女的“传家宝”和“座右铭”。

现实生活中，还发展了一部分新谚语。如“班子涣散没人跟，班子齐心领千军”（永寿县）、“我为人人，人人为我”（各地口谚）、“团结就是力量”“依靠集体撼山易，脱离群众搬山难”等，都是脍炙人口的口头谚语。

六、谜语

谜语在渭河流域民间文化风俗中，有着悠久的历史传统。从古至今，谜语风俗不仅在城市、官府流行，而且在乡村也得到普及，形成家喻户晓的民间文化活动。不论婚嫁寿诞，喜庆节日，凡有猜谜、划拳行令、灯谜、诗谜、婚谜之处，就有男女老少竞相赴场，献奇斗智。

在渭河流域的谜语风俗中，大体可以分为以下几类：

（一）物谜

描述各类物件特征，不露物底。如：“三页瓦，盖个庙，里头坐个白老道。”物底：荞麦。“一个白大姐，放到案上切，又没骨头又没血。”物底：豆腐。

（二）事谜

描绘事物轮廓或特点，不露事底。如：“装进袋里放进箱，箱内取出又重装，心里话儿随着飞，万里传情情意长。”谜底：送信。又如：“会吃没有嘴，会走没有腿，过河不见水，胜败没有准。”谜底：下棋。

（三）人物名谜

从各种特点描绘人物等，但不露谜底。如“新华社山东电”（打一人名）——谜底：鲁迅；“一展歌喉飞太虚，毛骨悚然六月寒”（打一外国影片名）——谜底：《绝唱》；“太昊下笔我为先，古树做证会人言，岁岁月月无骚乱，长生不老万万年”（打渭河流域四县名）——谜底：乾县、神木、长安、永寿。

（四）字谜

以汉字或外文或数字等制谜。如：“一家有五口，全在监里头”（打一字）——谜底：圄；“二三四五，六七八九”（打四字）——谜底：缺一（衣）少十（食）。

（五）诗谜

以诗求谜底。如“慈母手中线，游子身上衣，临行密密缝，意恐迟迟归”（打一影片名）——谜底：《可怜天下父母心》。

（六）歇后语体谜

这类谜最普遍，耐人寻味。如：“涝池长草”——荒塘（唐）；“墙上挂草帽”——不像画（话）；“拆房要钱”——败家子。

第二节　渭河流域的民间艺术

渭河流域有着独特的民间艺术，如凤翔泥塑、剪纸、千阳布艺、马勺脸谱、户县农民画、纺线织布、通草画、面塑、木版年画、秸编、乾县刺绣、社火、高陵花馍等。渭河平原民间艺术呈现着古朴、热烈、豪放的审美特色，是渭河平原人勤劳与智慧的结晶。

一、千阳布艺

千阳民风淳朴，文化底蕴深厚，民间艺人辈出，布艺、剪纸、编织等民间工艺品闻名遐迩。特别是布艺品，保留了炎帝氏族和周秦文化的民族精粹，其内涵深厚，构图简洁明快，造型夸张，风格雄浑。它的最大特点就是象征和隐喻，作品中蕴含的美术语言契合了人们祈平安，盼吉利，求富贵的心理，具有很强的生命力，是渭河流域一枝艺术奇葩。“千针万线细细缝，为求吉祥如意来。”千阳布艺品手工细腻，色彩艳丽，深受海内外人士之喜爱，具有深厚的生活气息和乡土风情。

二、木版年画

相传在明代中期，渭河西端的凤翔就已开始刻印木版年画，后长安、蒲城和陕南的汉中、洋县、安康等地亦都相继刻印。经世代相沿，不断加工，逐渐形成独特的艺术风格和地方特色。渭河流域木版年画以凤翔为代表，具有简洁、明快、朴实、豪放的格调。陕南木版年画以汉中为代表，具有浑厚、古朴、粗犷的特点。内容丰富多样，色彩鲜艳浓烈，寓意喜庆欢乐，热烈红火，既适合农村春节美化环境，又能表达农民的期望和理想。

有名的宝鸡凤翔木版年画在继承、发扬中国传统绘画艺术的线条手法基础上，吸收了历代寺庙壁画、石刻笔法、刀工特点，以线刻为主，线条刚劲有力，简明质朴，生动大方。色彩以红、绿、黄、紫为主，再衬以黑色线条，对比强烈，生活气息浓郁，形象丰满逼真。印刷时先用颜色印染天地，再开红光、涂胭脂、加重彩，后套黑线主版。凤翔木版年画制作工艺相当复杂，一张成品的木版年画需要经过设计起稿、定稿、备版、贴版、站版、渗油、刻版、洗版、号色、填色等工艺流程方能成型。

三、马勺脸谱

马勺原本是先民的一种生活用具，从夏商沿用至今。马勺脸谱选用优质的桐木、椿木、桃木等作为原料，通过手工一刀一刀精雕细刻而成。马勺脸谱为渭河平原民间所独有，由民间社火脸谱演化而来。当地民众将神话故事中的人物形象彩绘于马勺之上而得名。

马勺脸谱出自民间贫苦资深艺人之手。他们以深厚扎实的画工，配以多层次的图案，使得作品凸显大红大绿的西部特色。风格稳重，意境深远。其粗犷的造型、稚拙的纹样、浓烈的色彩、奇特的想象，线条穿插变化，使得忠奸善恶各具特色，既单纯又细腻。个性清新自由、大胆、夸张，异彩纷呈，充分显示出了广大劳动人民丰富的想象力和非凡的智慧。马勺脸谱的图案内容多取自《封神榜》等民间传说中具有法力和正义人物的造型，其寓意为镇宅、辟邪、驱赶寂寞冷清，表现人们祈福纳祥的美好愿望，深得人们喜爱和崇尚。

马勺脸谱已成为中国民间艺术中的珍品。美学装饰效果极佳，不失为一件极其珍贵的手工艺术收藏品，具有独特的艺术价值。

四、户县农民画

户县农民画源于民间，在渭河关中地区的剪纸、壁画、年画、刺绣等汉族民间艺术基础上衍变，以朴实的绘画语言，详尽而生动地记录了农村生产劳动的壮观场面、热烈活泼的节庆场景和绚丽多彩的汉族民风民俗。

户县农民画与当地戏剧、舞蹈、民间社火、竹马、旱船、龙灯等丰富的民间文化形式有着深厚渊源，具有明显的地域特色，民间风情强烈，乡土气息浓郁。所画内容多取材于人物、动物、花鸟等题材，勾画出户县美丽的自然田园风光；采用白描形式，构图简洁而饱满，想象大胆丰富；注重色彩对比，以大红大紫的色彩，夸张化的描述，追求强烈的直观效果，讲究装饰性；风格浪漫稚拙，怪诞抽象，浑厚质朴，气韵生动，粗犷里蕴含细腻，浓艳而不失清雅，古拙中流露天工。今天的户县农民画更加注重表情达意，农民画家们以自身生活体验和独特的艺术创造力，画出熟悉的生活，透出强烈的时代精神。

五、纺线织布

渭河流域有着数千年的纺织文化和传统工艺，位于渭河流域关中地区的咸阳既是古丝绸之路的起点，又是我国土织布的发源地之一。渭河流域的气候地理环境非常特殊，温暖湿润，属暖温带大陆性季风型半湿润气候，特别适宜棉花的生长，再加上渭河流域人民勤于耕作，善于纺织，就地取材，对棉花进行加工，形成了自纺、自染、自织的地方风格。

渭河流域民间手工织布在材质、图案、色彩等方面具有独特的艺术魅力。手工织布在我国有着悠久的历史，是劳动人民世代沿用的纯棉手工纺织品，具有浓郁的乡土气息和鲜明的民族特色。随着人们生活水平的提高，织布纺棉已渐渐淡出人们的视线，也是几乎失传的手艺。但让渭河平原人尤为自豪的是，纯棉土织布的发源地正是渭河平原农村，它作为一项拥有几千年历史，由经验丰富的农村妇女所代代相传的制造工艺，所具有的民族图案、古老民间工艺等特点已然使它成为一项文化遗产。在渭河平原有着为出嫁的女儿陪嫁手织布床单的传统，每逢哪家有女儿出嫁，娘家就会备上花色不同的手织布的床单作为嫁妆，既体现了娘家人对女儿的关爱，也是母亲勤劳能干的象征。

“七亩地，八亩宽，中间坐个女人官。脚一踏，手一扳，十二个环环都动弹。”这是渭河平原上流传的关于织布机的歌谣。这歌谣说的是渭河平原上的老织布机。这种土织布机上面没有一个铁钉，全部是榫卯连接，相当结实、耐用。

织布是一门精细的技术，工艺复杂繁琐，要经过拨棉花籽、弹棉花、搓捻子、纺线、拐线、缠籰子、经布、织布等多道工序。经布工序最关键，事先要计算好经线支数，一点也不能出错。过去，渭河平原地区的农村人穿的、铺的、盖的都是自家织的粗布，很多人家都会织这种土布。

六、通草画

所谓通草画就是指绘制在通草材质上的水彩画。通草画俗称草雕，题材以反映清末的社会生活场景和各种形色人物为主，诸如官员像、兵勇像、杂耍图、纺织图、演奏图等。作品造型生动，色彩浓艳，人物刻画惟妙惟肖。通草画形体栩栩如生，画面效果生动，立体感、真实感很强，立体地再现了中国画的精韵与简约。其精湛入微的手工，独具匠心的塑造，自然天成的色泽，晶莹剔透的质感，使其坐拥得天独厚的高贵，具有极高的馈赠、收藏价值。由于采用西方绘画原理，又反映中国本土风情，所以深受当时西方人的喜爱。

七、剪纸

渭河平原剪纸被专家们称之为“活化石”。这一民间艺术形式有着悠久的历史，在全国各地不同风格和特色的剪纸艺术中，渭河平原古老而淳朴的剪纸以它特有的魅力，为人们所喜爱。

渭河平原地区剪纸的种类繁多，从题材上分，有花卉盆景、飞禽走兽、五谷六畜、英雄人物、历史掌故、神话传说、风景名胜、亭台楼阁、寺庙古塔、云曲屏帐、戏剧器乐等，可以说，现实生活中的万事万物，都可以成为剪纸题材；从手法上分，有平剪、折剪、刻剪、堆花、新剪纸等；从色彩上分，有单色、套色、染色、水印等；从用途上分，有窗窑顶花、炕围花、门花、挂帘花、枕花、桌裙花、鞋花、结婚双喜花、衣物佩饰花、神龛贴花等。

渭河平原的凤翔、富平、三原、朝邑等地区的剪纸，一般较细致而曲线多，如岐山、凤翔一带有的线条细似针尖，风格别致；朝邑一带以戏文题材为多，造型动态近乎皮影；三原一带以花卉题材为多，结构较简单，色彩对比强烈；富平一带的剪纸形式多样，剪纹流利，明暗适中。

合阳县罗占花老人创作的纸塑剪纸，人物的造型采自于戏剧，把戏剧人物的一招一式刻画得栩栩如生，散发着古朴的气息，让我们感受到了农耕文化的精彩。

渭河平原民谣曰："汉妃抱娃窗前剪，巧剪桐叶照窗纱。文帝治国安天下，礼乐传入百姓家。"作为民间艺术的剪纸，具有很强的地域特点，渭河流域窗花风格粗朴豪放。由于其能够充分反映百姓的生活内涵，善于把多种物象组合在一起，并产生出理想中的美好结果，具有浓郁的民俗特色，是当地农村众多民间美术形式的浓缩与夸张。无论用一个或多个形象组合，皆是"以象寓意""以意构象"来造型，而不是根据客观的自然形态来造型，同时，又善于用比兴的手法创造出多种吉祥物，把约定俗成的形象组合起来表达自己的意愿。

八、面塑

面塑，俗称"捏面人"。它以糯米面为主料，调成不同色彩，用手和简单工具，塑造各种栩栩如生的形象。面塑按其使用功能可分为两类，一类是专用于收藏的面塑，另一类是可以食用的面塑。

盛行于渭河流域的面塑艺术俗称"面花"和"年馍"，是面塑艺术的代表之一。传统的春节，当地的婚庆嫁娶，通常以其增添喜庆的气氛。面塑的花饰以花鸟鱼虫、蝴蝶、蔬菜、水果等万物生灵为主，表达对祖先的祭祀、老辈的祝福和对美好生活的向往等丰富内容。春节时期多做枣花馒头，象征幸福与多寿。

在男女青年初订秦晋之好时，男方就要送给女方一对"鱼儿馄饨"——轻巧精灵的面鱼上盛开一朵大莲花，象征男方母亲期望自家未来的儿媳像鱼儿那么灵巧，像莲花那么纯洁。新郎接亲时，新娘子从娘家将这"枣糕子"一直抱至夫家。据说这是对男方"鱼儿馄饨"的回应，也有"早生贵子"的寓意。及至新婚夫妇生子满月时，娘家和众亲朋就要送"圈圈子"，其形如项圈，上饰各种花草图案，意思是要套住这小宝贝的生命，让他（她）得以健康成长，其功能相当于盛行于中国各地的长命锁。待孩子满百日、周岁时，又要送“猫馍”，送“虎馍”，让猫、虎护卫着孩子，使病毒邪魔不得近身。在过去，天花、麻疹是中国农村威胁孩子生命的病魔，老百姓认为猫、虎之类的动物不会得天花、麻疹。因此，千百年来，这些花馍制作的动物图形蕴含了祈求幸福的元素。

九、彩绘泥塑

彩绘泥塑为渭河流域凤翔县的一种民间美术，当地人称“泥货”。凤翔泥塑源于汉唐，盛于宋元，历史渊源已久。凤翔彩绘泥塑，始于先秦西周时期，流传民间3000年之久，是至今中国保留最古老、最具民族特色的泥塑类手工制品。

凤翔泥塑以花鸟鱼虫、祥鸟瑞兽为主的意象造型，是中国古代图腾崇拜、生殖崇拜、神灵崇拜的遗存，反映出图腾时代的文化特点。它以创作毛稿制模、翻坯，粘合成型，经精抛、彩绘、出线、装色、上光等数十道工序精制而成。并以其形态逼真、粗犷夸张、简练概括、威武可爱的造型，大红大绿的色彩，酣畅淋漓的线条，浪漫神奇的纹饰而称道，深受国内外人士的高度评价和喜爱。是馈赠亲友的艺术珍品及渭河流域特色的旅游纪念品，是镇宅辟邪、保家太平、增福送喜的吉祥物。

十、秸编

秸编是民间沿袭的一项手工传统工艺美术，是我国古文化艺术的瑰宝。其取材独特，工艺别致，编工精细，品质优良，美观实用，且种类繁多，不仅有十二生肖，还有各种挂件类。秸编原材料为小麦秆，象征着丰收和财富。秸编这种艺术作品既有浓厚的民间味道，别致美观、经济实用，又古朴典雅、富丽堂皇，惟妙惟肖、栩栩如生。渭河平原秸编是纯手工工艺品“中华一绝”“中国手工艺术精品”，所以具有极高收藏价值。

十一、皮影艺术

皮影几乎是渭河流域最为风靡的民间文化。“三尺生绢作戏台，全凭十指逞诙谐；有时明月灯窗下，一笑还从掌握来。”正如农耕发源于渭河流域，戏曲同样如此。皮影最早起源于汉代，顾颉刚在《中国影戏略史及其现状》中说：“中国影戏之发源地为陕西，自周秦两汉以至隋唐皆以其地为最盛。”渭河流域皮影戏以老腔、碗碗腔、阿宫腔、弦板腔、灯盏头碗碗腔和秦腔等为主，多慷慨悲壮之音。一般都在农闲时节演出，春祈秋报、娱神敬佛、禳灾求福、驱邪避鬼、保佑平安等，这些民俗信仰是皮影戏得以生存的肥沃土壤。“无君子不养艺人”，渭河流域富户素来就有购置皮影和蓄养戏班的传统。

渭河皮影在全国久负盛名，除了表演时豪迈、厚劲、高亢的唱腔外，皮影还制作精美，引人入胜。渭河皮影刻绘善于动用洗练的轮廓造型、夸张的装饰纹样，疏密相间、虚实有致的手法，精致缜密的雕镂功夫，以表达剧中人物的相貌、身份、衣着和性格，达到形神兼备，深刻感人的效果。

位于渭河流域下游的华县是皮影的发源地。中国皮影的国际正式名称叫“华剧”，即取华县皮影戏曲之意。华县皮影有四绝：一是皮影雕刻作品造诣高，二是演唱功力极深，三是表演者功力精湛，四是华县皮影博大精深，综合艺术水平炉火纯青，堪称戏曲艺术之绝唱。皮影戏的传统剧目有《游西湖》《哪吒闹海》《古城会》《会阵招亲》等。

十二、石雕

陕北石狮和渭北拴马桩石雕是渭河流域石雕的代表作品。陕北石狮主要分布在洛川、安塞、绥德一带。石狮分镇门狮子和拴娃狮子两类。前者多为职业工匠所制，后者多为民间艺人制作。拴娃狮子高不盈尺，农家为防小儿跌伤，用红布带系其腿拴于石狮腿上，每年除夕换拴一次，直到12岁。渭北拴马桩石雕大都分布在渭北澄城、合阳的大荔一带，澄城当地遗存千余桩。合阳的黑池、路井一带桩石至今保存完整。拴马桩桩头主要雕刻物与桩身四界相齐，桩身有吉祥云纹和宝相花图案，高约两米左右，多为青石。一般设置在民居户门旁右侧，与上马石形成台阶式配套陈设。超过3米的不叫拴马桩，而称“看桩”，其雕刻内容大都为福、禄、寿、财、喜之类，为民间观赏用，数量少，多陈设于大户、大门对面或庙宇、牌楼之侧。

第三节　渭河流域的民俗文化

民俗文化不仅反映出本地区特有的风土人情，而且承载着中华文化发祥的丰富信息。一方水土养育一方人，一方风俗化育一方人。渭河地区原始文化层深厚，是北方典型的农耕文化地带，民俗历史悠久，形式丰富，生态良好，传承完整。

一、婚嫁

男婚女嫁，人之大伦，从古到今礼仪可谓最隆重。渭河流域婚嫁习俗源远流长，地域虽广，但自东而西婚嫁习俗大致相同。

在旧时代，青年男女到了谈婚论嫁的年龄，便有媒人从中牵线，玉成美事。媒人一般都是乡里热心肠的人，他们大都能言善语，根据两家和青年男女两人的实际情况，媒人斟酌配对，穿针引线。待两家同意后，双方交换姓名和生辰八字，请阴阳先生推算两人是否相合，若相合便可“相亲”，俗称看媳妇。在选定的吉日，男方的长辈穿新衣，由媒人陪同，带四色礼品等到女方家里去。女方家长将女子带入房中，男方母亲“看相”：看长相、看手相、看说话、看礼俗等。如果男方相亲人认为合适，给女子见面礼，俗称“封子”。男女两家即结为秦晋之好。

时代在发展，婚俗也在变化。新中国成立后，定亲则是约定男女青年到媒人家里，称为“背见”，两个人互相交谈，互相了解，若无意见，就继续交往；如有不满，则算告吹。定与不定亲全由当事人自己做主，媒妁之言、父母之意仅是参考。然后是“正式见”，要互赠礼品，一般是男的给女的一身衣服，女的给男的礼品可以稍轻一些。

而现代青年男女，思想开放，交际广泛，而且社交活动内容丰富多彩，形式灵活多样，寻求志趣相投的终身伴侣也就方便得多了。因此大多是自由恋爱，只要你情我愿，向家长说明，双方父母约定时间见个面，没有什么意见，青年男女即可到民政局登记，领取结婚证，订婚、封礼等环节也就省了。

二、丧葬

除了红喜，民间最大的仪式要数“白事”了。当老人气息奄奄之时，就要移到正屋明间的灵床上，在亲属们的守护下度过生命中最后的时刻，这叫作“挺丧”。老人过世后即进入葬礼程序，请执事、雇厨师、叫鼓尚（吹鼓手乐队）、搭灵棚、打墓穴、备祭品等一系列工作立即启动。

老人过世之初，号啕大哭的亲人们，手拿一个瓦盆一张纸钱，敲着瓦盆走到门外，烧了纸钱，这叫送终。送终后，再将瓦盆拿回来，放置在死者脚前，名曰“孝盆”。尸体安放妥当后，孝子要披麻戴孝，由门中长者带着，在本村挨家挨户大门前磕头报丧。

待众人到齐后，举行入殓仪式：先给死者整理遗容（男的刮脸剃头，女的梳头戴簪）、擦洗身体，然后再穿寿衣，往舌头下压一枚麻钱（现多用硬币），最后穿鞋戴帽，放进棺材（此时棺材是敞开的，并不上盖，还可继续供吊唁者瞻仰遗容）。男女孝子，围着棺材大放悲声，同时焚香烧纸，祭奠一番。旧时入殓前还要请庙里的和尚前来念经，超度亡灵。

入殓后在上房堂屋搭起灵堂，设一香案，摆上水果、礼馍之类的供品，点一盏长明灯，白天晚上由死者家属守灵。“孝子”们身穿白孝衣，头戴白孝帽，腰里系一根粗麻带子，手握用柳木做成上缠白纸的丧棒。凡见有前来吊丧的不论生熟长幼都要磕头致礼，一边陪着号哭，一边焚烧纸钱，以供祭奠。

在出殡的前一天下午，孝子们要在乐队的伴奏陪同下，到村口去迎“什货”。所谓“什货”，就是重要亲戚献上的丰厚礼品，抬到村口，摆满八仙桌，孝子施礼后由帮忙的执事抬回家中，摆放到灵棚中。到了晚上，开始“接灵”，孝子们排成一路纵队，由司仪带领、乐队陪同，上祖坟去接列祖列宗，一路上要在村口和坟前祭酒跪拜，接回后在灵堂敬设灵位，再在祖宗神位和死者遗像前祭祀一番。接着便进入献礼程序，亲戚们送来的“什货”要一家一家摆上方案。每次祭拜之后，都要由乐队演唱一出戏，演唱完毕须给乐队酬谢钱。

翌日凌晨，开始出殡。随着一声“起灵”，鞭炮震响，悲壮的唢呐声吹起，哭声连天。村里青壮劳力抬着棺木，司仪带人拿着纸扎的白鹤、金童玉女等物做引导，孝子们扯起数丈长的白帐，牵引棺木前进。长子怀抱亡者遗像，打着“引魂幡”，长孙端着用来焚烧纸钱的孝盆，女孝子紧随其后，脸上蒙着纱布做成的一二尺长的“孝帘”，放声唱哭，诉说对死者的思念。两旁吹鼓手吹吹打打，奏着哀乐，全村人都来送殡。棺木下葬后，老人入土为安，孝子无论男女不得再发悲声，儿孙辈为填墓的乡亲们叩首致谢，起了坟冢，安葬完毕，长子身披原先盖在棺材上的红绸布，反抱亡者遗像，一路不得言语，回到家中，把遗像安放在灵桌之上，行三叩首礼，葬礼至此才算结束。

三、庙会

庙会文化是原始宗教、人为宗教、祖先崇拜、祭祀、巫术、占卜、禁忌等习俗的集中表现。作为一种非物质文化遗产，渭河流域庙会历史悠久，内涵丰富，保存着民众的精神信仰，是“活着的民俗”。它的渊源可以追溯到远古的神灵祭祀，后来渐渐发展成为神灵祭祀、商品贸易、娱乐大众和交流感情的综合性社会活动。

（一）祭祀活动

每年六月初六蒲城县永丰镇有后稷庙会，祭祀形式采用宫廷仪式，庄严肃穆。清晨，从地方官员到名宦乡绅，都要沐浴更衣，穿戴齐整，进入后稷庙跪拜农神。大家同唱《永丰之章》：“先农播谷，克配彼天。粒我蒸民，于斯万年。农祥神正，协风满坛。曰予小子，宜稼于田。”唱时有乐班歌班配合。每年的正月十六和六月初七，武功镇的西坡上都要举行盛大的祭祀后稷和姜嫄的活动，当地人称为“游百病”，认为上山祭祀后可消灾灭病。祭祀时各秧歌队、社火队轮番表演，人们唱十进香歌、烧香、焚黄表、读祭文，场面热烈而庄严。每年四月初一，会期10天的周公庙庙会除盛大的祭祀活动外，还有祈雨、祈娃娃、酬神拜神等各类活动。凤翔县城西的灵山庙会，相传始于唐代。每到会期，凤翔、千阳、陇县、武功、扶风、眉县各地的善男信女们云集此地烧香拜佛，数日不歇。庙内从早到晚香烟弥漫，鞭炮声不绝。近年来，农历四月初八释迦牟尼的诞辰日，扶风法门寺的佛教庙会吸引了全球僧众。来自全国和世界各地的游客蜂拥而至，人流如潮，形成了新的文化和旅游景观。

（二）贸易活动

渭河流域人把上庙会称作“跟会”“逛会”，和外地的“赶集”“赶圩”是一个性质。漫长的封建社会中，中国的市场经济一直不够发达，商业在整个社会中所占比例较低。乡间的物资交流，大都局限在人流会聚的集镇或水陆码头，但其人流及人气远不及规模盛大的庙会。除去祭祀神灵之外，商品贸易在庙会上占据了重要份额。庙会的商品贸易可分三大类：第一，饮食市场。庙会上，诱人发馋的各种吃食应有尽有。布棚、席棚下，是一家家的凉粉、面皮、饸饹、油茶、胡辣汤、鸡蛋醪糟、羊肉泡馍、粉汤羊血等。家家摊前人头攒动，满街香味扑鼻。这时，逛会中最重要的问候就是“吃了没有？”无论男女老少，人人似乎一定要在会上吃点啥才算逛了会。20世纪的六七十年代，许多老汉步行几十里，就是为了能在会上吃一碗两毛五一份的红肉煮馍。也有不少人为了节省，跟会都是自带干粮，掰自己带的馍煮红肉。饮食市场在庙会上人气最旺，也反映了那个年代人们生活的艰辛。第二，庙会上土产市场十分活跃。各种农具，犁、木锨、扁担、锄头、镰刀、筛子、簸箕、扫帚等，五花八门，不一而足。在户县的庙会上，人们喜欢购买西羊村的“端错错”（木锨把）、南羊村的“板板薄”（锨板子）、东羊村的“眼眼多”（竹筛子）。而庙会上锅碗瓢盆生活用品更是令人眼花缭乱。第三，猪、羊、马、牛等家禽牲畜交易，故有的庙会又称“骡马大会”。

总之，整个庙会异彩纷呈，热闹非常。先贤们设计各地的庙会时，大都有意安排在农闲时间，或年初、年终，春播夏种之前，或秋收冬藏之后，除了吉庆以外，就是为了便于商品贸易。

（三）娱乐活动

除祭祀、贸易之外，娱乐大众成为庙会的重要功能。长期以来，渭河流域农村文化生活相对单调，公众娱乐活动更少。每年除了春节有一些社火表演外，整年间缺少文化娱乐，而庙会正好满足了群众的需求。各种杂耍、马戏、套圈、魔术、摇彩等，游人既可观赏，又可参与。

而这中间，最重要的娱乐形式就是唱秦腔。常常是会期几天，大戏就连唱几天。白天折子戏，晚上是本戏。尘土飞扬中，锣鼓和板胡高亢激昂，戴着墨镜、咬着烟嘴的琴师忘情地陶醉着。庙会高潮的时候，常常要唱“天明戏”，乐队管弦悠扬，观众掌声不断，如痴如醉的戏迷们彻夜不眠。“会圆了”的那一天是庙会的高潮。忙碌抽不开身，或路远来回不便的人，都挑着会圆的这天跟会。这一天，人流、交易、娱乐以及参会群众的热情都会达到顶峰，各种民间艺术活动也纷纷上演：高跷、龙灯、锣鼓、仪仗、民间舞蹈等。一年一度的民间庙会，召唤着群众从四面八方云集一处，大有喜庆祥和、普天同庆的气氛。庙会为城乡群众带来的精神愉悦，是无法用金钱物质来衡量的。

（四）交流活动

小农经济的封闭与隔绝，使渭河流域人缺乏彼此间的沟通与交流。

各地的庙会便为其提供了机会与方便。常常某地举办庙会，某一家就成了众亲戚前来逛庙会的“办事处”。渴了进家喝水，饿了前去吃饭，路远的晚上干脆就住在亲戚家。有女子叫娘家妈逛会的，有亲家叫亲家看戏的，有外甥叫舅看热闹的，有女婿请老泰山游玩的。一场庙会下来，围绕着主人纵横交错的关系网，平时见不上的人见了，说不上的话说了，疏远的感情拉近了，矛盾的过节解开了，亲朋好友之间的和谐增加了。经常可以在庙会上看见三五个老汉围蹲在地上，热情地推让着烟锅。有的老汉热衷于逛会，仅仅是为了让人知道他还活着。庙会上他们才打听出谁谁死了，是几月。大家就会感慨：某某在去年啥啥会上还看见了么，人精神得很！老太太们也有一些当年的闺中密友嫁于他乡，平日难得一见，庙会上意外相逢，都是惊喜地拉着双手，让道于路边，叙说着家长里短，埋怨着岁月无情。至于热恋的青年男女利用庙会私下见面，互叙衷肠，更是公开的秘密。孝顺的儿女，每到庙会时，都会给老人一些零花钱，让老人们开心地逛会。庙会为各阶层人们的情感交流提供了机会和场所。

庙会有着久远深厚的文化传统，几千年后的今天，庙会传统的精华遗留，具有人类非物质文化遗产的申报资格。周至终南豆村的四月初八的蜡塑艺术，长安引镇后官寨正月初十的牛老爷社火，西安西大街的都城隍庙会，正月十五韦曲何家营的古乐演奏，周至楼观镇马台乡的牛斗虎，正月十六武功镇西原的游百病，正月十七斗门镇石婆庙的织女庙会等，都具有传承与光大的价值。

四、节庆

春节、元宵、清明、端午、中秋等，是我国的传统节日。传统节日里包含了许多民俗文化和传统人文观念。节日民俗在全国各地大同小异，具有浓厚的地方色彩。

（一）春节习俗

春节是我国最隆重的传统节日，人们把春节叫作“过年”。讲究“宁穷一年，不穷一节”，这个“节”单指春节，不与其他节日混同。过年从腊月拉开序幕，一直到来年二月二结束，时间长、活动密、讲究多。

1. 腊八节

农历十二月初八为腊八节，又名五谷节、腊日祭、腊八祭，相传为释迦牟尼佛的成道日，“腊八”就成了“佛祖成道纪念日”。传到我国后渐渐演变成欢庆丰收、感谢祖先和神灵（包括门神、户神、宅神、灶神、井神）的祭祀仪式。

西安人过腊八节，除了用各种米（江米、黄米、白米、高粱米等）、各种豆（大豆、芸豆、豇豆等）、各种干果（大枣、栗子、杏仁、花生、核桃、桂圆肉等）熬成腊八粥当天食用外，还用菜类、肉类和豆腐做腊八菜，一直吃到过年。在农村，腊八粥做好以后，首先敬献给列祖列宗以及各路神灵，然后再全家人享用。另外还要给牲口、鸡狗喂一些，在门上、墙上、树上涂一些（有“大树小树吃腊八，来年多结大疙瘩”等俗话），以寄托兴旺、平安、丰收等美好愿望。

2. 祭灶

腊月二十三是祭灶日。旧时，差不多家家灶间都设有“灶王爷”神位。传说灶王爷是玉皇大帝封的“九天东厨司命灶王府君”，负责管理各家的灶火，被作为一家的保护神而受到崇拜。灶王龛大都设在灶房的北面或东面，中间供上灶王爷的神像。没有灶王龛的人家，也有将神像直接贴在墙上的。在两旁贴上“上天言好事，下界保平安”的对联，以保佑全家老小的平安。当晚举行祭灶、送灶仪式，到了年三十夜，要再把灶君接回家来，把新购来的灶君神像贴到灶台上。

3. 贴春联

腊月二十三以后，家家户户都要写春联。民间讲究有神必贴，每门必贴，每物必贴，所以春节的对联数量最多，内容最全。神灵前的对联特别讲究，多为敬仰和祈福之言。常见的神联有天地神联“天恩深似海，地德重如山”；土地神联“土中生白玉，地内出黄金”；财神联“天上财源主，人间福禄神”；井神联“井能通四海，家可达三江”。而粮仓、畜圈等处的春联，则都是表示热烈的庆贺与希望，如“五谷丰登，六畜兴旺”“米面如山厚，油盐似海深”“牛似南山虎，马如北海龙”“大羊年年盛，小羔月月增”等等。另外还有一些单联，如每个室内都贴“抬头见喜”，门子对面贴“出门见喜”，旺火上贴“旺气冲天”，院内贴“满院生金”，树上贴“根深叶茂”，石磨上贴“白虎大吉”等等。

4. 贴年画

年画造型丰满，色彩艳丽，格调古拙，具有强烈的装饰味，在全国独树一帜。过去，春节来临，几乎家家张贴门画。近年，城里气氛渐弱，郊外农村仍流行不衰。

5. 贴门神

门画是由门神演绎而来，基本都是画着护驾李世民的两员大将秦叔宝和尉迟敬德，或者是镇守妖魔鬼怪的钟馗，这反映了人们对惩恶扬善者的尊敬和对安定、幸福生活的希求。

6. 除夕守岁

大年三十称为“除夕”。这一天，家家户户贴春联、贴门神、贴福字、贴窗花、挂年画、挂红灯，一派喜庆的气氛。“一夜连双岁，五更分二年”，到了晚上，全家一起守岁，围坐炉旁一边聊天（如今是看电视节目），一边包饺子，到了零点，燃放鞭炮，同时一家人团团圆圆、欢欢喜喜吃饺子，迎接新年的到来。就在新年钟声敲响的时刻，晚辈向长辈请安，长辈给晚辈发压岁钱。

各家灯火通明，炉火熊熊，老少彻夜不眠，围炉“守岁”，俗称“坐年根”。在守岁的同时，合家大小依次要洗澡，换新衣，包饺子，准备迎接新年的到来。待到子时（相当于今23时—1时），万家鞭炮齐鸣，意为“接天星”“迎财神”，有的还摆上香案，行跪拜之礼。据说谁家鞭炮响得最先，财神就先光临谁家。

7. 拜年

拜年是春节庆祝活动的高潮，也是最重要最讲究的年俗。新年的初一，人们都早早起来，穿上最漂亮的衣服，相互拜年，恭祝新的一年大吉大利。拜年的方式多种多样，有的是同族长带领若干人挨家挨户地拜年；有的是同事相邀几个人一起去拜年；也有大家聚在一起相互祝贺，称为“团拜”。渭河流域地区还讲究大年初一，主要是同族、同村的人互相拜年，过了大年初一才走亲访友，拜年贺春。

（二）元宵节习俗

正月十五闹元宵，将从除夕开始延续的庆祝活动推向又一个高潮。元宵之夜，大街小巷张灯结彩，人们赏花灯、猜灯谜、吃元宵、放焰火、耍龙灯、耍狮子、踩高跷、划旱船、扭秧歌、打太平鼓，成为世代相沿的习俗。

1. 吃元宵

正月十五吃元宵，“元宵”作为一种传统食品，相传从宋代起便在民间流行开来，最早叫“浮元子”，后来叫“元宵”，生意人还叫它“元宝”。渭河流域的元宵不是包的，而是在糯米粉中“滚”成的，或水煮或油炸，热热火火，团团圆圆。

2. 闹花灯

正月十五“张灯”，可上溯至汉代。正月十五日，古代称这一天为上元节，这天的晚上称“元夜”，亦称“元宵”，汉文帝每到这一天晚上，即令张灯结彩，并出宫赏灯，与民同乐。从此，元宵节张灯的传统就兴起了，它显示了人们能够过上“文景之治”那样的社会安定、丰衣足食的好年景，并一直流传至今。

（三）清明节习俗

清明节古时也叫三月节，公历四月五日前后为清明节，是二十四节气之一。在二十四个节气中，既是节气又是节日的只有清明。在清明节这一天，人们为去世的亲人上坟扫墓，祭奠亡灵。按照习俗，先在祖坟前设奠祭祀，然后整修坟墓，除去杂草，添以新土，压纸于坟顶，以示后继有人。嫁出之女，清明要回娘家上坟。名门大族在这一天上坟祭祖毕，还要给户族中随同上坟者每人分一至两个麦面蒸馍，族长们还要设席聚餐一次。

（四）端午节习俗

农历五月初五是端午节。因此时天气渐暖，病菌容易流传，故旧时有很多“辟邪除疾”的习俗。如门悬艾蒿、插菖蒲，小孩、妇女戴香包、缚五花绳。香包是用丝绒线、绸布、色布绣制而成，内装雄黄和香草配制的香料，小巧玲珑，香气喷鼻，是传统的手工艺品。这一天还在屋内外洒雄黄水，在孩子的耳、鼻、额头涂抹雄黄，用来祛湿解毒，驱虫除秽。

端阳节吃粽子，粽子包糯米、红枣和豆沙，以芦叶或笋壳叶包缚之。头天晚上煮在锅里，早晨起来吃。这一天，人们把菖蒲、艾叶悬挂在门上，家家户户喝雄黄酒，吃粽子、油糕、绿豆糕。粽子、油糕、绿豆糕，是这个季节的应时佳品，各家除了自己食用外，还要相互馈送，尤其要送给嫁出之女和外甥。

（五）中秋节习俗

渭河流域人称中秋节为八月节。中秋节的节期是农历八月十五，是一年当中月亮最圆最亮的一天，是亲人团圆的日子，一家人团聚在一起，赏明月，吃月饼，其乐融融。所以，人们又把中秋节称作团圆节，把月饼称作团圆饼。

五、社火

社火，古称“杂戏”，是指在祭祀或节日里迎神赛会上的各种杂戏、杂耍的表演。千百年来，历经民间艺人的不断创造、发展，形成了百花灿烂的民间广场表演艺术系列——社火。由于它的装饰性、故事性、艺术性、参与性很高，所以深受广大人民群众喜爱，是年节、庙会、集会期间必不可少的一项最为广泛的民俗文化娱乐活动。

社火是芯子、高跷、竹马、旱船、狮子、龙灯等的通称。芯子展示的传统题材主要是秦腔以及陇剧等地方戏剧中的场面和人物，如《铡美案》《劈山救母》《孙悟空三打白骨精》等。近年来芯子的方式和内容已大有创新，支撑台面已改为汽车和拖拉机，人物增加，高度惊人，并配以现代化的灯光和音响。题材上也增加了丰收场面和新人新事的现代剧。

在多种多样的社火形式中，“血社火”最为独特。血社火是将血色、锐器、卡子巧妙地组合在一起，造型血腥、恐怖且十分逼真的社火形式。血社火在各地偶有所见，而以渭河流域宝鸡地区的血社火最为有名。例如宝鸡县赤沙镇三寺村的血社火造型血腥、阴森、恐怖。在“武松”的带领下，身后是被武松制服的“西门庆”的 13 个“打手”，他们有的被剪子、锥子刺进眉心，有的被菜刀、杀猪刀、铡刀劈入脑门，有的被板凳、泥屐、砖块插入额头，有的被锄头、利斧、镰刀砍进头颅，还有一个被利剑刺穿肚子，肠子外流。人称“七拳六脚十三件”，意即西门庆的 13 个打手，本来想用刀、斧等打武松，反被武松把这些刀、斧扎进他们身体。他们一个个浑身是血，皮开肉绽，惨不忍睹。另外，还有一些特异的社火艺术门类，如户县的“耍歪官”“贺春官”，周至的“牛虎斗”，长安的“牛老爷”，宝鸡的“耍懒婆娘”，咸阳的“拉罼驴”，大荔的“青瓷船”等各具特色。

第四节　渭河流域的民间信仰

民间信仰是民间文化的重要表现方式，它对人们的行为方式，作为观念和伦理道德等有着深刻的影响。渭河流域特殊的自然地理环境、历史人文传统、政治环境和社会经济条件等因素造就了渭河流域居民的动物崇拜、植物崇拜、鱼文化和生殖崇拜等民间信仰。

一、动物崇拜

以动物或幻想中的动物作为崇拜对象。形形色色的动物崇拜，是人们在长期的生活实践中所建立起来的一种感情的表现。经过人格化后，动物便成了有神灵的物体。为了不触犯神灵，祈求神灵的保佑，便出现了各种形式的动物崇拜活动。

（一）龙和蛇

中国人崇拜龙，自称是龙的传人，中国人以龙文化作为中国文化的标志。龙是智慧和威力的象征，《左传·昭公二十九年》所说的“虫莫知于龙”，意思是天下没有比龙的智慧高超的虫了。因为龙主宰着雨水，所以，祈雨是祈求龙王爷开恩普降甘霖。

我国民间信仰在一定程度上是龙蛇不分的，在渭河平原民间，将蛇视为龙的化身，称为“神虫”，人们很普遍地将十二生肖中的蛇叫作“小龙”。旧时，人们不敢打蛇，认为打了蛇神龙会责怪，将遭灾遇祸。在蓝田等地民间，人们特称土红色的蛇为“善庄神”，也就是村庄的守护神。若是黑蛇，则用木杈挑到门外远处。渭北各县，一般将进入住宅的蛇盛在簸箕里，端着送到门外。渭河平原北部的剪纸中有“蛇盘兔”的图形，当地有“蛇盘兔，必定富”之说。

（二）凤凰

凤凰是古代传说中的神奇动物，为百鸟之王，是一种象征祥瑞的神鸟，雄为凤，雌为凰。凤凰的形象多见于民间绘画、剪纸、绣品中，庆贺婚姻时也喜欢提及凤凰，如“祥征凤律”“凤卜归昌”“跨凤乘龙”“凤凰于飞”“鸾凤和鸣”等，这都是对凤凰崇拜的反映。有“凤凰不落无宝之地”之说，一些人家的门额上常题“有凤来仪”。民间有“百鸟朝凤”“丹凤朝阳”的图案和音乐，把龙凤结合看作是最大的吉祥，用“龙凤呈祥”来赞颂美满婚姻。

（三）麒麟

麒麟也是传说中的动物，与龙、凤、龟合称“四灵”。据说麒麟是岁星散开而生，主祥瑞。渭河流域民间对麒麟的崇拜由来已久。据《西京杂记》记载，西汉五柞宫“西有青梧观，观前有三梧桐。树下有石麒麟二枚，刊其胁为文字，是秦始皇骊山墓上物也。头高一丈三尺，东边者左脚折，折处有赤如血。父老谓其有神，皆含血属筋焉。”今天，渭河平原民间俗尚认为麒麟司送子之职，渭河平原北部的剪纸中常有“麒麟送子”图案。人们崇拜麒麟，是希望它保佑自己得到男孩。一些机关单位或家庭的大门外常常有两尊石刻的麒麟，一些家庭的炕头常常有玉雕的麒麟如意。

（四）老虎

虎为百兽之王，是勇猛、威武的象征。渭河平原的人们认为虎能辟邪。外孙满月的时候，外婆要送一只精心制作的布老虎。布老虎用黄布缝制而成，内装锯末或棉絮，身上以黑色颜料涂抹虎纹，虎的面部用彩线扎做而成，造型活泼，夸张适度，威武、温顺又憨厚可爱，既可做枕头，又可做玩具，是一种精美的炕头工艺品。孩子的服饰以老虎为图案，是希望孩子尤其是男孩子像老虎一样有气魄。城乡大门上用来固定挺杆的装置就有倒扣的碗形虎头铁皮，读书人家喜欢悬挂以虎作图案的国画。

（五）狮子

狮子因凶猛无比，民间常借以象征人世间的权势、富贵。受陕北民俗的影响，渭河平原北部一些家庭都有雕刻精美的“炕头石狮”，人们把它看作是小孩的守护神，以之辟邪驱妖，求得小孩平安。狮子传入我国后，本来以“师”字表示“狮”字，加“犭”旁是后起的，后来人们以“狮”字谐音“师”字，希望家庭能够出“太师”。

（六）鹿

鹿因为跟“禄”谐音而成为民间的一种图腾，崇拜鹿是追求禄位心理的反映。民间绘画常以鹿、鹤、梧桐组成《鹿鹤同春图》的图案，称作“六合同春”。

（七）仙鹤

仙鹤即丹顶鹤，古代道士将它神化，视为仙人的坐骑，故名“仙鹤”。这种看法传入民间，成为民间视仙鹤为灵物的原因之一。传说鹤寿无限，被视为长寿鸟，国画中常与松搭配表示长寿，祝寿的礼品里常常有松鹤图。

（八）喜鹊

传说喜鹊能报喜，常预兆喜庆，因此成为民间普遍喜爱的一种灵物。渭河平原民间自古就有喜鹊叫预兆喜事的说法，谁家门前树上有喜鹊建巢，人们就认为谁家将有喜事临门。在民间剪纸和绣品中，“双喜图”“喜鹊闹梅”是常见的创作题材。民间办喜事的时候，喜欢用喜鹊的形象装饰新房。在吉祥图案中画两只喜鹊，表示双喜临门；画 12 只喜鹊表示全年喜庆。另外，渭河南岸的户县一带老人去世后，挖墓的时候，要把墓穴对着喜鹊的窝巢，这是希望死者的后代吉祥如意。

（九）燕子

古称“玄鸟”，本来是古代秦国的图腾物。《史记·秦本纪》说，秦的始祖大业是其母女脩吞了燕子卵后受孕降生的。又说秦的祖先孟戏、中衍长着鸟的身子而能说人话。直到今天，渭河平原民间仍不准打燕子，认为打死燕子是“罪过”。民间俗尚以燕子进家建巢为吉兆。剪纸、绣品中多有“春燕双飞”的图案。

（十）鸡

民间将公鸡引喻为“功名”。渭河平原方言“鸡”与“吉”字同音，商店开业时有以鸡题画祝贺者，寓意大吉大利。鸡的锁子骨也是辟邪之物，渭河平原俗尚认为，把鸡的锁子骨放在神龛上，对神灵祈祷后可以禳灾辟邪，这个受到神力的锁子骨只要戴在身上，就会带来吉祥平安。

（十一）鸳鸯

“鸳鸯戏水”是夫妻恩爱的象征。因其雌雄形影不离的生活习性被古人称为夫妻鸟，象征美满的爱情婚姻。结婚时常用鸳鸯和荷花即“鸳鸯戏荷”、与鸳鸯和长春花即“鸳鸯长乐”作为吉祥图案，用在结婚用品上。

（十二）蝙蝠

世界上只有我国将蝙蝠看作吉祥物。渭河平原民间常见者为大耳蝠，也叫作“兔蝠”。“蝙蝠”的“蝠”字谐音“福”，所以被视为喜庆动物。如有蝙蝠飞到院子里，就认为是“福”到了，不能打。

（十三）蝴蝶

蝴蝶常常简称“蝶”，因为“蝶”“耋”同音而作为在祝寿时的吉祥物，希望老人长寿，“百寿图”中还以100只蝴蝶构成一个大“寿”字。

（十四）鱼

渭河平原方言“鱼”“余”同音，于是鱼也成了民间常见的吉祥物。年夜饭吃鱼表示“年年有余（鱼）”。婚宴过程中先吃鸡再吃鱼表示“吉庆有余”。年画中也有一戟（谐音“吉”）一磬（谐音“庆”）一鱼表示“吉庆有余”，画一男孩抱一大鲤鱼表示“年年有余”。一些地方的嫁妆门帘子有“鱼戏莲（或称‘鱼闹莲’）”“鲤鱼跳龙门”等图案，这都是对美满幸福、兴旺发达等的追求。

（十五）猴子

因为“猴”字与“侯”同音，渭河平原民间俗尚借以为“封侯”的意思。常见的图案有一只猴子爬到枫树上挂印，取义“封侯挂印”的意思。

（十六）牛头骨

渭河平原俗尚认为牛头骨是吉祥物，常以整副牛头骨上搭以红色丝绸等挂在墙上以禳灾辟邪，其中，红色在俗尚看来是驱除鬼祟的最佳颜色。

（十七）蚂蚱

渭河平原俗尚认为蚂蚱可以辟邪，于是，在夏天，尽量捉得蚂蚱，装进蚂蚱笼子，挂在居室、客厅、门外等处，以图吉利。

二、植物崇拜

在民间的自然崇拜中，植物崇拜也是一个极为重要的方面。在万物有灵的观念支配下，一些树木，花草等也被赋予了某种灵性与神力，被人们所崇拜、敬祀。

（一）古树名木

古树名木在渭河平原民间常常作为灵物备受崇拜。如铜川唐朝玉华宫旧址的娑罗树、耀州静明宫“药王手植柏”，相传分别是由玄奘法师、药王孙思邈亲手种植的，都曾被人们视为神树。

（二）桃木和桃子

渭河平原民间俗尚很普遍地相信桃木可以辟邪。小孩独自外出时，大人要折一根桃枝让随身带着，以防鬼魅侵袭；妇女抱着婴儿外出时也带桃枝以辟邪；有些人睡觉时，要在枕头底下放一根桃木棍。

（三）其他树木

渭河平原民间对槐、松、桐、椿、樗等树也有所崇拜。“椿”“春”音同，春为岁首，椿树因而成了兴旺发达的象征。樗，亦名“臭椿”（凤翔一带称作“樗樗树”），铜川一带传说光武帝刘秀曾封其为“树王”，故而顶礼膜拜。

（四）石榴

因为石榴果实多籽，所以，以“多籽”谐音“多子”以寓求得多子多孙。渭河平原民间常常画半开的石榴，寓意为“榴开百子”。石榴的榴原作“留”，故被人赋予“留”之意，“折柳赠别”与“送榴传谊”，成为有中原特色的民俗。

（五）艾蒿

艾蒿具有特殊的气味，是一种中药材。五月五日端午节渭河平原民间采艾插在门上，放在窗台上，用以辟邪。南朝《荆楚岁时记》载：“五月五日采艾为人，悬门户上，以禳毒气。”

三、鱼文化与生殖崇拜

生殖崇拜在各个历史时期、地域范围都曾普遍存在，且以不同的方式表现出来，但其表达的强烈程度则与当地的自然地理环境息息相关。在渭河流域地区，鱼、莲花等崇拜均反映了深刻的生殖崇拜内涵。

（一）鱼文化

在历史学与考古学中，广义上的“半坡”指包括渭河流域渭河平原地区的西安半坡遗址、临潼姜寨遗址、宝鸡北首岭遗址、陕南汉水上游西乡何家湾遗址在内的“半坡类型”广大地区。半坡文化中的彩陶纹饰可分为两大类：一类是象形性的人、动、植物纹样，主要是鱼纹；一类是以直线三角、成组平行线为主的几何形纹样。部分考古学家认为，这一类似乎是几何形的纹饰，其实是由图案化的鱼纹进一步抽象化演变而成的，那么它们所表现的仍然是鱼这一母题。《西安半坡考古发掘报告》的编写者提出半坡氏族可能是以鱼为图腾的说法。对于半坡文化中大量存在的“鱼纹”图案，除了“图腾说”外，一些学者认为这是半坡氏族对生殖崇拜的象征。从深层分析，半坡人将鱼作为女阴的象征，实行生殖崇拜，其目的是祈求人口的繁盛。

（二）生殖崇拜

渭河平原民间布贴作品中，通常以莲花、菊花、梅花等为主，特别是莲花，它是表现生殖崇拜的典型代表。在进行艺术处理时，一方面用夸张的手法，使其变形达到形似的效果。另一方面又极力保持花卉的大体外观形态，同时还配以其他动物相戏的寓意，以强化形与意、情和理上的相通相似效果。例如“莲生贵子”：把莲花的花瓣与花蕊恣意变形，同时以孩子点明其意蕴。如果单从情和理上讲，莲花生孩子既不合情，又不入理，二者根本就不存在本质上的联系。但从形和意上观，莲花自古就是女性的象征，且是一朵变形后近似于女阴的莲花。这样，莲能生子就合情合理达到形和意、情和理上相通的统一。这无疑是对原始“生殖力”的崇拜，特别是那变形的莲花显然表露的就是女阴崇拜意识。